KB043190

발레, 무도에의 권유

발레, 무도에의 권유

1판1쇄 펴냄 2023년 6월 30일

지은이 이단비
일러스트 박현지

펴낸이 김경태
편집 홍경화 성준근 남슬기 한홍비
디자인 박정영 김재현
마케팅 유진선 강주영
경영관리 곽라흔

펴낸곳 (주)출판사 클
출판등록 2012년 1월 5일 제311-2012-02호
주소 03385 서울시 은평구 연서로26길 25-6
전화 070-4176-4680 팩스 02-354-4680
이메일 bookkl@bookkl.com

ISBN 979-11-92512-35-8 03680

이 책은 저작권법에 의해 보호를 받는 저작물이므로
무단 전재 및 무단 복제를 금합니다.
잘못된 책은 바꾸어드립니다.

출판사 클의 책을
만나보세요.

발레에 새겨진 인간과 예술의
흔적들

발레, 무도에의 권유

BALLET

Invitation to the Dance

이단비 지음

일러두기

- 인명 등 외래어는 외래어표기법을 따랐으나, 일부는 관례와 원어
  발음을 존중해 그에 따랐다.
- 이 책에 실린 원고 일부는 예술의전당 매거진 《Beautiful Life!》에
  연재한 〈발레, 내 인생의 단비〉를 바탕으로 다시 썼다.

당신에게 춤을 선물합니다

여러분께 옛날 이야기를 하나 들려드릴게요. 세상에 남아 있는 이야기들 중에 몇 가지는 너무 아름다워서 평생 잊히지가 않는답니다. 마치 아내는 머리카락을 잘라 남편의 시계 체인을 사고, 남편은 시계를 팔아 아내의 머리핀을 산, 오 헨리O. Henry의 소설 《크리스마스 선물》처럼 말이죠.

여기 결혼식 날 신부와 춤을 추고 싶었던 신랑이 있습니다. 하지만 그는 신부와 춤을 출 수 없었어요. 태어날 때부터 좌골(궁둥뼈)에 이상이 있어서 네 살이 될 때까지 걸을 수 없었고, 이후에도 평생 다리를 절면서 살아야 했기 때문이죠. 사람들 앞에서 절뚝거리며 춤추는 모습을 보이기 싫었던 그는 끝내 신부에게 춤을 청하지 못합니다. 하지만 신부는 연애 시절부터 자신의 몸 때문에 상처받은 신랑의 마음을 충분히 이해하고 있었고, 방황하던 그의 인생에 결혼이란 평안을 선물했습니다. 그리고 남편은 2년 뒤 다른 방법으로 아내에게 춤을 선물했습니다. 무도회에서 한 신사가 숙녀에게 춤을 청하고 행복하게 춤추는 이야기를 음악으로 작곡해서 아내에게 선물한 것이지요. 그리고 1819년에 작곡된 피아노 곡은 아내뿐 아니라 지금까지도 모든 사람들에게 사랑을 받고 있답니다.

독일의 작곡가 카를 베버Carl Weber(1786~1826)의 실제 이야기입니다. 그때 그가 아내에게 선물한 곡이 바로 〈무도에의 권유〉예요. 베버는 비록 절고 있는 다리로 춤을 출 용기는 없었지만, 대신 자신이 가장 잘할 수 있는 것으로 아내에게 춤을 청한 것입니다. 아마 이 음악 안에서 베버와 그의 아내 카롤리네 브란트Caroline Brand는 지금도 춤을 추고 있겠죠?

어린 시절, 발레 무용수들이 발끝으로 서서 춤을 춘다는 신기한 이야기를 들었던 그때부터 저의 호기심과 관심은 춤과 예술에서 떠나지 않았습니다. 감사하게도 저를 사랑하신 부모님이 제 교육에 열정을 가지셨고, 훌륭한 선생님들과 인연이 닿아서 어릴 때는 피아노 건반 위에서 제 손가락들이 음악과 춤을 췄고, 이후에는 다양한 춤과 발레를 배울 수 있는 좋은 기회를 가졌습니다. 〈무도에의 권유〉는 초등학생이었던 제가 처음 악보로 만나 피아노로 연주하면서 그 사랑스러운 멜로디와 리듬에 흠뻑 빠졌던 곡이기도 합니다. 전문무용수는 아니지만 지금도 발레와 예술은 제 몸과 제 삶의 일부가 돼서 매일 저의 들숨과 날숨 사이를 오갑니다. 춤을 잘 추냐고요? 오랫동안 발레를 배워오고 추고 있지만 애석하게도 저는 썩 잘 추는 사람은 아닙니다. 제게는 소위 재능이란 게 주어지지 않았습니다. 대신 다른 것을 받았어요. 베버가 음악으로 춤을 춘 것처럼 저는 글 안에서, 종이 위에서 춤을 출 수 있는 능력, 춤과 예술을 계속 사랑할 수 있는 열정을 받았습니다.

제가 이 책에 《발레, 무도에의 권유》라는 이름을 지어준 이유를 이제 눈치채셨죠? 베버의 곡 제목은 독일어로 Aufforderung zum Tanz, 영어로 Invitation to the Dance입니다. 한국어로 옮기자면 '춤으로 초대하기'가 가장 적절하지만 처음 우리나라에 이 곡이 소개될 때 일본어식 표기가 그대로 옮겨져서 '무도에의 권유'라는 다소 어색한 표현으로 굳어졌어요. 그래서 종종 '무도회의 권유'라는 제목으로 바꿔서 불리기도 합니다. 그럼에도 불구하고 책의 얼굴이나 다름없는 제목에 굳이 '무도에의 권유'라는 어색한 어법의 문구를 선택한 건 베버가 이 곡을 쓸 때 가졌던 마음을 저는 이 책에 담아 여러분께 내놓고 싶어서였어요. 그 안에 담긴 의미와 진심이 표현의 어색함을 넘어선다고 생각합니다.

돌아보면 절뚝거리는 다리로도 춤을 출 수 있고, 저처럼 춤에 재능이 부족한 사람도 춤을 출 수 있습니다. '춤을 잘 춘다'는 것이 과연 기술적으로 멋진 것이어야 하는지도 의문입니다. 그런데도 우리의 '몸'은 우리의 생각을 가둬놓고 열정과 용기를 빼앗아가기도 합니다. 하지만 동시에 이 몸이 있어서 우리는 춤이라는 환상을 이 세상 안에 남겨놓을 수 있었습니다. 그래서 이 책은 몸에 대한 이야기로 시작합니다. 우리가 엄마의 배 속에서 세상을 처음 만났을 때부터 몸은 우리의 생각과 마음과 사랑을 드러낼 수 있는 통로였습니다. 사랑은 누군가를 껴안아주거나 어깨를 토닥거리는 행위로 표현됩니다. 그걸 가능하게 하는 게 우리의 몸이지요. 그래서 그 몸이 과연 발레와 춤을 만나 어떻게 제목소리를 내놓는지, 무용수들은 이 몸을 어떻게 다른 시각으로 바라보고 있는지에 대해 썼습니다. 이후에는 그 몸이 인류의 역사와 사유 안에서 춤이라는 매개를 통해 어떤 것들을 이뤄냈고, 어떤 이야기를 지금도 하고 있는지 밟아나갔습니다. 방송작가로, 공연 대본 작가로 현장에서 만났던 많은 예술가들의 흔적도 이 안에 남아 있습니다.

저는 발레로 시작해서 예술을 만났습니다. 그래서 이 책도 그 과정대로 하나씩 풀어나갔어요. 춤을 잘 추고 싶은 욕심에 전전긍긍한 날도 많았는데 오히려 그 끝에 글을 쓰고 있는 저를 사랑하게 되고, 글 안에서 영원히 춤을 출 수 있다는 것을 발견하기도 했어요. 마치 베버가 음악 안에서 그랬던 것처럼요. 우리가 '발레'라는 단어를 들을 때 떠올리는 이미지에서 벗어나 춤으로, 예술로 점점 넓어지는 그 품에 여러분도 마음껏 안기셨으면 좋겠습니다. 여러분을 저의 무도회로 초대합니다. 그럼 우리 함께 춤을 춰볼까요?

2023년 6월
이단비 드림

차례

BALLET,
Invitation to the Dance

발레의 신전, 몸

CHAPTER 1

발끝으로 서는
사람들

한 연예인이 TV 프로그램에 나와 어린 시절 재미있었던 기억에 대해 이야기를 꺼내놓았다. "언니, 발레리나들은 이렇게 발가락으로 서 있대!" 손으로 서 있는 모양새를 흉내까지 내며 이야기하는 동생을 향해 언니는 그게 말이 되냐고 핀잔을 주었고, 두 사람은 그날 발레리나처럼 발가락으로 서보겠다고 야단법석을 떨었다고 한다. 어린 시절, 내게도 같은 기억이 있다. 어디선가 발레에 대해 이야기를 듣고 이 자매처럼 동생들과 말이 되네, 안 되네 실랑이를 벌였고, 백과사전까지 뒤져가면서 발끝으로 서보고 넘어지고 난리도 아니었다. 많은 사람들이 발레를 처음 접할 때의 풍경은 거의 이런 모습이 아닐까 싶다. 춤보다는 발끝으로 서는 '곡예'의 이미지로.

발레 무용수가
발끝으로 춤을 추는 모습

푸앵트,
발끝으로 완성하는 판타지

발끝으로 선다니, 게다가 춤까지 춘다니 이게 말이 될 법한 일인가. 이게 가능하도록 만든 게 포인트슈즈point shoes이다. 우리나라에서는 토슈즈toe shoes라 부르지만 본래 명칭은 푸앵트슈즈 pointe shoes, 혹은 포인트슈즈라고 부른다. 이름이 이렇게 붙여진데는 다 이유가 있다. 발끝이 '푸앵트pointe' 상태가 돼야 신을 수있기 때문이다. 발가락 끝까지 에너지가 전달돼서 발가락이 뾰족하게 모아지고, 발등은 둥글게 아치를 만들며 완성되는 발의 모양을 프랑스어로 '푸앵트', 영어로 '포인트'라고 부른다. 그리고 푸앵트 모양 그대로 포인트슈즈를 신고 발끝으로 서는 동작은 '쉬르 레 푸앵트sur les pointes'라고 부른다. 발이 두 개이기 때문에 보통 복수로 쓰지만 단수로 '쉬르 라 푸앵트sur la pointe'라고도 부른다. 프랑스어로 '발끝 위에'라는 뜻이다.

　푸앵트는 단순해 보이지만 무용의 역사를 좌지우지하고, 발레와 다른 춤들을 구분하는 중요한 몸짓이다. 한국무용이나 많은 민속무용들이 땅을 지르밟고 디디면서 흙으로 돌아가고 자연과 하나가 되는 춤이라면, 발레는 발끝으로 땅을 만나고 그 힘의 격려를 받아 하늘을 향해 올라가는 춤이다. 에너지의 근원을 땅에 두느냐, 하늘에 두느냐는 푸앵트 동작으로 결정된다.

춤을 출 때 푸앵트 상태를 만드는 게 중요한 이유는 푸앵트를 제대로 한 경우 무대에서 다리가 더 길어 보이는 것은 물론, 발끝에서 뻗어나간 춤의 '에너지의 길이'도 더 늘어나서이다. 푸앵트 덕분에 300밀리미터도 안 되는 발로 무대 끝까지 '에너지 선'을 그릴 수 있게 된다. 발과 다리 길이 이상으로 춤의 에너지가 쭉쭉 뻗어서 무대의 빈 공간을 자신의 춤으로 가득 채우는 비법이다. 이걸 알게 된 무용수들은 이후로 푸앵트를 절대 놓지 않았다. 그래서 발레 무용수들의 사진을 보면 발끝이 풀어져 있지 않고 모두 푸앵트 상태이다. 이 정도로 중요하다보니 발레 교사들이 학생들을 가르칠 때 클래스 내내 입에서 제일 많이 하는 소리가 이것이다. "포인트! 포인트!" 푸앵트를 강조하는 교사들의 목소리는 늘 격해지기 때문에 실제 발음에 가깝게 다시 쓰자면 이렇다. "뽀인! 뽀인!"

하지만 춤을 추는 내내 푸앵트 상태를 정확하게 만들고 유지하기란 만만치 않은 일이다. 푸앵트 모양을 만드는 것도 익숙하지 않고, 춤을 추면서 계속 발가락 끝까지 에너지를 주고 있어야 하기 때문에 조금만 신경을 놓으면 푸앵트 상태는 여지없이 무너지게 된다. 그래서 푸앵트는 프로와 아마추어를 구분하는 잣대가 되기도 한다. 포인트슈즈가 워낙 예쁘다보니 패션 잡지나 광고 이미지에도 자주 사용되는데 모델들이 포인트슈즈를 신고 있는 모양을 보면 이 사람이 발레를 배운 사람인지 그냥 이미지용

연출로 신고 있는 건지 한눈에 알 수가 있다. 푸앵트는 발레를
발레답게 만드는 '포인트'인 것이다.

신에게 다가가는 몸짓,
쉬르 레 푸앵트

무용수가 처음으로 포인트슈즈를 신고 나타나 발끝으로 서는 모
습을 선보였을 때 그 자리에 있던 관객들은 자신의 눈을 의심했
다. 작은 날개가 달린 드레스를 입고 살짝 발끝으로 섰다가 나풀
거리며 춤사위를 이어가자 관객들은 그 환상적인 모습에 홀려버
린 것이다. 이건 사람이 아니라 요정이구나! 1832년 3월 12일, 파
리의 오페라극장에서 있었던 일이다. 그의 이름은 마리 탈리오
니Marie Taglioni(1804~1884). 그의 아버지가 안무한 작품 〈라실피
드La sylphide〉(1832)에 출연하면서 처음으로 포인트슈즈를 신고
발끝으로 춤을 추었다.
   '라실피드'는 '공기의 요정'이란 뜻이다. 스코틀랜드를 배경으
로 하는 이 2막 발레는 결혼을 앞둔 청년 제임스 앞에 라실피드
가 나타나 그를 유혹하는 이야기를 담고 있다. 제임스는 라실피
드에게 마음을 빼앗기지만 공기의 요정이 쉽게 잡힐 리 없다. 결
국 제임스는 마녀에게 스카프를 얻어 라실피드를 붙잡지만 독이

〈라실피드를 추는 마리 탈리오니〉, 석판화, 1845년, 대영박물관The British Museum 소장

묻은 스카프 때문에 라실피드는 두 날개가 떨어지면서 죽어버린다. 그때 제임스는 마을에서 약혼녀가 다른 사람과 결혼을 하는 것을 보게 되고, 모든 것을 잃은 자신의 상황에 절망하며 막이 내린다. 이 작품 속에서 공기의 요정으로 출연한 마리 탈리오니는 발끝으로 춤을 추며 초자연적인 신비로운 존재로 그 매력을 발산했다. 그의 패션과 스타일은 당시 라실피드 스타일로 불리며 여성들에게 대단한 인기를 얻었다. 망사 천을 여러 장 겹쳐서 만든, 무릎까지 내려오는 치마는 낭만을 채워주기에 충분할 정도로 예쁘다. 무대 위에서 움직일 때마다 스커트 자락이 나풀나풀 날리니 얼마나 환상적으로 보였겠는가.

사실 마리 탈리오니가 신은 슈즈는 지금의 포인트슈즈와는 조금 달랐다. 바닥은 가죽으로 대고 앞코는 코튼 울로 패드를 넣어 만든 신발이었다. 그 패드가 발가락을 약간 감싸줬을 뿐이지만 이 슈즈 덕분에 앞코를 단단하게 만든 오늘날의 포인트슈즈가 탄생할 수 있었다. 마리 탈리오니가 신은 슈즈가 오늘날 포인트슈즈의 시작점이 된 것이다. 포인트슈즈의 등장은 문화적 혁명이 되었다. 포인트슈즈 덕분에 무용수들은 쉬르 레 푸앵트로 무대 위에서 판타지를 만들며 공기를 가르는 요정처럼 춤출 수 있게 됐다.

하지만 이 공을 마리 탈리오니가 전부 가져간다면 못내 섭섭함을 드러낼 두 무용수가 있다. 프랑스의 주느비에브 고슬랭

Geneviève Gosselin(1791~1818)과 이탈리아의 아말리아 브루뇰리 Amalia Brugnoli(1802~1892)이다. 이 두 사람은 마리 탈리오니에 앞서서 푸앵트 동작을 선보인 무용수들이다. 그런데 어떻게 역사는 마리 탈리오니의 이름을 더 중요하게 기억하게 됐을까.

1796년, 안무가 샤를-루이 디들로Charles-Louis Didelot (1767~1837)는 발레 〈플로라와 제피로스Flore et Zéphire〉를 런던 무대에 올리면서 와이어와 플라잉 머신을 사용해 마치 중력이 없는 것처럼 무용수들이 날아다니는 모습을 연출해냈다. 서쪽바람의 신 제피로스와 그의 아내인 꽃과 봄의 여신 플로라의 신화속 이미지는 이 기계장치들 덕분에 무대 위에 재현될 수 있었다. 1815년 파리에서 이 작품이 재공연될 때 플로라의 역할을 맡은 무용수가 주느비에브 고슬랭이었다. 이때 와이어에 매달려 움직이던 고슬랭은 발끝을 푸앵트하면서 환상적인 자태를 선보였다. 이렇게 발레에서 처음 푸앵트가 등장한다. 이후 1823년에는 아말리아 브루뇰리가 발레 〈요정과 기사La Fée et le Chevalier〉에서 기계에 의존하지 않고 무대 위에서 발끝으로 서는 자세를 선보였다. 당시 여성 무용수들은 새틴 소재로 된 소프트 슈즈를 신고 춤을 췄는데 브루뇰리는 패드나 다른 보완장치 없이 '생 발가락' 그대로 발끝을 세워 추는 춤을 선보인 것이다.

하지만 이때까지만 해도 쉬르 레 푸앵트는 곡예의 이미지에서 크게 벗어나진 못했다. 우리가 발레를 처음 접할 때 발끝으로

서는 모습 자체를 신기해하는 것과 다르지 않다. 마리 탈리오니가 '최초로 포인트슈즈를 신고 발끝으로 춤을 춘 사람'으로서 주목받는 이유가 이제 분명해졌다. 그가 주역으로 등장한 〈라실피드〉는 인간이 기계의 힘을 빌리지 않고 중력과 대화하며 자기 힘으로 쉬르 레 푸앵트를 하면서 춤을 춘 전막발레(2막 이상으로 구성된 발레)이고, 마리 탈리오니를 통해 푸앵트 기술은 예술적 가치를 갖는 동작이 된 것이다. 그렇게 쉬르 레 푸앵트는 곡예에서 예술이 됐고, 포인트슈즈는 예술을 구현하는 환상적인 동반자가 되었다.

신은 인간에게 중력을 선사했고, 인간은 쉬르 레 푸앵트를 통해 신에게 다가가고자 했다. 그리고 발레는 그 둘을 잇는 다리가 되었다. 발끝으로 서서 춤을 추기 위해서는 까치발 상태로 자신의 몸을 제어하는 방법을 배우고, 포인트슈즈에 발을 길들이는 오랜 훈련의 과정을 견뎌야 한다. 푸앵트의 모양새는 단순하지만 그 모습과 에너지를 유지하기 위해서는 땀과 시간의 숙성이 필요하다. 무용수뿐 아니라 우리 모두는 각자의 무대 위에서 시간을 숙성시키는 법을 배우고 있다. 오늘도 자신의 무대에서 쉬르 레 푸앵트하며 스스로의 춤을 완성해가는 무용수들에게, 우리 모두를 향해 브라보bravo, 브라바brava, 브라비bravi!

발등 미모

한 무용수가 무대에서 더 아름다워 보이고 싶어서 과도한 다이어트와 성형수술까지 감행했다. 탁월한 실력으로 이미 열여섯 살에 발레단 입단이 허락됐고, 스무 살에는 수석 무용수까지 올라갔을 뿐 아니라 인형 같은 외모로 관객의 사랑을 받는 스타 발레리나였는데도 말이다. 이후 그가 자서전을 통해 밝힌 섭식장애와 여러 차례의 성형수술에 대한 고백은 큰 화제가 됐다. 많은 사람들은 그의 무대에 대한 압박과 강박적인 내면을 읽고 안타까워했고, 무용 관계자들은 무용수들의 훈련 과정을 돌아보기도 했다. 그런데 그가 받았다는 성형수술 부위 중 하나가 특이했다. 바로 발등. 발등에 실리콘을 주입해서 '뽕을 넣는' 수술이었다. 세계적인 발레단으로 손꼽히는 미국 뉴욕시티발레단과 아메리칸발레시어터, 영국 로열발레단의 주역으로 1970년대, 1980년대를 주름 잡았고, 미국 시사주간지 《타임》의 표지까지 장식했던 무용수, 젤시 커클랜드Gelsey Kirkland(1952~)의 실제 이야기다.

고(arch)

발레 무용수에게 미의 시작과 정점은
발등의 아치(고)

선의 백미, 발등 곡선

만일 신이 신체 부위 중에 딱 한 곳만 바꿔주겠다고 제안한다면 어디를 고를까? 외모는 신에게 받은 선물들을 담아놓는 그릇이 자 포장하는 상자. 우리가 받은 진짜 선물은 그 안에 담긴 것이 며 포장으로 내용의 본질이 바뀌지도 않는다는 걸 알고 있는데 도 외모에 신경이 쓰이는 건 선물을 좀더 예쁜 상자 안에 담아서 받으면 좋겠다는 마음 때문일 거다. 그런데 발레 무용수에게는 외모도 필요한 자질로 꼽히기 때문에 신이 저런 제안을 한다면 직업적 관점에서 고민하게 된다. 이때 무용수가 아닌 사람은 절 대 고르지 않을 부위, 하지만 발레 무용수 중에는 상당수가 선 택할 부위, 그게 발등이다.

발등에 뽕을 넣으면 무대에서 더 아름다워 보이기라도 하는 것일까? 이 질문을 무용수들에게 던진다면 모두가 조금의 망설 임도 없이 "그럼! 당연하지!"라고 외칠 것이다. 오랜 훈련기간을 거치면서, 무대공연의 이력이 쌓여가면서 무용수들은 특이한 사 실을 하나 알게 된다. 발등에서 힘도 나오고 미美도 나온다는 사 실을. 발을 푸앵트 하기 위해서는 필연적으로 발등을 앞으로 밀 어내야 한다. 뾰족하게 날이 선 발끝을 만들기 위해 발에 힘과 에너지를 가할수록 발등은 밋밋하고 평평한 모양새에서 둥근 아 치형으로 바뀐다. 그런데 발등이 도톰하게 솟아오르자 신기한 일이 일어났다. 둥근 발등이 다리와 발을 자연스러운 곡선으로 이으면서 더 길고 수려한 몸의 선이 만들어진 것이다. 인간의 몸은 직선이 아니라 곡선이기 때문에 이런 효과는 당연한 일일 것이다. 이러니 어느 무용수인들 발등에 집착하지 않겠는가. 그래서 푸앵트를 해서 둥글게 튀어나온 발등이 무용수들에게는 가장 아름다운 발등으로 통하게 되었다. 일명 '바나나 발등'이 최고의 미모로 추앙받는 것이다.

포인트슈즈,
발가락이 아니라 발등으로 신는다

발등에 대한 집착은 포인트슈즈의 등장과도 맞물려 있다. 마리 탈리오니가 무대에서 포인트슈즈를 신고 발끝으로 섰던 환상적인 모습은 사람들의 뇌리에서 지워지지 않았고, 한번 여성 무용수들의 발에 신겨진 포인트슈즈는 모던발레 등장할 때까지 마치 동화 속 빨간 구두처럼 절대 벗겨지지 않았다. 마리 탈리오니가 처음 포인트슈즈를 신었을 때는 잠시 동안 슈즈 위로 몸을 세워보는 정도였지만 이제는 포인트슈즈를 신고도 모든 발레 기술을 선보여야 할 지경에 이르렀다. 포인트슈즈가 필수품이 되면서 여성 무용수들은 포인트슈즈를 활용한 다양한 발레 테크닉들을 연마하기 시작했고, 동시에 조금 더 수월하게 포인트슈즈를 신는 방법들도 고민하게 됐다.

언뜻 보기에는 발끝으로 서는 거니 발가락에 힘을 줘서 포인트슈즈를 신을 거라 여기지만 수십 킬로그램이나 나가는 몸을 발가락에만 의지해서 춤을 춘다면 발가락이 온전하게 남을 리가 없다. 발끝으로 서서 춤을 추고 포인트슈즈를 신는 데는 과학적 비법이 숨겨져 있다. 그 비밀의 원천이 발등이다. 무용수들은 포인트슈즈를 신고 설 때 발등을 앞으로 밀어내면서 몸을 바로 세우면 발가락에 하중이 실리지 않고 더 안정적으로 설 수 있다는 것을 알게 됐다. 물론 발등의 힘만으로는 되지 않는다. 여기에 튼튼한 발목이 받쳐주고, 지상의 사람이 아닌 듯, 마치 요정인 듯, 하늘로 솟구치듯이 에너지를 위로 쓰려는 힘이 동반될 때 '발끝으로 서서 춤을 추는' 신화가 완성된다. 발등, 발목, 상승 에너지의 3박자가 포인트슈즈를 신고 춤추는 게 가능하게 만들었다.

그러면 남성 무용수도 포인트슈즈를 신느냐고 물어보는 사람들이 종종 있는데, 작품의 캐릭터상 필요한 경우를 제외하고는 기본적으로 포인트슈즈를 신지 않는다. 남성 무용수들은 주로 가죽이나 천으로 만든 발레용 슈즈를 신고 연습하고 무대에도 오른다. 포인트슈즈를 신지 않아도 발등의 기능과 미는 남성 무용수들에게도 마찬가지로 중요하다. 무용수들의 몸의 라인은 둥근 발등으로 미의 정점을 찍고, 동시에 이 발등 덕분에 머리끝부터 발끝까지 에너지가 '짱짱한' 춤이 나오게 된다. 일반 사람들에게 발등의 미모는 하등 쓸데없는 무용지물無用之物이지만 무용수들에게는 중요한 무용지물舞踊之物이 된 것이다.

무용수의 자존심, '고'

기능적으로도, 미적으로도 무용수들은 발등을 중요하게 여기기 때문에 이를 가리키는 특별한 이름도 있다. 우리나라에서는 '고'라고 부른다. 무용수들은 어릴 때부터 워낙 익숙하게 듣는 단어라 그 태생을 정확하게 모르는 채 이 단어를 사용하고 있고, 지금은 이 단어가 무용수의 둥근 발등을 의미하는 단어로 굳어진 상태다.

그럼 우리나라에서 일명 '전문용어'로 통하는 '고'는 어디서 나온 말일까. 여러 문헌과 현장에서 알아본 결과 일본어에서 유래된 것으로 보인다. 일본어로 발등을 아시노고足の甲라고 부르는데 여기서 '고'라는 단어가 나온 것으로 추정한다. 1950년대 전후, 우리나라에 발레를 정착시킨 발레 1세대 무용수들은 모두 일본 유학파 출신이었다. 1946년, 한국 발레의 시작점이 된 서울발레단을 창단한 한동인(1922~?)은 일본 유학을 통해 발레를 배

28

웠다. 한동인은 한국전쟁 당시 북으로 가면서 이후의 행적은 모호해졌지만 그의 제자 임성남(1929~2002)이 일본에서 공부하고 활동하다가 한국으로 돌아와 우리나라에 발레가 뿌리내리게 만들었다. 일례로 국립발레단은 임성남의 지속적인 주장에 힘입어 국립무용단에서 분리돼 나올 수 있었다. 임성남의 또 다른 스승인 백성규(1919~2013)는 1939년 일본으로 유학을 떠나 그곳에 자리잡은 사람으로 핫토리-시마다 발레단을 창단해서 일본과 한국 발레에 지대한 영향을 미쳤다. 특히 재일교포 출신의 무용수 최태지(1959~)가 그의 권유로 한국에 정착한 건 유명한 일화다. 최태지는 국립발레단에서 무용수로 활동하다가 단장이 됐고, 다양한 시도로 발레의 저변을 확대해서 우리나라 발레 역사에 일대 전환점을 이뤘다. 이렇게 발레가 성장하는 데 우리나라와 일본은 긴밀한 관계에 있었다. 당시 연습실에서 발레 마스터나 교사들은 발등에 에너지를 넣으라고 강조하면서 '아시노고'라는 단어에서 간단하게 '고! 고!' 하고 외쳤을 테고 그게 지금 '고'라는 단어로 굳어진 것으로 보인다. 반면 영어권 국가를 비롯한 많은 국가에서는 '아치arch'라고 부른다.

무용수들이 둥근 발등, 고에 대해 갖는 열정이 어느 정도냐면 고를 만들기 위해 특별한 훈련을 따로 할 정도다. 무용수들은 '고를 낸다'고 말하는데, 나무판을 넓고 짱짱한 실리콘 밴드에 끼워 만든 기구를 주로 사용한다. 밴드에 발을 끼워넣고 발등을 밀어내는 훈련을 통해 발등 모양이 솟아오르도록 만드는 것이다. 고를 내는 것은 푸앵트를 만드는 것과 동시에 이뤄지기 때문에 이 기구들은 고스틱, 혹은 '포인기'라고 부른다. 굳은 발등을 둥글고 유연하게 만드는 기구이므로 영어권에서는 풋 스트레처foot stretcher 혹은 아치 스트레처arch stretcher라고 부른다. 보통 '세라밴드'라고 부르는 넓고 긴 고무밴드를 이용해서 발목과 발등 강화 훈련도 한다. 밴드에 발가락을 대고 손으로 한껏 당긴 상태에서 발을 푸앵트로 만들었다 펴기를 반복하는 것이다.

이런 훈련을 하고도 성에 차지 않으면 공연 때 '고패드arch enhancer'를 사용하기도 한다. 고패드는 발등 부위에 도톰한 패드가 붙어 있고 발꿈치와 발가락 부분은 제거된 양말 형태이거나 발등 위에 얹을 수 있는 실리콘 패드 형태를 하고 있다. 이 고패드를 신거나 발등에 얹은 후 타이츠를 신으면 발등이 봉긋하게 올라와 보인다. 고패드가 주는 심리적 위안도 대단하다. 남성들의 키높이 깔창, 여성들의 보정속옷과 같다고 할까. 고패드가 없던 시절에는 발등 위에 거즈를 여러 겹 붙이기도 하고, 심지어 생리대를 잘라서 붙이고 공연하는 사람을 본 적도 있다. 생리대 조각 하나 붙인 걸로도 그 무용수는 어찌나 자신감이 넘치고 행복해하던지 그 표정을 아직도 잊을 수가 없다. 고는 무용수들에게 그런 존재인 것이다. 세계적으로 유명한 무용수들의 '고'만 찍어 모은 사진이 인터넷에 돌아다닐 정도다. 오죽하면 젤시 커클

실리콘 밴드

이게 바로 고스틱 (foot Stretcher)

고스틱(풋 스트레처)으로 훈련하는 무용수

랜드는 발등 수술까지 감행했을까. 고패드 같은 보조용품들 덕분인지 이제 발등에 '뽕을 넣는' 수술을 받는 무용수는 없다. 하지만 콩쿠르나 입시에서 고패드를 사용할 경우 문제가 되기도 하는데 그것은 고를 만들기 위한 훈련의 시간에 높은 가치를 두기 때문이다. 그만큼 아름다운 발등을 갖기 위한 무용수들의 노력은 필수이자 미덕이 되었다.

미의 기준이 시대와 지역에 따라 다른 건 아름다움이 절대적인 요소라기보다 관습과 문화의 성격이 강하기 때문일 거다. 여성의 목이 길수록 아름답다고 여기는 카얀족이 목에 놋쇠 고리를 계속 끼워넣어 목이 길어 보이게 만드는 것처럼. 둥근 발등, '고'가 아름답다고 느끼는 건 발레에 익숙한 사람들 사이에 통용되는 일종의 문화적 약속이기도 하다. 아는 만큼 보인다고 발레에서 말하는 '발등 미모'에 한번 매료된 사람들은 다시는 거기서 시선을 뗄 수 없게 된다. 둥글게 솟아오른 발등은 무용수들에게는 미의 완결이자 자존심의 상징이다. 발끝과 발등, 가장 낮은 곳에서부터 세심하게 선을 다듬고 완성시키는 무용수들. 그래서 그들의 발을 사랑하지 않을 수 없다. 우리의 발은 그렇게 발레를 만나 가장 낮은 곳에서 가장 존재감 있는 부위로 거듭난다.

발끝의 신화,
포인트슈즈

"가장 좋아하는 배우는 누구인가요?" 이 질문에 대한 나의 대답은 오랫동안 요지부동이다. 특히 로마에서 벌어진 공주의 로맨틱한 일탈, 영화 〈로마의 휴일〉(1953) 속 오드리 헵번Audrey Hepburn(1929~1993)의 사랑스러운 모습은 영원히 영화 팬들의 심장 안에서 살아갈 것이다. 영화 속 공주가 본격적인 로마 여행을 앞두고 한 일은 무엇일까. 숏커트로 머리를 자르고 플랫슈즈를 사서 신었다. 이 플랫슈즈는 발레 포인트슈즈처럼 끈으로 발등과 발목을 묶는 디자인으로 살바토레 페라가모Salvatore Ferragamo가 오드리 헵번의 이력에서 착안해 특별히 제작한 신발이었다. 영화배우로 이름을 알리기 이전에 오드리 헵번은 발레 무용수로 잠시 활동했던 것이다. 오드리 헵번은 영화 〈화니 페이스Funny Face〉(1957)에서 스키니 팬츠에 플랫슈즈를 신고 춤추는 모습을 선보이며 다시 한번 플랫슈즈의 인기를 끌어냈다. 이렇게 포인트슈즈에서 유래된 플랫슈즈는 일상으로 들어와 모든 여성들의 낭만을 충족시켜주는 패션 아이템으로 자리잡게 된다.

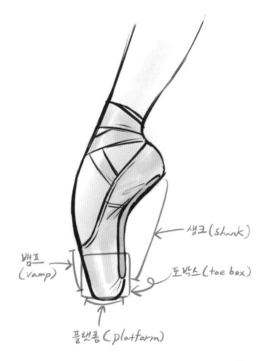

생크 (shank)

뱀프
(vamp)

토박스 (toe box)

플랫폼 (platform)

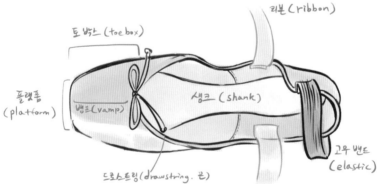

리본 (ribbon)

토 박스 (toe box)

플랫폼
(platform)

뱀프 (vamp)

생크 (shank)

고무 밴드
(elastic)

드로스트링 (drawstring. 끈)

포인트슈즈의 부위별 명칭

구두 굽이 사라지자
포인트슈즈가 태어났다

발레에 대한 로망과 판타지는 포인트슈즈에서 시작된다고 해도 과언이 아니다. 1950년대 이후 선풍적인 인기를 얻게 된 플랫슈즈는 거리에서, 일상에서 발레리나의 모습을 재현해주었다. 포인트슈즈에서 착안한 플랫슈즈가 그 이전에도 나오긴 했지만 패션 아이콘 오드리 헵번이 신은 이후로 선풍적인 인기를 얻었다. 그런데 이미 18세기에 이 플랫슈즈를 유행시킨 인물이 있다. 무용수 마리 카마르고Marie Camargo(1710~1770)이다.

마리 카마르고가 활동하던 18세기는 아직 포인트슈즈가 등장하기 전이다. 당시에는 무용슈즈에도 굽이 있어서 무용수들이 하이힐을 신고 발레를 췄다. 하이힐은 기원전 4세기부터 등장하는데 당시에는 남성들이 주로 신었고, 17세기에 들어오면서 부와 권력의 상징으로 프랑스 귀족들의 인기를 한 몸에 받았다. 지금과 같은 발레를 정립하는 데 혁혁한 공을 세운 프랑스의 루이 14세도 하이힐을 애용했다. 그런데 그걸 마리 카마르고가 싹둑! 굽을 잘라버리고 무대에 올랐다. 내친 김에 치마도 발목 높이까지 싹둑 잘라버렸다. 당시 분위기를 볼 때 과감해도 너무 과감한 처사. 하지만 무용수로서 할 말은 있었다. 치마가 치렁치렁하고 구두 굽이 높아서 춤추는 데 방해된다고요!

마리 카마르고가 긴 치맛자락과 높은 구두 굽을 제거하고 마음껏 춤을 추는 모습에 사람들은 환호했고, 때마침 1789년 프랑스 혁명까지 일어나면서 왕가와 귀족들의 힘의 상징이었던 하이힐 대신 플랫슈즈가 인기를 누리게 됐다. 발레슈즈의 혁신은 여기서 멈추지 않고 포인트슈즈의 등장으로 이어졌다. 18세기에는 남성 무용수들이 더 주목받고 있었지만 플랫슈즈와 포인트슈즈의 등장으로 푸앵트 워크는 점점 더 화려해지고, 발레 무대는 점차 여성 무용수가 중심이 되었다. 그때 굽이 잘려나가지 않았다면 발레는 어떻게 됐을까. 포인트슈즈는 탄생하지 않고 발레는 지금과는 전혀 다른 형태와 성격의 춤으로 정착했을지도 모른다.

장인의 손끝에서
발끝의 신화까지

하이힐에서 플랫슈즈, 포인트슈즈로 맥을 이어가는 동안 발레슈즈는 굽이 사라지고 대신 딱딱한 앞코가 생긴다. 포인트슈즈에서 앞코 부분 전체를 토 박스toe box, 바닥에 닿는 부분을 플랫폼platform이라고 부르는데 플랫폼이 뭉툭하고 토 박스 전체가 단단하기 때문에 이 위에 서서 춤을 출 수 있다. 포인트슈즈는 가죽으로 된 발바닥 부분과 토 박스를 제외하고는 전부 부드러운 새틴 소재이다. 천 슈즈인데 앞부분이 딱딱한, 참 특이한 구조다. 토 박스는 포인트슈즈를 다른 신발과 구분 짓고, 발레가 가능하게 만든 가장 중요한 부위. 그래서 포인트슈즈 제작소마다 토 박스를 만드는 나름의 방식과 비법을 가지고 있다. 어릴 때는 이 앞부분에 시멘트를 채워넣은 게 아닐까 상상했었다. 포인트슈즈를 만드는 과정을 처음 알게 됐을 때는 조금 놀라기도 했다. 모든 과정이 수작업으로 이뤄지고 특히 토 박스는 장인들이 자신들의 손에 석고 반죽을 덕지덕지 묻혀가며 만드는 게 아닌가. 종이와 천 사이에 석고 반죽을 바르는 과정을 여러 번 거치면, 겹겹이 쌓인 그것이 딱딱하게 굳어지면서 토 박스가 만들어진다. 그리고 장인들의 세심한 바느질과 가위질, 망치질을 통해 마침내 한 켤레의 포인트슈즈가 탄생된다. 그 신발을 신고 무대 위를 촘촘하게 수놓듯이 춤을 추는 무용수들. 이 모든 정성이 한데 모여 발끝의 신화가 만들어지고 있던 것이다.

포인트슈즈 바느질은
춤을 위한 기도

포인트슈즈는 저마다의 얼굴을 갖고 있다. 앞코가 조금 더 긴 포인트슈즈, 발볼이 넓거나 혹은 좁은 포인트슈즈, 토 박스가 아주 딱딱한 포인트슈즈, 상대적으로 무른 포인트슈즈. 포인트슈즈의 색상도 핑크부터 베이지까지 톤이 조금씩 다르다. 무용수마다 발과 발가락의 모양과 길이, 피부색이 다 다르기 때문이다. 그리고 포인트슈즈에도 구두처럼 여러 가지 브랜드와 디자인이 있다. 대표적인 브랜드로는 일본 차코트Chacott, 러시아 그리슈코Grishko, 미국 게이노어 민든Gaynor Minden, 카페지오Capezio, 산샤Sansha, 영국 프리드Freed와 블락Bloch, 프랑스 웨어 무아Wear Moi와 레페토Lepetto를 꼽을 수 있다. 포인트슈즈는 기계가 아니라 사람의 수작업으로 만들므로 같은 브랜드의 같은 모델, 같은 사이즈를 구입해서 신어도 매번 조금씩 느낌이 다르다. 어떤 무용수는 아예 자신의 발에 맞게 한 번에 10~20켤레씩 맞춤제작을 하기도 하는데 이렇게 해도 자신의 발이 좋아하는 슈즈는 한두 켤레밖에 없을 정도로 포인트슈즈와 발의 관계는 까다롭고 민감하다. 내 발에 꼭 맞고, 내 발과 내 춤이 찰떡같이 붙는 포인트슈즈를 만나면 꽁꽁 아껴두었다가 중요한 공연 때만 신는 무용수도 있다.

그래서 누구에게나 절대적으로 좋은 포인트슈즈란 건 없다. 포인트슈즈의 디자인이 다르듯이 가격도 5~20만 원 사이로 다양한데 가격과 브랜드의 유명세가 높아도 내 발에 맞는다는 보장은 없다. 여러 슈즈를 신다보면 특별히 자신에게 맞는 브랜드와 디자인을 찾게 된다. 사람과 사람이 만나서 웃고 울고 부딪치고 풀고

하면서 관계가 견고해지듯이 포인트슈즈도 무용수의 발과 잘 만나기 위해 여러 번 길들이는 과정을 거쳐야 한다. 그냥 신는 경우는 없다. 반드시 새 슈즈를 꺾고 자르고 바느질해서 내 발에 맞게 재탄생시켜야 한다. 포인트슈즈와 내가 혼연일체되기 위한 필수 과정이다.

포인트슈즈를 신고 춤을 추면서 어느 부분이 어땠는지 스스로 느끼면서 자신의 발에 가장 잘 맞게 손질하는 방법도 차차 배워나가게 된다. 발등의 아치가 둥글게 잘 살아나야 하기 때문에 슈즈를 반달 모양으로 꺾어주는 건 기본. 어떤 무용수는 더 잘 꺾이게 하기 위해 아예 밑창의 반을 잘라내버리기도 한다. 토박스는 망치질해서 내 발가락 주변을 부드럽고 자연스럽게 감싸도록 다듬어야 한다. 무대 위에서 미끄러지지 않기 위해 바느질로 플랫폼에 돌기를 만들어내는 것도 필수이다. 플랫폼에 패드를 붙이기도 하지만 역시나 손으로 한 땀씩 바느질한 것이 미끄럼 방지에는 가장 효과적이다. 바느질은 이걸로 끝이 아니다. 춤을 추는 동안 포인트슈즈가 벗겨지지 않게 하기 위해 양쪽에 끈을 달아 발등 위에서 X자로 교차하고 발목에서 동여매는데 사람마다 발등 높이나 모양이 다르니 이것도 자신의 발에 맞게 끈의 위치를 정해서 꿰매 달아야 한다.

함께 발레 하는 친구들과 농담처럼 이런 말을 주고받은 적이 있다. 발레를 잘하고 싶었는데 할수록 바느질만 늘더라고. 하지만 발레 무용수들과 발레를 배우는 사람들에게 포인트슈즈를 꿰매는 일은 일종의 삶의 리추얼ritual(의식)이다. 귀찮지만 안전하게, 오랫동안 건강하게 춤을 추고 싶은 마음을 담아 포인트슈즈와 내가 함께 하나의 춤으로 피어나기 위한 리추얼. 포인트슈즈를 꿰매는 그 순간, 이미 춤은 시작된 것이다.

포인트슈즈는
또 하나의 신체기관

이렇게 열심히 다듬어 내 발에 맞게 만들어놓은 슈즈도 그렇게 오래 신지는 못한다. 바닥과의 마찰, 연습 과정 중에 흘리는 땀으로 단단하던 앞코가 물렁물렁해지면 수명은 끝. 지독한 연습벌레는 하루에 슈즈 한 켤레씩 '해먹는다'는 말이 있기도 하다. 학창시절 공부 잘하는 친구들이 하루에 볼펜 한 개씩 '해먹는다'는 말과 같은 이치. 수명이 다한 상태를 '토가 무너진다'라고 표현하는데 더 이상 이 슈즈를 신고는 발끝으로 설 수 없으니 이보다 적당한 표현이 있을까.

게다가 포인트슈즈는 아무 곳에서나 신을 수 없는 신발이기도 하다. 나무나 대리석 바닥은 바느질이나 토패드로는 감당이 안 될 정도로 미끄럽다. 뛰는 동작이 많기 때문에 바닥이 충격을 흡수할 수도 있어야 한다. 그래서 공연 때 무용수들의 컨디션 못지않게 챙기는 것이 무대 바닥이다. 무대 바닥에 고무나 PVC로 만든 댄스플로어dance floor를 까는 게 공연 준비의 시작점이다. 공연장에 마련돼 있는 경우도 있지만 전문 공연장이 아닌 학교나 야외무대에서 공연할 때는 발레단에서 준비해가기도 한다. 그래도 불안할 경우 포인트슈즈의 발끝에 송진가루를 묻히면 미끄러움을 방지할 수 있다. 포인트슈즈가 만들어낸 춤은 환상적이지만 포인트슈즈를 신는 과정은 환상이 아니라 실제다.

포인트슈즈가 워낙 발레의 상징물처럼 받아들여지다보니 대부분의 사람들이 발레를 배우기 시작하면 바로 포인트슈즈를 신는다고 오해한다. 포인트슈즈는 그렇게 호락호락하지 않다. 천이나 가죽으로 만든 연습슈즈를 신고 오랜 시간 몸과 발이 다듬어지고 훈련된 후에야 신을 수 있다. 처음 신는 날에는 천 슈즈를 신고 지금까지 배웠던 발레와는 또 다른 신세계가 펼쳐진다. 여기서부터 다시 시작이라는 느낌. 그래서 포인트슈즈를 처음 신을 때는 두려운 마음이 들기도 하지만 설레기도 한다. 어떤 사람은 포인트슈즈를 처음 산 날 밤에 너무 좋아서 꼭 끌어안고 잤다는 기억을 꺼내놓기도 한다. 그만큼 발레를 배우기 시작하면 빨리 신어보고 빨리 친해지고 싶은 신발이다. 하지만 발레에서 요구하는 몸의 상태에 익숙해지지 않은 채로 빨리 포인트슈즈를 신으면 부상으로 이어질 수 있고, 무릎을 제대로 펴고 서지 못해 어정쩡

한 줌이 되기 때문에 급한 마음을 내려놓고 천천히 다가가는 게 좋다. 특히 슈즈의 앞코가 길고 딱딱하기 때문에 맨발이나 연습 슈즈를 신었을 때보다 발등을 더 밀어내지 않으면 아치는 보이지도 않는다. 발등과 발목을 강화하는 데도, 몸을 바르게 세우고 컨트롤하는 방법을 배우는 데도 포인트슈즈를 신는 건 큰 도움이 되기 때문에 남성 무용수들도 일부러 포인트슈즈를 신고 훈련하기도 한다.

새삼 포인트슈즈를 처음 사러 갔던 날이 떠오른다. 내 발과 발가락에 닿는 그 신발의 기억은 남달랐다. 태어나서 신어본 신발 중에 가장 신기한 신발이었다. 조심스럽게 피팅을 하며 포인트슈즈를 고르고 벅찬 마음으로 안고 오던 날, '이제 빨간 구두가 신겨졌구나, 평생 헤어날 수 없겠구나'라는 느낌이 들었다. 예상대로 그 신발은 벗겨지지 않았다. 나는 글을 통해 여전히 그것을 신고 있고 춤을 추고 있다. 포인트슈즈는 도구가 아니라 내 몸의 일부다. 포인트슈즈와 내가 따로 노는 게 아니고 내 발에 신겨지는 순간 신체 일부로 흡수되는 것이다. 발레 기술의 발전, 무용 공연에서 여성의 입지, 그리고 현대무용의 태동까지도 모두 포인트슈즈를 중심으로 이뤄졌다. 그 안에는 공연과 무용의 역사가 흐르고, 수많은 무용수들의 꿈이 담겨 있고, 손에 반죽을 묻혀가며 한 겹씩 완성해간 어느 장인의 숨결이 모여 있다. 포인트슈즈는 이 모든 것의 결정체이다.

팔자걸음이 아름답다?

학창 시절, 한 친구에게 쪽지를 받은 적이 있다. 친구는 쪽지에 친절하게 그림까지 그려가며 다음과 같이 적었다. '걸음 똑바로, 이렇게 말고 이렇게.' 그림 하나는 양 발끝이 바깥쪽을 향해 있었고 다른 하나는 발끝이 앞을 향해 있었다. 누가 봐도 후자가 바른 걸음자세다. 당시 무용반에서 발레를 배우고 있던 터라 나도 모르게 '팔자걸음'을 걷던 그 모습이 친구의 눈에는 영 이상해 보였던 모양이다. 그 쪽지를 받고 나서 내가 발레에 푹 빠져 있다는 사실을 알고 나도 모르게 웃음이 나왔다. 그때 궁금해졌다. 발끝으로 서고 걷는 것으로도 모자라 '팔자걸음'으로 걷는 이 '이상한' 행동은 어쩌다 발레에 들어와 아름다운 자세로 추앙받게 됐을까.

해부학에 도전하는 춤,
발레

이제는 엄마가 된 지인들이 자녀에게 발레를 가르치고 싶다면서 종종 이것저것 물어오는데 늘 이야기 끝에는 이런 말이 뒤따라온다. "그런데 발레를 배우면 걸음걸이가 이상해지는 것 같던데 괜찮을까?" 이상하다고? 나는 그게 예뻐 보이는데! 그 걸음걸이가 예뻐 보인다고 말을 하는 순간, 상대방은 걱정 어린 얼굴이된다. 우리 아이도 발레 배우면 결국 저렇게 걷게 된다는 건가, 하는. 반면에 성인들이 취미로 발레를 배우려고 고민할 때는 이런 질문을 많이 한다. "내 몸은 그냥 나무토막이나 다름없어. 유연성이 없는데 발레를 배우는 게 가능할까?" 전혀 다른 고민으로 보이지만 이 고민들은 모두 하나의 종착지로 흘러간다. 소위 '팔자걸음'이라는 '턴아웃turn-out'으로.

발레에 대해 잘 모르는 사람들에게도 제일 먼저 눈에 띄는 몸동작이 턴아웃이다. 팔자걸음이라고 표현은 했지만, 정확하게 말하면 팔八자가 아니라 발끝이 180도로 완전히 양옆 바깥쪽을 향하는 일一자 형태의 자세다. 발끝이 아웃out, 즉 바깥쪽을 향한다고 해서 붙여진 이름이기 때문이다.

그런데 이 동작을 제대로 하는 건 만만치 않은 일이다. 일어서서 발끝을 바깥쪽으로 향하게 하고 한번 서 있어보기만 해도 바로 알게 된다. 몸이 휘청거리면서 똑바로 버티고 서 있기도 쉽지 않으니 말이다. 그런데 발레 무용수들은 어떻게 이런 자세로 춤을 출까? 그게 가능한 건 그냥 발끝만 바깥쪽을 향하는 게 아니기 때문이다. 다리가 시작되는 지점이자 골반과 넓적다리를 잇는 부분의 뼈를 '고관절'이라고 부르는데 발레 무용수들의 고관절은 완벽하게 옆으로 벌어져 있다. 고관절부터 시작해서 허벅지 앞면과 무릎이 앞이 아니라 양옆을 향하고 이게 발끝까지 이어져서 다리 전체가 180도로 벌어지는 게 정확한 턴아웃의 자세이다. 그래야 안정적으로 설 수 있고 그 상태로 춤을 출 수 있기 때문에 무용수들은 이 자세가 몸에 익숙해지도록 훈련한다.

턴아웃이 고관절에서 시작하기 때문에 무용수들은 이 상태를 '고관절이 열린다'고 표현한다. 정상적인 몸은 모두 앞을 향해야 한다. 그걸 옆으로 뒤트는 것이다. 그래서 의사들은 발레를 '해부학에 도전하는 춤'이라고 말한다. 그런데도 모든 무용수는 매순간 완벽하게 턴아웃하기 위해 애를 쓴다. 그게 무대에서 춤을 출 때 아름다워 보이니까.

턴아웃으로 다리를 6시 방향으로
들어올린 무용수

움직임의 범위를 확장시킨
턴아웃

남들은 생전 관심도 갖지 않는 발등의 미모를 운운하더니 이제는 다리를 완전히 옆으로 뒤틀어야 아름답단다. 대체 이게 왜 예뻐 보일까? 무용수 입장에서 아름다운 자세란 더 많은 동작을 더 자유롭게 구사하는 데 있다. 수많은 훈련을 참아내는 건, 그 훈련을 하지 않으면 해내지 못했을 동작을 할 수 있게 되기 때문이다. 턴아웃을 제대로 할 경우 그렇지 않았을 때와는 다른 차원으로 몸과 춤을 이끌어낸다. 예를 들어 양발이 똑바로 앞을 보고 있는 상태에서 다리는 옆으로 들 경우 상체를 기울이지 않는 한 인체 구조상 90도 이상 들 수가 없다. 그런데 턴아웃을 하게 되면? 뼈가 옆으로 열려 있기 때문에 상체를 똑바로 세운 상태에서 다리를 일직선으로 들어올릴 수 있다. '6시 동작'이 가능한 것이다. 또 다리를 앞에서 뒤까지 온전한 원을 그리며 움직일 수 있다. 턴아웃이 신체의 한계를 확장시킨 거다. 이러니 무용수들이 고관절 여는 훈련을 어찌 마다하겠는가.

턴아웃 덕분에 동작의 범위가 넓어지고 인체 구조상 불가능했던 한계를 넘어서게 되면서 이후 아름다운 발레 동작들이 더 많이 생겨날 수 있게 됐다. 흔히 사랑에 빠진 사람을 보고 눈에 콩깍지가 씌었다고 말한다. 그렇게 되면 다른 사람들 눈에는 보이지 않는 미가 내 눈에는 보인다. 발레를 사랑하면 발등에 눈이 가고, 고관절을 틀어야 예뻐 보인다. 발레를 사랑하는 사람은 발레라는 콩깍지를 통해 세상과 아름다움을 바라보고 기꺼이 그것을 제 몸에 이입한다.

이렇게 한 가지 의문은 풀렸다. 왜 '팔자걸음'이 아름답다고 말을 하는지. 그럼 유연성 고민은 어떻게 턴아웃과 연결이 되는 걸까? 성인들이 발레를 배우려고 할 때 고민하는 것과는 달리 유연성은 그동안 쓰지 않아 수축돼 있던 근육을 풀어주고 늘려주는 훈련을 하면 어느 정도까지 발달하게 된다. 몸이 뻣뻣해서 발끝에 손이 닿지 않았던 사람들이 꾸준한 스트레칭을 통해 양 옆 180도로 소위 '다리 찢기'에 성공한 사례도 보았다. 문제는 유연성이 아니라 턴아웃이다. 이건 근육이 아니라 뼈의 영역이기 때문이다.

발레를 전공하려면 어린 나이에 시작해야 하는 이유도 유연성이 아니라 턴아웃에 있다. 뼈가 굳어지기 전에 고관절을 열어야 하므로. 태어날 때부터 고관절이 남보다 열려 있는 사람도 있고 혹은 반대로 고관절이 안으로 둥글게 말려 있어서 아무리 해도 턴아웃에 한계가 있는 사람도 있다. 혹시 내 몸이 턴아웃이 되는지 궁금하다면? 확인할 방법이 하나 있다. 개구리가 되어보라. 엎드린 상태로 머리는 들고, 무릎을 구부려서 양 발바닥이 서로 만나게 했을 때 배와 허벅지 안쪽이 들뜨는 곳 없이 땅바닥에 착 달라붙어 있다면 고관절이 열려 있는 상태다. 턴아웃을 강화하려고 무용수들은 이 개구리 자세로 스트레칭하기도 한다. 혹시 발레를 배우고 싶은데 개구리 자세를 해보니 턴아웃이 잘되지 않는 몸이란 걸 깨달았다고 포기하지는 마시라. 자신의 고관절이 열리는 범위 안에서 즐겁게 하면 되니까. 그리고 발레 무용수가 되기에 쉽지 않은 몸일지는 몰라도, 당신의 몸은 해부학적으로 지극히 '정상'이니까.

팔자걸음에서 일자걸음으로, 화려한 발레 기술의 시작

턴아웃이라는 이 신기한 자세가 춤에 처음 등장한 건 프랑스에서였다. 그 자세에 대한 관심이 커진 건 프랑스의 왕 루이 14세 Louis XIV(1638~1715)가 시작점이 됐다. 지금과 같이 발레가 발달한 건 루이 14세 덕분이다. 춤에 대한 그의 애정은 권력에 대한 집착과 동의어였다. 1643년 다섯 살이라는 어린 나이에 아버지를 잃고 왕위에 오른 루이 14세는 5년 뒤 '프롱드의 난'을 겪는다. 프랑스의 부르봉 왕조에 대한 귀족세력의 반란으로 일어난 프롱드의 난으로 루이 14세는 파리를 탈출해 도망을 가야 했다. 어린 나이에 목숨을 위협받는 두려운 상황에 노출됐던 그에게는 왕권을 강하게 표출할 무엇이 필요했고, 그것이 춤이었다. 섭정 정치를 하던 어머니 안 도트리슈와 재상 쥘 마자랭에게 나는 이제 더 이상 어린아이가 아니고 한 나라의 군주라는 점을 표현하기 위해 그가 선택한 방식도 말이 아니라 춤이었다. 1653년, 태양과 예술을 주관하는 신, 아폴론의 모습으로 분장하고 무대에 선 루이 14세. 이후로 그에게는 태양왕이라는 호칭이 뒤따랐다. 그의 나이 열다섯 살 때의 일이다. 이 장면은 영화 〈왕의 춤Le Roi danse〉(2000)에 잘 표현돼 있다.

왕이 춤에 빠져 있으니 당시 귀족들도 권력을 유지하고 강화하기 위해 모두 춤을 배우고 춤을 추는 게 일이었다. 발레를 잘해서 더 화려하고 멋진 무대를 보여주는 건 루이 14세로서는 왕의 위엄과 권력을 드러내는 일이었다. 그래서 루이 14세는 그의 발레 교사 피에르 보샹Pierre Beauchamp(1631~1705)을 다그친다. 그렇게 탄생한 게 발레의 기본 다섯 가지 발 포지션. 오늘날 발레를 시작하는 모든 사람들이 제일 먼저 이것부터 습득할 정도로 기본 중의 기본이자 중요한 틀이다. 모두 턴아웃을 해야 하는 자세이며 현재는 3번 동작을 제외하고 네 가지 발동작을 중심으로 발레 클래스가 진행된다. 현재 턴아웃 없이 발가락들이 앞쪽을 향하게 나란히 놓는 것은 6번 동작이라 부른다. 지금은 다섯 가지 기본자세가 모두 완벽하게 180도로 벌어진 턴아웃 자세이지만 17세기 당시의 턴아웃 자세는 발 한쪽당 45도 정도였다. 당

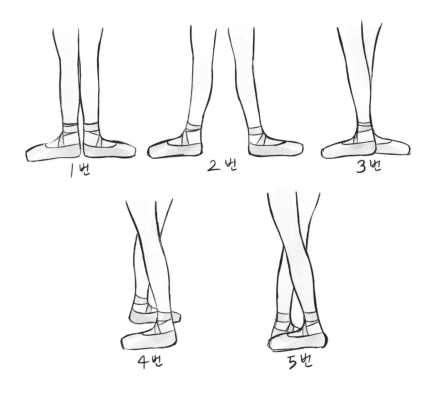

1번

2번

3번

4번

5번

발레의 다섯 가지 발 포지션

시 양발이 안쪽으로 향하면서 움직이는 건 품위 없고 볼품없는 동작으로 여겨져서 극 안에서 부랑아나 주정뱅이, 신분이 낮은 사람들을 표현할 때 배우는 이런 자세로 걷고 움직였다. 반대로 머리와 몸통을 바로 세워 단단하게 잡고, 살짝 바깥쪽으로 발을 벌려서 턴아웃으로 걷는 건 귀족의 품위가 담긴 우아한 자세로 여겨졌다. 말 그대로 '팔자걸음'이다.

그럼 어떻게 그 '팔자걸음'이 지금과 같이 180도로 완벽하게 턴아웃하는 '일자걸음'으로 바뀌게 됐을까? 그건 18세기에 파리에서 가장 주목받았던 남성 무용수 오귀스트 베스트리스Auguste Vestris(1760~1842)의 영향이 컸다. 그는 열두 살 때 이미 파리오페라극장에서 첫 무대를 가질 정도로 타고난 춤꾼이었다. 특히 그는 화려한 테크닉으로 관객들을 사로잡았다. 당시 남성 무용수들은 그의 턴과 점프를 따라하느라 난리가 났다. 베스트리스를 기점으로 남성 무용수들은 몸과 기술을 더 극단적으로 훈련하는 데 집중했고, 180도로 턴아웃해야 가능한 동작들을 하기 시작했다. 예를 들어 바닥을 발가락으로 밀듯이 차서 뛰어오르는 동작의 경우 180도 턴아웃 상태여야 움직임이 더 크고 힘차 보인다. 무용수들이 얼마나 턴아웃에 집착했냐면 투른앙슈tourne-hanche라는 기구까지 등장했을 정도였다. 이 기구는 두 발을 밀어 180도 상태로 만들고 고정하는 나무상자이다. 초창기에는 발만 양쪽으로 벌리는 데 집중하다보니 무릎과 발목관절에 무리가

갔고, 턴아웃을 훈련하는 건 거의 고문에 가까웠다. 다행히 르네상스 이후 해부학이 점차 발달하기 시작하면서 골반부터 턴아웃하는 게 바람직하다는 것을 알게 되어 지금처럼 과학적·의학적으로 자세를 완성시키는 상황에 이르렀다. 이후에 여성 무용수들도 발레 기술을 보이는 게 중요해지면서 턴아웃 훈련에 집중하게 된다. 춤과 발레 기술에 대한 열정이 180도로 완벽한 턴아웃이라는 '이상한' 자세를 가장 아름답고 기능적인 자세로 받아들이게 만든 것이다.

18세기에 남성 무용수들이 화려한 테크닉으로 사람들을 홀렸을 때, 한편에서는 '우아하고 절제 있는 춤의 생명이 끝났고 진정한 춤은 몰락했다'고 비탄했지만, 춤은 그 자리에 가만히 있지 않는다. 누군가의 눈에는 기교만 환영받는 것처럼 보이고, 춤의 본질이 흐려지는 위태로운 줄타기 위에 놓인 것처럼 보였지만 그것은 새로운 미를 향한 도약이 되었다. 귀족적인 이미지가 추락했다고 시작한 그 시점에 발레는 몸으로 표현할 수 있는 기술의 선을 높였고, 다시 우아한 풍미를 그 안에 넣어 지금 우리가 알고 있는 발레로 재탄생할 수 있게 됐다. 몸의 한계에 도전해서 나온 기술과 기품 있는 표현력이 발레 안에 함께 존재하게 된 것이다.

턴아웃, 인류가 직립보행을 한 이래로 이런 걸음을 걷는 일은 일찍이 없었을 것이다. 발레 무용수들은 그런 의미에서 신인류다. 오늘도 해부학에 도전하며 기꺼이 자신의 뼈를 뒤틀기를 마다하지 않는 발레 무용수들. 당신들은 역시 무대 위에서 아름다울 자격이 있다.

선의 예술, 발레

자라나는 아이들에게 최초의 피사체는 가족이다. 우리 가족도 예외는 아니어서 어린 조카는 꼬물꼬물 색연필과 크레파스를 손에 쥐고 가족들 얼굴을 그리곤 했다. 하루는 할머니 얼굴을 그린다기에 가만히 들여다봤더니 쓱쓱 팔자주름을 그려넣는 게 아닌가. 이마 위에 빨래판 무늬로 주름살을 그려넣을 거라 예상했는데 어린 조카의 눈에 노화를 구분 짓는 잣대는 팔자주름이었던 거다. 눈가주름, 팔뚝살, 목주름… 지인들과 이야기를 나눠보니 의외로 노화를 판단하는 잣대는 사람마다 달랐다. 개인적으로는 발등이 굳고 아치가 사라져가는 걸 보면서 노화를 느꼈다. 이걸 넘어서는 독특한 의견은 동생의 시각이었다. 무릎이야말로 나이를 숨길 수 없는 부위라며 나이가 들수록 무릎의 모양새가 울퉁불퉁해지고 튀어나온다는 것이다. 의외로 무릎은 우리에게 많은 이야기를 건네는 부위다. 클라스 올든버그Claes Oldenburg(1929~2022)는 플라스틱으로 여성의 무릎 부분을 재현한 조형 작품 〈런던 무릎London Knees〉(1966)을 통해 무릎이 자유의 상징이자 동시에 관음의 대상이 된 점을 꼬집기도 했다.

1960년대에 런던 여성들 사이에 미니스커트와 부츠가 유행하면서 감춰져 있던 무릎이 바깥으로 모습을 드러낸 것을 보고 만든 작품이었다. 그런데 무릎에 유달리 시선을 두는 사람들이 또 있다. 바로 발레 무용수들이다. 그들에게 무릎은 기능뿐 아니라 미적으로도 중요한 부위이다.

쏙 들어간 무릎, 발등의 아치를 따라
완성되는 발레 무용수의 선

무릎으로 완성하는 다리의 선

발레 무용수들은 미의 척도로 발등을 꼽는 종족인데 무릎으로 미를 왈가왈부하는 것쯤이야 이제 놀랄 일도 아니다. 궁금한 건 오직 하나. 발레 무용수들에게 어떤 무릎이 예쁜 무릎이냐는 말이다. 매끈한 무릎? 동그란 무릎? 작은 무릎? 이런 걸 다 제치고 무용수들이 꼽는 가장 예쁜 무릎은 '쏙 들어간 무릎'이다.

쏙 들어간 무릎이라니, 이것도 발등 못지않게 금시초문인 미의 기준이다. 이런 무릎을 발레 무용수들이 좋아하는 이유가 있다. 턴아웃 상태에서 발끝을 푸앵트했을 때 고관절부터 발등의 아치로 이어지는 다리선은 무릎이 쏙 들어가야 시냇물 흐르듯 수려한 곡선으로 만들어진다. 이런 곡선 때문에 무대 위에서 다리는 더 길고 매끈하게 아름다운 선형 구조를 그리며 춤을 출 수 있다. 만일 무릎이 튀어나오고 발등이 밋밋하다고 생각해보자. 고관절에서 발끝까지 흐르던 선은 무릎에서 한번 걸리고 발등에서는 와르르 무너지게 된다. 발레 무용수들에게 무릎은 고관절과 발등을 잇는 아름다운 가교이다.

게다가 발레 무용수들은 가슴과 힙에서 격정적인 S라인이 만들어지는 것을 꺼리고 오히려 가슴과 힙이 일자 라인에 가깝게 다듬어지기를 원한다. 가슴과 힙이 적당하게 잘 발달한 몸은 무대 밖에서는 무척 아름답지만 무대 위에서는 둔탁하게 보이기 때문이다. 날씬한 무용수도 무대 위에서는 실제 몸보다 거대해 보일 수 있다. 그래서 공연 후 무대 밖에서 무용수들을 마주친 관객들은 깜짝 놀라 이렇게 말한다. "세상에, 이렇게 말랐다니!"

밋밋할 정도로 날씬한 몸을 선호하고, 쏙 들어간 무릎을 선호하는 이유는 발레가 '선'을 만들어내는 춤이어서다. 발레 무용수들은 마치 화선지 위에 먹으로 난을 치듯이 매끈한 춤선을 만든다. 울퉁불퉁하거나 덩어리진 모습은 찾아볼 수 없다. 쉬고 놀 때도 몸의 선을 유지해야 하는 게 무용수들의 숙제이다. 공연이 있을 때는 연습량이 워낙 많아서 다이어트가 자동적으로 되기도 하지만 휴가나 공백기가 끼어 있다면 이야기는 달라진다. 작품에서 몸의 선을 중시한 안무가 조지 발란신George Balanchine(1904~1983)이 휴가 전후에 무용수들의 몸무게를 재서 휴가 직후 몸무게가 늘어난 무용수들을 해고했다는 일화는 유명하다.

입시생들의 경우 타이츠에 원피스 수영복의 형태와 흡사한 레오타드라는 연습복만 입고 실기 시험을 보는데 그 이유도 몸의 선을 보기 위해서다. 레오타드만 입고 발레 수업을 듣는 이유도 필요한 곳에 힘을 주는지, 필요 없는 곳에 살이 붙어 있는지 수시로 체크하기 위해서다. 이렇게 발레 교사뿐 아니라 스스로도 연습실 거울을 통해 수시로 자신의 몸과 춤의 선을 점검해나간다. 이런 냉혹함이 발레를 선의 예술로 완성시켜왔다.

발레하기 적합한 몸은 따로 있다?
바가노바의 냉혹한 입학 조건

이쯤 되면 많은 사람들이 질문을 한다. '그럼 발레하기에 적합한 몸이 따로 있나요?'라고. 마음은 '그렇진 않아요. 고도의 훈련과 노력을 통해 누구나 발레를 할 수 있어요. 발레는 땀의 소산이랍니다'라고 희망적인 답변을 건네고, 저 무대 위에서 펼쳐지는 환상적인 춤사위가 인간의 노력으로 맺어진 결정체라고 말하고 싶다. 냉정하게 들리겠지만 취미나 예술적 경험이 아니라 그 이상을 넘어서 전문무용수로 무대에 서기 위해서는 '아무나 할 수 없는 춤'이 발레다. 발레에 적합한, 발레에서 원하는 신체조건이 있다는 뜻이다.

발레의 무대가 냉혹한 건, 고관절을 열어 턴아웃을 하고, 발등을 밀고, 발끝으로 서고, 내 몸을 위로 끌어올리는 훈련과 이후에 묘기에 가까운 테크닉들을 섭렵하더라도 발레가 원하는 신체조건에 맞지 않으면 전문무용수가 되기에 제약이 따른다는 데 있다. 실례로 세기의 여배우 오드리 헵번이 발레를 그만둔 가장 큰 이유가 170센티미터라는 큰 키였다. 요즘은 무용수들의 키가 커져서 170센티미터는 발레를 포기할 신장은 아니지만 그가 이십대였던 1940년대 당시의 사정은 달랐다. 여기에 포인트슈즈까지 신으면 무대에서의 키는 한층 더 커지기 때문에 함께 2인무를 출 남성 무용수도 만나기 어려웠을 거다. 키는 일부분이고 뼈의 구조나 발의 모양, 얼굴 크기 등 발레에 적합한 신체조건들은 있다. 발레에서 턴아웃이 중요하다고 강조했는데, 선천적으로 고관절이 둥글게 말려 있는 사람은 아무리 훈련을 해도 턴아웃을 완벽하게 할 수 없다. 또한 발레가 선을 만드는 춤이기 때문에 지방이 거의 없는 마른 체형에 얼굴이 작고 팔다리가 길면 무대에서 아름다워 보인다. 폭력적으로 들리겠지만 발레에서는 '아름답지 않은 몸에 깃든 재능은 재능이 아니다'라는 말이 있을 정도로 신체조건에 대해서는 예민한 눈으로 바라본다.

애초에 학생을 선발할 때 이런 선천적인 부분을 중요하게 심사하는 발레 학교도 있다. 러시아 상트페테르부르크의 바가노바 발레아카데미Vaganova Ballet Academy다. 1738년 러시아 최초의 황실연극무용학교로 출발했다가 1957년에 현재의 이름으로 변경한 이 학교는 10세 전후의 어린이들을 대상으로 입학 심사를 하는데 선발 기준이 까다롭다. 등의 날개뼈와 무릎은 절대 튀어나오면 안 되고, 평발과 칼발도 안 되고, 엄지발가락과 둘째발가락 길이는 같아야 하고, 척추 모양은 휘어져 있지 않고 똑바로 서 있어야 하고, 목은 길어야 하고, 등을 뒤로 젖혔을 때 유연하게 넘어가야 한다. 여기에 앉은키까지 체크해서 다리 길이를 확인하고, 키와 몸무게의 범위가 정해놓은 기준에 맞아야 입학이 허락된다. 심지어 부모님의 신체조건까지 따진다.

바가노바 발레아카데미가 이렇게 까다롭게 신체조건을 보는 이유는 무엇일까. 우리가 보통 발레의 대표작으로 받아들이는 〈백조의 호수Swan Lake〉처럼 19세기에 만들어진 고전발레 작품들에는 군무가 자주 나온다. 특히 고전발레의 백미, 소위 러시아의 '칼군무'는 모든 무용수들이 일사불란하게 움직이면서 만들어내는 정형미가 압권이기 때문에 이를 위해 비슷한 체형과 비슷한 키를 가진 무용수들을 선발하는 게 중요할 수밖에 없다. 등뼈의 경우도 그렇다. 〈백조의 호수〉에는 백조들이 날갯짓하는 장면들이 많은데 등뼈가 튀어나와 있으면 그 모습이 아름답지 않다. 평발은 쉽게 피로가 쌓이고, 발등도 밋밋할 가능성이 높다. 부모들의 체형과 키까지 체크하는 것은 앞으로 이 학생이 어떤 체형으로 어떻게 자랄지 미리 그 가능성을 추정해보는 과정이다. 혹독한 훈련도 견뎌야 하지만 성장 과정에서 학교에서 정한 체형과 신체조건에서 벗어나게 되면 학교를 그만둬야 한다. 해마다 수천 명의 학생들이 오디션에 응시하지만 약 340명의 학생만이 이 학교에서 공부할 수 있고, 학교를 마치는 학생은 고작 20~30명밖에 되지 않는다.

그런데 이런 신체조건을 따지는 건 단순히 미적 이유 때문만은 아니다. 칼발이거나 엄지발가락과 둘째발가락 길이가 다르면 발끝이 바닥에 닿는 면적이 작아지기 때문에 포인트슈즈를 신을 때 안전성이 떨어지고 더 힘이 든다. 여기에 발등 아치가 낮거나 발등 유연성까지 적으면 포인트슈즈를 신고 춤추는 건 고통스러운 일이 된다. 즉, 부상으로 이어질 가능성이 커진다는 뜻이다. 이 학교는 아그리피나 바가노바Agrippina Vaganova(1879~1951)가 만든 '바가노바 메소드'라는 발레 교육법을 토대로 학생들을 가르치고 미래의 무용수로 길러낸다. 이 바가노바 메소드를 잘 흡수할 수 있는 몸을 가진 학생을 선발하는 것이다. 그래야 스파르타식의 교육을 견디고 부상 없이 오래 무대에 설 수 있기 때문이다. 가장 잔인한 입학조건으로 보이지만 사실상 가장 인간적인 조건이기도 하다.

재능은 신의 선물, 훈련은 인간의 예의, 결함은 성장의 숨구멍

그렇다면 바가노바 발레아카데미에 불합격한 사람은 발레하기에 적합하지 않은 걸까? 기본적으로 바가노바의 기준에 맞는 사람이 발레를 하기에 유리한 건 사실이다. 특히 19세기 고전발레 작품을 자주 무대에 올리는 발레단에 입단하려면 이런 신체조건은 중요하다. 우리나라의 경우 발레가 자리잡는 초창기에 러시아의 발레 마스터들이 와서 도움을 주었기 때문에 다른 어느 나라보다 바가노바 발레아카데미의 동향에 관심이 많고 여기서 하는 교육법을 중요하게 여긴다. 하지만 이제는 발레단마다 주요 레퍼토리로 올리는 작품이 다르고, 모던발레와 컨템퍼러리발레가 많이 공연되면서 원하는 무용수의 조건도 발레단마다 조금씩 달라지고 있다. 무용수들 사이에서는 '나한테 맞는 발레단은 따로 있다'는 말이 있을 만큼 이전보다 발레단과 무용수, 서로 간의 선택 범위는 넓어지고 있다.

앞서 말한 오드리 헵번의 경우를 예로 들어보자. 아마 그녀가 지금 태어났다면 영화배우가 아니라 발레 무용수로 유명해졌을지도 모른다. 과거보다 무용수들의 키가 커지기도 했지만, 무용수들의 키에 있어서도 발레단마다, 작품마다 다른 기준이 적용되기 때문이다. 무용수들의 긴 선을 선호하는 보리스 에이프만 발레단St. Petersberg Eifman Ballet의 경우 여성은 170센티미터 이상, 남성은 180센티미터 이상이 되는 무용수만 선발한다. 우리나라 최나나 무용수의 경우 178센티미터라는 큰 키 때문에 발레단 입단이 쉽지 않았지만 보리스 에이프만 발레단을 만나 꿈을 이뤘다. 키가 작은 무용수가 필요한 작품들도 있다. 스웨덴왕립발레단의 작품 〈말괄량이 삐삐Pippi Longstocking〉(2005)도 좋은 사례다. 1945년에 소설로 출간된 《말괄량이 삐삐》는 1969년에 스웨덴에서 TV 시리즈로 만들어졌고, 우리나라에서도 1980년대에 외화로 방영된 덕분에 큰 인기를 끌었다. 삐삐는 캐릭터 자체가 개구쟁이인 데다 아홉 살 소녀라서 이 발레 작품에서는 어디로 튈지 모르는 성격이 그대로 반영돼 있다. 오케스트라석에 앉아서 지휘자의 지휘봉을 빼앗아 휘두르다가 무대 위로 올라오기도 하고, 재주를 넘거나 와이어에 매달려 무대 위를 날아다니기도 한다. 이런 역할을 장신의 무용수가 한다면 어울리겠는가.

그럼에도 어느 발레단에서나 환영받을 수 있는 신체조건을 갖고 싶은 건 무용수들 모두의 바람이다. 몸에 대해서는 모두가 콤플렉스에 시달린다고 스스로 말할 정도로 무용수들은 자신의 몸을 가장 예민한 눈으로 재단한다. 발등이 예쁘게 솟아 있는 사람들은 발목 힘이 약하다고 고민하고, 가녀린 어깨가 아름답다고 생각했던 무용수가 어깨가 넓지 않아 회전력이 약하다는 고민을 털어놓는다. 키가 작은 무용수는 무대에서 라인이 길게 보이지 않을까봐 고민하고, 키가 큰 여성 무용수는 남녀의 사랑을 주제로 하는 작품에서는 주역을 맡기가 쉽지 않아서, 키가 큰 남성 무용수는 자신의 신체를 제어하는 데 힘이 많이 들어가서 고민이다. 몸의 선이 섬세한 남성 무용수는 가볍게 무대 위를 날아오르지만 여성 무용수를 들어올릴 때 버겁고, 근육질의 남성 무용수는 반대의 고민을 한다. 몸매가 완벽한 무용수가 자신의 얼굴 크기가 조금 크다고 고민하는 것도 보았다. 나열하자면 끝이 없다.

이 모든 고민은 발레로 표현할 수 있는 가장 아름다운 선을 만들어내기 위한 무용수들의 열정이자 욕심이다. 하지만 모든 것을 다 가질 수 없는 게 현실이다. 하나가 훌륭하면 다른 하나가 부족한 게 당연하고, 그 부족한 부분 때문에 가장 인간적이고 아름다운 춤이 완성된다. 빈틈없이 완벽한 것은 감탄을 자아내지만 감동은 다른 곳에서 온다. 신체조건과 재능은 신에게서 오지만, 그것이 빛나려면 갈고닦는 노력이 필요하다. 피땀 흘리는 훈련은 인간이 예술을 향해 드러낼 수 있는 경의의 표현이자 최소한의 예의라고 생각한다. 돌아보면 모든 일이 그렇다. 재능 자체는 원석이며 세공은 인간의 역할이다. 거기서 살짝 부족하다 싶은 부분은 겸손이 들어가 앉을 공간이자 우리가 아름다운 인간으로 성장할 수 있도록 마련된 숨구멍이다.

발레의 처음과 끝,
풀업

여행했던 여러 나라 중에서 체코는 특별한 인상으로 남아 있다. 프란츠 카프카Franz Kafka와 알폰스 무하Alphonse Mucha, 베드르지흐 스메타나Bedřich Smetana처럼 좋아하는 작가나 예술가의 흔적과 체코의 공연문화는 깊은 감명을 안겨주었다. 인형극 '마리오네트'도 그중 하나이다. 마리오네트는 관절마다 줄이 매달려 있는 인형을 사람이 줄로 조종하면서 사람과 인형이 하나가 되어 말하고 움직이며 극을 이끌어가는 공연이다. 체코 사람들은 유달리 이 공연을 아끼고 사랑한다. 이건 그들에게 공연 이상의 의미가 있다. 체코가 외세의 침략을 받았을 때 유일하게 체코어를 사용할 수 있었던 게 마리오네트였다. 마리오네트는 체코어를 지키는 힘이자, 체코의 혼이고, 체코인들의 삶 속에서 함께 숨쉬는 공연이다.

특별히 사랑받는 캐릭터들도 많이 탄생했는데 대표적으로 아빠와 아들인 스페이블Spejbl과 후르비네크Hurvínek를 꼽을 수 있다. 1920년대에 만들어진 이 가족의 이야기는 TV 시리즈로도 제작되었고, 수도 프라하에는 전용극장도 세워졌을 정도로 인기다. 이 캐릭터들이 얼마나 훈훈하고 사랑스러운지 나는 체코어도 모르면서 TV 시리즈를 종종 찾아서 보기도 한다. 체코에 다시 방문했을 때는 당시 친분 있던 한 가족의 집에서 지냈는데 내가 머물렀던 방 창가에는 스페이블과 후르비네크 인형이 걸려 있었다. 바닥에 내려놓으면 힘이 쭉 빠져서 주저앉지만, 창가에 걸린 그 인형들은 기지개를 켠 듯 제 키와 모습을 온전히 드러내고 있었다.

위에서 줄을 하나씩 당길 때마다 제 몸을 바짝 일으키고, 무대 위에서 배우로 살아나 움직이는 마리오네트 인형들. 그 모습은 마치 풀업pull-up을 통해 온몸의 세포를 하나씩 깨우고, 호흡을 팽팽하게 당겨 무대 위를 날아다니는 발레 무용수와 닮았다. 발레에서 풀업은 마리오네트 인형에게 배우의 생명을 불어넣어 주는 그 줄이다.

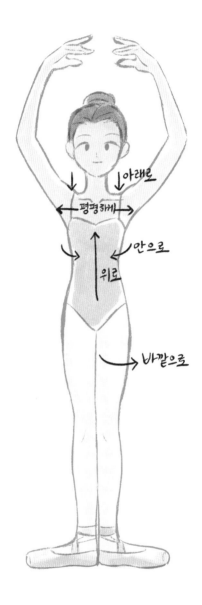

아래로

평평해

안으로

위로

바깥으로

풀업을 위한 에너지 방향

천상에 닿는 춤 발레,
제대로 서는 것이 시작점

발레를 배우는 사람이라면 누구나 레슨 시간에 제일 많이 듣게되는 3대 키워드는 푸앵트, 턴아웃, 그리고 풀업이다. 이 중에서 풀업은 집을 지을 때 지반을 다지고 뼈대를 세우는 기초공사나 다름없다. 풀업이 되지 않으면 발레를 할 수 없을 만큼 중요하다. 풀업은 말 그대로 몸이 전부 펴질 때까지 당기는 것이다. 앞서 비유한 마리오네트 인형처럼 누군가 내 머리 위에서 나를 잡아당겨 몸이 똑바로 세워지고, 위로, 위로, 내 키가 최대치로 펼쳐지면서 천장을 뚫고 나갈 정도로 수직 상승하는 에너지. 이런 상태를 유지하는 게 풀업의 1차 조건이다. 발레를 배우고 나서 키가 2센티미터 더 커졌다고 말하는 사람들도 심심찮게 만나게 되는데 풀업을 하면서 그동안 움츠려 있던 몸을 똑바로 펴게 되기 때문이다. 발레에서 포인트슈즈를 신고 발끝으로 서거나 연습슈즈를 신고 까치발로 최대한 키를 키워서 서는 동작을 를르베relevé라고 부른다. 풀업이 잘됐을 때 안정적인 를르베가 가능하고, 를르베가 제대로 된 후에야 비로소 회전을 비롯한 다양한 테크닉을 구사할 수 있다. 발레는 똑바로, 제대로 서 있는 것에서 시작하는 춤이다.

그런데 상승 에너지만으로는 풀업이 완성될 수 없다. 위로 솟아오르는 기세지만 반대로 어깨를 내려야 하는 건 중요한 점이다. 발레 무용수들의 목이 유달리 길어 보이고, 춤이 답답하지 않고 편안해 보이는 것도 어깨를 내리기 때문이다. 어깨는 쇄골이 평평하게 일자가 되도록 내려야 한다. 흔히 발레를 '중력을 거스르는 춤'이라고 말하지만 다른 시각에서 보자면 중력을 흡수하는 춤이다. 마치 화살이 앞으로 튀어나가기 위해서는 활시위 뒤로 팽팽하게 당겨지는 것처럼, 중력과 밀고 당기기를 하며 춤은 탄력을 갖게 된다. 천상을 향해 뛰어오르는 상승 에너지 한가운데에서 어깨를 누를 수 있는 것도 중력의 도움 덕분이다. 아름다운 모습으로 무대 위를 날기 위해서는 역설적으로 중력의 도움을 받고 있는 것이다.

상승 에너지를 받기 위해서 몸을 바로 세우는 건 중요하다. 몸 한가운데 보이지 않는 '쇠꼬챙이'가 세워져 있다고 생각하면 쉽다. 유연하게 휘는 동작들도 모두 이 '쇠꼬챙이'를 기준으로 몸이 휘어졌다 돌아온다. 발레의 움직임이나 몸을 쓰는 방법은 미술의 데칼코마니와 같다. 가운데 축을 기준으로 오른쪽과 왼쪽의 동작과 몸의 상태를 똑같이 맞춘다. 발레의 거의 모든 테크닉과 시선은 양쪽을 번갈아 연습해서 무대에 섰을 때 어느 방향으로든 동작을 소화할 수 있게 만든다. 동서남북 네 방향 외에 대각선을 잇는 축까지 총 8개의 방향으로 시선과 움직임을 연습한다. 고백하자면 나는 소문난 '길치'이자 '공간 지각력이 약간 떨어지는 오른손잡이'라서 새로운 동작을 배울 때마다 왼쪽을 익히는 데 애를 먹었다. 그래서 새로운 동작이 주어지면 일단 오른쪽으로 충분히 익힌 다음에 왼쪽은 박자를 하나씩 쪼개서 동작을 외웠다. 툭 치면 다른 생각하지 않고 자동적으로 그 동작이 바로 나오게 만드는 게 그나마 내게는 최선. '인간 데칼코마니'가 되기 위해서는 공간과 방향에 대한 감각이 필요하다는 걸 온몸으로 느꼈다. 이렇게 수학적·과학적으로 정확하게 나누고 맞춰서 훈련하기 때문에 발레 무용수들의 몸과 춤에서는 조형적 아름다움이 배어나오는 것이다. 풀업은 몸 한가운데 '쇠꼬챙이'와 상승 에너지의 결합으로 몸과 동작의 균형감을 지켜주고, 발레의 선을 깔끔하게 유지시켜주는 중심이 된다. 선의 예술, 발레를 완성하는 기준점이 되는 것이다. 정확한 풀업을 요구하는 춤은 발레 외에 어떤 것도 없다. 즉 풀업이 없다면 발레가 아니다. 풀업은 발레의 시작이자 끝이라고 말해도 과언이 아니다.

풀업이 가능한 건 인간은 척추의 방향이 수직이고 직립보행을 하기 때문이다. 발레를 할 때 허리와 등을 수직으로 꼿꼿이 세우는 것은 중요하다. 다른 춤들은 굳이 허리를 똑바로 세우는 게 중요하지 않고, 어떤 춤들은 아예 허리를 구부정하게 꺾고 추기도 하지만 발레는 다르다. 다트머스 대학교 인류학과 교수인 제러미 드실바Jeremy Desilva는 두 발로 직립보행하는 것은 우리를 인간답게 만드는 최초의 능력이라고 말했다. 지구상의 생명체

중에 이런 걸음걸이를 가진 동물, 풀업이 가능한 생명체로는 인간이 유일하다. 물론 타조, 독수리, 황새, 두루미도 두 발로 걷지만 이들은 척추의 방향이 수평, 가로로 되어 있다. 펭귄이 유일하게 인간처럼 척추가 수직이지만 대신 허벅지 뼈가 수평이다. 동물들도 음악에 맞춰 신나게 춤을 출 수 있지만 풀업은 가능하지 않다. 인간만이 유일하게 척추와 다리가 수직으로 되어 있어서 풀업을 할 수 있고 그 덕분에 발레의 테크닉이 발전할 수 있었다. 결국 발레는 신이 유일하게 인간에게만 허락한 선물인 셈이다.

몸 안에서 만나는
에너지들의 총합, 풀업

"갈비뼈 닫아!" "꼬리뼈 내려!" 발레 레슨 때 종종 듣게 되는 말이다. 이게 풀업을 잘할 수 있는 방법 중 하나이기 때문이다. 갈비뼈를 닫으라니 대체 어떻게 하라는 말인가. 애초에 갈비뼈가 열려 있는지 어떤지는 생각해본 적도 없고 꼬리뼈라는 게 내 몸에 붙어 있는지는 인식조차 못 하고 사는데 말이다. 일어서서 배에 힘을 꽉 줘보자. 배가 응축되고, 갈비뼈가 내 등에 가깝게 붙으면서 닫히는 느낌이 들 것이다. 그런데 이렇게 배에 힘을 주다

보면 나도 모르게 엉덩이가 뒤로 빠진다. 배에 힘이 들어가도 엉덩이가 뒤로 빠지지 않으려면 꼬리뼈 부분을 내리지 않고는 방법이 없다. 그래서 '갈비뼈를 닫고 꼬리뼈를 내리는' 상태는 함께 이뤄져야 한다. 이걸 해보면 가운데 몸통이 단단하게 응축되는 긴장감을 느낄 것이다. 그런데 막상 이 상태로 생활을 하려고 보면 유지하는 게 쉽지 않다는 걸 깨닫게 된다. 더 믿기 어려운 사실은 발레 무용수들은 항상 이 상태로 춤을 추고 있다는 점이다. 점프나 회전 등 발레에서 주로 보이는 고난도 동작들은 이렇게 배를 꽉 잡고 있는 힘을 바탕으로 이뤄진다. 운동하는 사람들이나 전문무용수들은 이를 '코어근육'이라고 부른다. 무용수들도 이 중심부의 힘을 기반으로 자유자재로 움직일 수 있고, 포인트 슈즈를 신고 위로 솟아오르는 춤도 가능하기 때문에 코어를 강하게 만드는 건 핵심적인 훈련이다. 발레에서 코어근육은 하늘을 향해 올라가려는 에너지의 든든한 지지대가 된다.

코어근육을 단단하게 잡기 위해서는 엉덩이에도 강하게 힘이 들어가 있어야 한다. 어느 정도의 강도냐면 삼각팬티를 입었을 때 팬티의 선 아래로는 엉덩이 살이 조금도 나오지 않을 정도로 꽉 모아서 올려 붙이고, 엉덩이 살을 찔러보면 돌같이 단단하고 딱딱해야 하는 정도. 엉덩이의 힘이 중요하다보니 우리나라 발레 교사들은 엉덩이에 힘을 주라는 뜻으로 엉덩이를 잠그라는 말도 종종 사용한다. 이렇게 갈비뼈, 꼬리뼈, 엉덩이, 이 세 가지의 힘이 모아져서 몸의 중심부 근력이 만들어지고, 여기에 위로 올라가려는 상승 에너지와 어깨를 내리려는 하강 에너지까지 합체해서 내 몸 한가운데에 단단한 심지가 만들어지는 것이다. "갈비뼈 닫아! 꼬리뼈 내려! 엉덩이 잠그고! 위로! 위로! 무릎 펴고! 포인 해야지!" 결국 레슨 때마다 발레 교사들이 쏟아내는 이 반복적이고 우렁찬 외침들을 하나로 묶으면 이렇게 된다. "풀업!"

풀업의 상승 에너지는 몸의 이 긴장감을 유지한 상태에서 제대로 쓸 수 있다. 그런데 그 긴장감은 편안하고 자연스러워야 한다. 긴장감을 유지해야 하는데 편안해야 한다? 참 어려운 말이다. 풀업의 원리는 연애 초창기의 감정을 떠올려보면 비슷한 면이 있다. 상대방에 대해서 호감과 호기심, 그리고 살짝 긴장감도 갖고 있지만, 동시에 편안함이 있어야 보고 또 보고 싶고, 그 관계는 오래 이어질 수 있다. 마찬가지로 몸에 풀업이 잘 배어 있는 발레 무용수들이 연습하는 모습을 보면 팽팽한 긴장감과 편안함이 같이 느껴진다. 반대로 발레를 처음 배우는 사람들이 연습하는 모습을 보면 몸은 잔뜩 긴장하고 있고 어깨도 바짝 올라가 있지만, 팔다리와 배, 몸의 어느 곳도 단단하게 잡혀 있지 않고 다 풀어져 있는 것을 발견하게 된다. 상승 에너지와 중력, 긴장감과 편안함, 이질적으로 보이는 이런 요소들이 한 몸 안에서 화합을 이루는 것. 풀업을 배운다는 건 이런 신비한 체험을 하는 일이다. 풀업을 배우지 않더라도 발레 공연을 볼 때 무용수들의 몸 안에서 이런 팽팽한 줄다리기가 일어나고 있는 점을 주시해서 본다면, 색다른 즐거움을 느낄 수 있을 것이다.

풀업은 내 몸과의 대화

오랫동안 훈련으로 풀업이 몸에 배어 있는 발레 무용수들은 그렇지 않은 무용수들과 미묘하게 몸짓의 차이를 보인다. 그래서 춤을 추는 모습을 보면 이 사람이 발레를 배웠는지 여부가 구별되고, 발레 무용수가 다른 장르의 춤을 출 때도 자연스럽게 풀업을 지키고 있는 걸 발견하게 된다. 포인트슈즈가 발레의 상징이라면 턴아웃은 발레의 기본이고, 풀업은 발레의 정체성이다. 이 세 가지 때문에 발레는 오늘날과 같은 모습으로 발전할 수 있게 되었다.

포인트슈즈를 신고 발끝으로 서서 춤을 추는 신화도 풀업이 이뤄낸 것이다. 발등을 밀어내는 힘을 발휘하는 것도 풀업이 이뤄진 다음의 이야기다. 발레를 배울 때 처음부터 포인트슈즈를 신을 수 없는 이유도 이 때문이다. 연습슈즈를 신고 일정 기간 이상 훈련해서 풀업이 몸에 배게 만든 후에 포인트슈즈를 신어야 정확한 춤을 출 수 있다. 이 기간은 몇 년 이상 걸리기도 한다. 발레를 꾸준히 배운다는 건 풀업을 익히는 시간을 견뎌냈다는 뜻이기도 하다. 풀업의 매력을 알게 되면 발레에서 벗어나기가 어렵고, 절대 다른 운동이나 움직임으로는 그 갈증이 해소되지 않는다. 위로 당기면서 동시에 아래로 누르는 호흡, 배와 등을 단단하게 잡는 힘, 내 정수리 끝에서 푸앵트하는 발가락 끝의 세포까지 온전히 다 느끼면서 움직이는 게 풀업이다. 그래서 내 몸을 더 아끼고 사랑하게 되고 내 세포들 하나하나에 나의 마음이 미친다. 풀업을 시도하는 그 순간에 세포들이 나와 대화하기 때문이다. 조금만 더 다리를 들어보자! 나의 요구에 세포가 쯧쯧 혀를 찬다. "엉덩이가 뒤로 빠지고 밸런스 무너졌어! 높이가 중요한 게 아니야!" 이럴 수가, 근력운동을 더 해야겠군. 위로 조금 더 점프해볼까. 세포가 잔소리를 늘어놓는다. "플리에plié(무릎을 구부려서 내려가는 동작)가 얕아! 플리에를 깊게 해야 탄력을 받아서 올라가지!" 감성적으로는 내 몸과의 대화이고, 과학적으로는 훈련한 그것이 몸 안에 고스란히 남아 기능과 기량을 좌지우지하는 것, 그것이 풀업이다.

　인생에서 가장 잘한 것 중의 하나로 나는 발레를 배운 일을 꼽는다. 그건 풀업의 방법과 중요성을 알게 됐기 때문이다. 전문무용수의 길을 걷는 경우는 좀 다른 이야기가 되지만, 남녀노소누구에게나 발레를 배워보라고 권유하는 이유도 여기에 있다. '내 몸이 풀업이 되었구나'라는 걸 아는 그 순간의 느낌은 짜릿하다. 풀업을 아는 것은 머리끝부터 발끝까지 세포 하나하나, 근육 하나하나를 느끼며 나의 신체를 내 뜻대로 컨트롤하는 방법을 배우는 것과 다름없다. 발레 무용수들이 어떤 춤이든 소화할 수 있고, 때로는 곡예에 가까울 정도의 기술을 보일 수 있는 건 모두 풀업의 힘에서 나온다. 춤을 그림이라고 표현한다면, 풀업을 제대로 하게 되는 그 시점에 이르러서야 비로소 발레를 출 수 있는 도화지가 마련된 것이다. 발레 공연에서 무용수가 신체적·기능적 미의 극치를 발현시킬 수 있는 건 풀업이 만들어낸 과학적·예술적 소산이다.

표정 짓는 팔,
말하는 등

중학교 1학년 때 담임선생님은 발레를 전공한 분이었다. 담당과목은 체육. 우리나라에서는 1955년 1차 교육과정을 만들 당시 음악과 미술은 예술로서 독립 교과목에 들어갔지만 무용은 체육 교과의 한 과정으로 편성돼서 지금까지도 체육 수업 안에서만 일부 진행되는 실정이다. 그래서 학교 공교육 안에서 무용이 독립 예술 교과로 분류되어야 한다는 목소리는 계속 높아지고 있다. 우리 중학교는 학교 내에 무용실이 따로 마련돼 있었고, 게다가 나는 발레 전공 선생님을 만난 덕분에 교과 과정 안에서 무용과 발레 수업도 종종 받을 수 있었다. 선생님이 전공하고자 하는 학생들을 적극 격려했기 때문에 발레 공연이나 연습과정을 가까이에서 접할 기회도 꽤 있었다. 지금 생각해보면 발레와 춤에 꽉 붙들려서 살 운명이었구나 싶다.

당시 발레와 관련해서 기억에 남는 에피소드들이 여럿 있다. 한번은 학교 행사 중에 선생님들이 모여서 가벼운 게임을 진행한 적이 있었다. 게임의 내용은 음악에 맞춰 팔, 다리, 머리, 점진적으로 몸의 움직임을 더해가는 것이었는데 움직임이 더해질수록 모양새는 우스꽝스러워지기 시작했다. 그걸 노린 게임이었다. 모두 엉거주춤 어기적어기적 움직이며 폭소를 터트리던 그 상황에서 신기하게도 우리 담임선생님의 몸짓은 그 '우스꽝스러운' 모양새조차 아름답게 표현되고 있었다! 우리들은 수군거리기 시작했다. "어떻게 저 상황에서도 예쁠 수가 있을까? 발레를 하면 뭐가 달라지는 건가봐!" 후에 발레를 본격적으로 배우면서 알게 됐다. 담임선생님은 어깨와 팔을 쓰는 남다른 방법을 알고 계셨다는 사실을.

무용수의 뒷모습은 이야기를 담고 있다

우아함의 비밀,
포르 드 브라

대화 중에 발레를 좋아한다고 말하면 대부분 상대방은 이런 귀여운 보디랭귀지로 화답한다. 두 팔을 위로 둥글게 그리는 자세를 취하며 '아 이거?' 이런 반응. 이 '둥근 해가 떴습니다' 포즈는 많은 이들이 걸음마만 떼면 누구나 할 수 있는 초보적인 무용 동작으로 생각한다. 유치원 학예회에서도 단골로 등장하는 동작이니 말이다. 그런데 일반인과 발레 무용수가 똑같이 이 동작을 하는 걸 보면 그 느낌은 확연히 다르다. 팔 하나만 들었을 뿐인데도! 이 포즈는 발레의 5번 팔 동작으로 우리나라에서는 '위로, 위에'라는 뜻의 '앙 오en haut'라고 부르고, 해외에서는 팔을 위로 하라고 '브라 오bras haut'라고 부른다. 혹은 '왕관 모양의 팔'이란 뜻으로 '브라 앙 쿠론bras en couronne'이라고 부른다. 누구나 할 수 있지만 알고 보면 제대로 하기 쉽지 않은 동작이다. 이 동작마저도 우아하고 아름답게 보일 수 있는 발레만의 다른 법칙, 다른 언어가 있다. 그것을 발레에서는 '포르 드 브라port de bras'라고 부른다. 발레의 상체 움직임과 팔 동작을 가리키는 말이다. 담임 선생님이 게임 중 어기적어기적한 움직임 안에서조차 아름다울 수 있었던 건 포르 드 브라의 방법을 알고 있었기 때문이다.

발레를 하려면 팔을 '발레답게' 들고 서 있는 것부터 제대로 연습해야 한다. 양팔을 옆으로 뻗고 섰을 때, 어깨는 편안하게 내리되 팔뒤꿈치가 아래쪽으로 처지지 않고 뒤쪽을 바라봐야 한다. 동시에 손은 앞쪽을 향해야 한다. 결국 팔을 두 부분으로 나눠서 생각해야 한다. 어깨부터 팔꿈치까지 한 부분, 팔꿈치부터 손까지 한 부분. 이 두 부위가 각각 따로 움직여야 한다. 보통 발레 교사들은 어깨 위에 물방울을 톡 떨어뜨렸을 때 팔의 곡선을 타고 손끝까지 자연스럽게 흘러내려야 한다고 말한다. 팔꿈치가 아래로 처지는 순간 물방울은 손끝까지 가지 못하고 팔꿈치에서 바닥으로 떨어져버린다. 직접 이 동작을 해보면 만만치 않은 걸 바로 알게 된다. 어깨가 내려가는 순간 팔꿈치도 같이 밑으로 처지고, 처진 팔꿈치를 들어올려 뒤쪽을 향하게 하려는 순간 어깨가 올라가거나 팔꿈치부터 손까지 앞쪽 라인이 아래로 처지게 된다. 팔 하나 제대로 들기도 이렇게 쉽지 않다니! 그렇다. 쉽지 않다. 발레를 배우기 시작한 순간부터 제대로 된 팔 모양이 나오기까지 2~3년이 걸리기도 한다. 연습실에 들어와서 바를 잡고 연습을 시작하려고 팔을 딱 드는 순간, 그 사람의 발레 경력이 그 모습으로 바로 읽힐 정도다.

특히 발레의 우아한 아름다움을 지키는 힘은 '어깨'에 있다. 어깨는 앞으로 말려도, 그렇다고 어깨를 펴다고 뒤로 너무 젖혀도 곤란하다. 무엇보다 '어깨 내리기'가 중요하다. 춤을 추는 사람의 어깨가 잔뜩 올라가 있으면 목이 짧아 보이는 것도 문제겠지만 무엇보다 춤이 답답해진다. 팔을 제대로 들고 있는지 확인하는 방법이 있다. 쇄골이 일자로 펴져 있는지, 그리고 견갑골은 평평한지 체크하는 것이다. 견갑골은 어깨뼈라고도 부르는데, 등과 팔을 연결하는 역삼각형 모양의 뼈다. 팔을 제대로 움직이고 있을 때 이 부분이 툭 튀어나오지 않고 평평하게 펴진다.

그런데 꼭 기억해야 할 점은 어깨는 내려가지만 팔이 따라 내려가면 안 된다는 것이다. 팔을 아래로 내릴 때도, 내 가슴 앞으로 팔을 들었을 때도, 옆으로 펼칠 때도, 위로 올릴 때도 어깨는 내려가되 팔꿈치는 내려가지 않고, 둥글게 호수가 그려져야 한다. 팔을 앞으로 길게 뻗거나 위로 펼치는 등 모든 팔 동작은 여기에서 시작된다. 포르 드 브라는 자신의 팔 길이와 에너지로 만들 수 있는 가장 깊고 큰 호수를 품에 안는 일이다.

춤의 경력이 새겨지는 등

어깨와 팔을 사용하는 모습을 통해 발레 경력을 읽어낼 수 있기 때문에 견갑골과 등은 일종의 무용수 경력서라고 할 수 있다. 피트니스를 하는 사람들에게 초콜릿 복근이 선망의 대상이라면, 무용수들에게는 척추를 가운데 두고 아코디언 모양으로 쫙 펼쳐지는 등근육과 등뼈가 자랑거리다. 보통 무용수들은 '등이 말을 한다'고 표현하는데 앞모습뿐 아니라 뒷모습에도 수많은 감정 표현을 싣는다. 등에도 눈이 있는 것이다. 죽어가는 백조를 춤으로 표현한 작품 〈빈사의 백조La Mort du cygne〉(1905)의 경우, 무용수는 끊임없이 날갯짓을 하며 뒷모습으로 무대에 등장한다. 관객들은 이제 막 숨이 떨어져나가려는 백조의 마지막 몸부림을 통해 삶과 죽음의 경계를 마주하게 된다. 이승에서 저승의 문턱으로 넘어가려는 그 순간은 무용수의 앞모습이 아니라 뒷모습으로, 다리가 아니라 팔과 등근육의 움직임에서 더 강렬하게 다가온다. 발레 테크닉의 완성은 다리에서 나오지만, 발레가 예술로서 완성되기 위해서는 팔과 등으로 이어지는 포르 드 브라가 관건이다. 실제로 〈빈사의 백조〉나 〈백조의 호수〉에 출연하는 여성 무용수들은 날갯짓에 작품의 성공 여부가 달렸다고 이야기할 정도로 팔 움직임에 온 신경을 집중한다. 포르 드 브라는 발레의 우아한 이미지를 완성시키고 작품의 완성도를 결정하는 요소이다.

오래전, 프랑스 작가 미셸 투르니에Michel Tournier(1924~2016)가 쓴 《뒷모습Vues de dos》이란 책을 읽은 적이 있다. 그때 이런 생각을 했다. '뒷모습은 앞모습보다 정직하구나. 뒷모습에는 미처 하지 못한 많은 이야기가 숨어 있구나.' 무용수의 등은 거짓말을 할 수 없다. 무용수의 땀과 세월의 흔적은 고스란히 등근육에 새겨져 있다. 견갑골을 지그시 누르며 자신이 만들 수 있는 가장 긴 라인으로 팔을 뻗어 이상적인 아름다움을 향해 손짓하는 무용수들. 그들의 날개가 뻗어 있는 뒷모습에 잊히지 않는 긴 여운이 담긴다.

시선은
무용수의 분신이자 흔적

화룡점정畵龍點睛. 이 사자성어는 용을 그린 후 마지막에 눈동자를 그려 일을 완벽하게 마무리한다는 뜻을 가지고 있다. 이 사자성어에 얽힌 뒷이야기가 흥미롭다. 양나라의 화가 장승요張僧繇가 한 사찰에 용 두 마리를 그렸는데 눈동자는 그리지 않았다. 사람들이 그 이유를 묻자 "눈동자를 그리면 용이 날아가버리기 때문"이라고 말했다. 사람들은 그 말을 믿지 않았지만, 그가 용에 눈동자를 그려넣자 그 용은 정말로 하늘로 올라가버렸다. 발레에서도 뒷모습에 여운이 담기기 위해서는 꼭 필요한 화룡점정이 있다. 바로 '시선'이다. 발레는 기본적으로 관객에게 엉덩이를 보이지 않는다. 〈빈사의 백조〉처럼 뒤를 돌아 등장하는 작품도 있지만 대부분은 객석을 향해 얼굴과 몸의 앞선, 옆선으로 보여주며 움직인다. 그런데 움직이면서 자신이 사라지는 그곳에는 꼭 분신을 하나 남긴다. 그것이 시선이다. 화룡정점의 일화처럼 춤에 눈동자를 그려넣었을 때, 무용수는 하늘로 날며 춤을 출 수 있게 되는 것이다.

발레에서 쓰이는 각각의 팔 동작에 어울리는 시선이 추가되면서 포르 드 브라가 완성된다. 보통 손끝에 시선을 주는데, 시선과 팔의 조화가 완벽할 때, 비로소 발레가 된다. 포르 드 브라가 아름다워질 수 있는 건 시선이라는 분신이 그곳에 자리하기 때문이다. 시선이 살아 있어야 춤이 완성된다. 무용수가 사라진 그곳에서 시선이 남아서 춤을 추고, 우리가 돌아서 간 뒤에도 시선은 남아서 다음 대화를 이어나간다. 시선의 힘은 그런 것이다. 언젠가 친구와 만나고 헤어져서 갈 때 손을 흔들며 여러 번 다시 뒤돌아보고 눈으로 웃으면서 멀어져간 적이 있다. 친구는 나중에 그 모습이 기억에 많이 남았다고 내게 말했다. 그 말을 듣고 내가 친구를 아끼고 좋아하는 마음이 그날 몇 시간 동안 나눴던 대화보다 그 모습에 더 많이 담겼다는 걸 알았다. 눈은 마음의 창이고 시선은 포르 드 브라의 완성이다. 그리고 무대 위에서 연기를 마치고 백스테이지로 향하는 무용수의 뒷모습에도 많은 춤이 담겨 있다.

BALLET,
Invitation to the Dance

몸에 새긴 춤,
춤에 새긴 기록

CHAPTER 2

천상의 늪,
발레 클래스와 발레 메소드

여행은 짐 싸는 즐거움이 반이라고 하더니 최근 취미발레인들에게는 그 즐거움이 하나 더 늘었다. 여행지에서 발레 클래스를 듣기 위해 연습복과 슈즈를 챙겨가는 것이다. 여행 후 돌아와서 '어느 나라, 어느 도시의 무슨 발레 스튜디오는 구조가 어떻고 수업 내용은 어떻더라'라는 후기를 공유하는 데에도 들뜬다. 다른 지역의 클래스를 체험하고 싶은 욕구도 있지만 오랜 기간 발레를 해온 사람은 체험 그 이상의 의미가 있다. 여행 중에도 발레를 해야 한다는 의지가 불타는 것이다. 전문무용수들도 그렇다. 취미발레인들에게는 즐거움이 보상이 되지만 무용수들에게는 발레를 하는 게 일인데도 휴가지나 여행지에서도 발레 클래스를 챙겨 듣는 경우는 허다하다. 전문무용수든 취미발레인이든 여행 일정표에 발레 클래스를 넣을 정도로 발레는 끊을 수 없는 걸까.

클래스는 춤을 위해 몸을 다시 깨우는 작업이다

몸의 기억 창고,
발레 클래스

휴가 기간인데도 다음 날 아침에 주섬주섬 연습복을 챙겨 발레단에 클래스를 하러 나왔다는 이야기를 무용수들에게 종종 듣는다. 아예 여행을 3박 4일 이상 가지 않는 무용수들도 있다. 가급적 빨리 발레 클래스에 복귀하기 위해서다. 부득이 오래, 먼 지역으로 여행 갈 경우 현지 발레 클래스를 미리 체크해서 여행 중간중간 꾸준히 참여하고 온다. 그렇게 휴가 이후에 발레단에 복귀했을 때도 바로 어제 출근했던 사람처럼 똑같은 모습으로 나타난다.

우리의 몸이 이미 만들어진 근육이나 몸의 선을 그렇게 오랫동안 가지고 있을 수 없다. 유효기간은 단 이틀. 이틀만 지나도 몸은 기억력을 상실한다. 발레를 꾸준히 하는 사람들은 며칠만 쉬어도 풀업으로 다져진 몸이 흐물흐물해진다고 느낀다. 스트레칭이나 마사지로도 얻을 수 없는, 오로지 발레 클래스를 통해서만 알 수 있는 '시원함'도 한몫한다. 또 한 가지 중요한 점이 있다. 웨이트 트레이닝으로 만들어진 근육은 덩어리가 크고 우람하지만, 발레로 다져진 그것은 섬세한 잔근육이다. 이런 잔근육과 몸의 선은 오직 발레 클래스를 통해서만 만들어질 수 있기 때문에 그 매력에 빠지는 것이다. 발레 클래스는 그 맛에서 헤어나올 수 없는 '행복한 늪'이다. 이 정도면 여행지에 발레 연습복과 슈즈를 챙겨 들고 갈 만하지 않은가.

발레는 여리여리하고 부드럽게 나풀거리는 춤으로 보이지만 실상은 손끝 하나, 다리 움직임 하나, 모두 근육 트레이닝으로 단련된 데서 나오는 춤이다. 무용수들의 몸은 날씬하다 못해 말랐지만, 이 마른 몸은 단단한 근육질이기 때문에 무대 위에서 놀라운 기량들을 선보일 수 있다. 발레 클래스는 그 훈련의 기초공사이다. 전문무용수든, 취미발레인이든, 발레 전공을 준비하는 입시생이든, 발레를 시작한 모든 사람들이 공통적으로 하는 게 이 클래스다. 보통 발레를 배우러 다닌다고 하면 발레 클래스에 참여하는 것을 뜻한다. 예를 들어 방송댄스를 배우러 다닌다고 하면 가요나 팝에 맞춰 가수들이 추는 춤의 안무를 그대로 따라서 익히는 게 주가 되지만 발레의 경우는 다르다. 풀업, 포르 드 브라, 푸앵트같이 기본적으로 몸에 익혀야 하는 것들을 클래스를 통해 훈련한다. 작품은 이 모든 것이 몸에 익은 후에 배울 수 있다. 우리나라의 피아노 교육에 견주어서 말하자면 하농과 체르니를 통해 연습을 하고 난 후에 베토벤이나 모차르트, 쇼팽의 작품들을 배울 수 있는 것과 마찬가지다.

한 시간 반에서 두 시간 걸리는 이 과정은 바를 잡고 하는 근육 트레이닝인 '바 워크', 그리고 바를 치우고 다양한 발레 동작들을 연습하는 '센터 워크'로 구성된다. 이 클래스가 진행되는 코스는 어느 정도 정해져 있다. 보통 바 워크는 턴아웃 상태에서 무릎을 구부려 내려갔다 일어나는 플리에 동작에서 시작해서 다리를 힘차게 차올리는 그랑 바트망grand battement 동작으로 마무리된다. 교사에 따라서는 그랑 바트망을 중간에 넣기도 한다. 센터 워크는 느린 음악에 맞춰 천천히 몸을 아름답게 표현하는 아다지오adagio 동작으로 시작해서 힘차게 날아오르는 그랑 주테grand jeté 동작으로 마친다. 클래스의 음악은 반주자가 라이브 연주로 함께하는 게 정석이지만 녹음된 음반을 사용하기도 한다. 그런데 피아노 반주자가 클래스에 함께 하게 된 건 20세기 초반 이후의 일이다. 18세기까지는 발레 마스터가 키트kit, 포셰트pochette 혹은 탄츠마이스터가이게Tanzmeistergeige라고 불리는 바이올린 형태의 작은 악기를 가지고 다니면서 직접 반주를 하며 지도했다. 이후 점차 반주자가 함께하다가 피아노가 발명되면서 피아노 반주로 바뀌게 된 것이다.

클래스의 진행순서는 거의 같아도 동작의 난이도는 조절이 가능하기 때문에 이 두 시간 안에 초급의 취미발레인부터 전문 무용수까지 레벨에 맞게 필요한 움직임을 익힐 수 있다. 발레단에 소속된 무용수들은 매일 아침 발레단에 출근해서 발레 클래스에 참여하는 게 하루일과의 시작이다. 발레 무용수들은 춤을 추는 게 업무이고 일이기 때문에 발레 클래스를 듣는 게 오전업무인 셈이다. 이후에는 각자 공연에서 맡은 배역에 따라 연습과 리허설이 진행된다. 공연 당일에도 클래스로 몸을 푸는 게 공연 준비의 첫 시작이다. 발레 공연을 위한 최적의 몸 상태는 클래스에서 나온다.

발레 클래스는 준비자세를 뜻하는 프레파라시옹préparation으로 시작한다. 몸은 풀업으로 잡고 다리는 턴아웃 상태에서 팔을 둥글게 말아 자신의 배꼽 바로 앞에 두고 이제 클래스를 시작할 몸과 마음의 준비를 하는 것이다. 그리고 모든 클래스의 시작과 끝에는 레베랑스révérence가 있다. 레베랑스는 발레에 대한 경의, 클래스를 지도한 교사와 반주자에 대해 감사를 표하는 인사로 무릎을 살짝 구부리고 고개를 숙이는 자세이다. 공연이 끝났을 때, 중요 장면을 잘 마친 후에 무용수들이 함께 춤을 춘 파트너와 관객을 향해 인사를 하는 것도 레베랑스이다. 발레를 잘하는 것 못지않게 거기에 참여하는 마음가짐이 중요하다는 것을 레베랑스는 상징적으로 보여준다. 레베랑스는 발레를 할 수 있는 그 상황에 감사한 마음을 담은 몸짓이다. 발레의 기품은 레베랑스에서 나온다.

'시적인 과학',
발레와 발레 클래스의 시작

발레 클래스는 프랑스의 루이 14세 때부터 점차 만들어지기 시작했다. 그런데 발레 자체를 루이 14세가 처음 만든 것은 아니다. 발레는 이탈리아에서 태동해서 프랑스로 건너와 발전한 장르이다. 15~17세기 이탈리아에서 메디치Medici 가문은 피렌체를 실질적으로 지배했고, 예술가들에 대한 막대한 후원을 한 것으로 유명하다. 메디치 가문은 문화적·예술적으로는 르네상스에까지 영향을 미쳤고, 정치적으로는 왕가와 혼담이 오갈 정도로 막강한 힘을 행사했는데 이 집안의 한 처자가 프랑스 발레 문화에 한획을 그었다. 그의 이름은 카테리나 데 메디치Caterina de' Medici, 프랑스어로는 카트린 드 메디시스Catherine de Médicis(1519~1589). 프랑스의 왕, 앙리 2세Henri II(1519~1559)와 결혼해서 왕비가 된 사람이다. 카테리나 데 메디치가 프랑스에 시집오면서 들여온 춤과 공연문화는 귀족들 사이에서 인기를 끌었고, 이후 춤을 좋아하고, 춤을 이용해 자신의 정치적 입지를 다져야 했던 루이 14세를 통해 발레로 찬란하게 꽃을 피우게 됐다.

발레가 왕과 귀족이 추던 춤에서 전문무용수의 몫으로 넘어간 것도 루이 14세의 영향이었다. 1661년, 루이 14세가 왕립무용학교를 설립하면서 전문무용수를 양성한 덕분이다. 루이 14세는 무용수로서 종종 무대에 섰지만 그가 공연 도중 부상을 입고 다시는 무대에 서지 않으면서 이후 귀족들과 왕은 철저히 관객이 되었다. 1670년, 루이 14세가 무대에서 내려온 그때가 발레와 춤에 있어서 아마추어의 시대가 끝나고, 전문무용수의 시대가 시작하는 지점이 됐다. 그리고 왕립무용학교에서 양성된 전문무용수들은 외부 무대에도 서기 시작하면서 발레는 궁궐 밖으로 나오게 됐다. 기교 면에서는 누구나 쉽게 출 수 없는 춤이 되었지만, 관람 면에서는 모두를 위한 무대공연이 된 것이다.

루이 14세 생전에는 그의 발레 교사 피에르 보샹에 의해 발레와 춤을 위한 교육법이 정비됐다. 발레에 대한 열정을 가진 왕이 발레를 더 잘 출 수 있는 훈련법에 관심을 갖는 건 당연했다. 발레 교육은 구전이나 몸으로 익히는 형태였지만 이후 춤의 스텝, 기술, 예절에 관한 여러 가지 내용이 연구되고 문서로 정리되고, 책들이 출판되면서 발레는 더 멀리 전달될 수 있었다. 그에 따라 발레 클래스도 변화를 겪었다. 특히 지금과 같은 발레 클래스의 형식과 테크닉은 나폴리 출신의 무용수, 카를로 블라시스 Carlo Blasis(?~1878)가 쓴 두 권의 책이 중요한 기준이 됐다. 19세기에 유럽에서 무용수로 활발한 활동을 펼치던 그는 안타깝게도 큰 부상을 당하면서 무대에 설 수 없게 됐다. 하지만 절망은 이쪽 세계의 문을 닫는 대신 다른 쪽의 문을 열었다. 무대 위가 아니라 종이 위에 춤을 써내려간 것이다. 이때 그가 쓴 《춤 예술의 기초이론과 실기Traité élémentaire, théorique et pratique de l'art de la danse》
(1820), 《테르프시코레의 코드The Code of Terpsichore》(1830)는 발레 교
수법의 역작이 된다. 발레를 '시적인 과학poetic science'이라고 말
했던 블라시스는 이 책들을 통해 과학과 예술적 미의 결합을 꾀
하며 교수법에 새로운 바람을 일으켰다. 이 책들은 다양한 교수
법들이 탄생하는 시작점이 됐을 뿐 아니라 몸과 춤의 관계를 과
학과 의학의 관점에 바라볼 수 있게 만들었다. 말 그대로 발레는
'시적인 과학'이 되고 과학적인 예술이 된 것이다. 그리고 이 책들
은 다양한 교수법들이 탄생하는 시작점이 됐다.

춤의 반경을 넓힌
다양한 발레 메소드

우리나라는 발레가 자리잡는 초창기에 러시아 작품의 영향을 많
이 받아서 러시아를 발레의 메카로 생각하는 경향이 강하다. 한
국에서 발레를 배우는 사람들이 가장 많이 접하게 되는 것도 러
시아의 발레 교수법, 바가노바 메소드이다. 하지만 다른 나라에
서는 부르농빌Bournonville, 체케티Cecchetti, RAD Royal Academy
of Dance, 발란신Balanchine 메소드를 선호하는 경우도 많다. 최
근에는 우리나라에서도 체케티 메소드와 RAD로 수업을 진행하

는 곳이 늘고 있다.

나라마다, 발레단마다 다양한 발레 교수법이 연구·개발되어왔고, 각 메소드마다 추구하는 방향이나 특징, 몸을 사용하는 방법에도 차이를 보인다. 프랑스에서는 궁정발레를 기초로 해서 점차 프랑스식 발레 교수법, 프렌치 스쿨French school이 만들어졌다. 이 교수법은 1980년대 이후에 루돌프 누레예프Rudolf Nureyev(1938~1993)에 의해 다시 정비되어 누레예프 스쿨 발레 메소드로 불리기도 한다. 보통 발레 교수법을 '발레 메소드'라고 지칭하는데 프렌치 스쿨 메소드의 경우 상체와 코어를 단단하게 잡고 빠르게 하체를 쓰도록 훈련한다. 이 메소드를 몸에 익힌 무용수는 발놀림이 정교하면서도 빠르기 때문에 피아니스트의 손가락이 건반 위에서 물 흐르듯 미끄러져 가는 것처럼 무대 위를 미끄러지듯 움직이는 것을 볼 수 있다. 이 메소드는 오늘날 프랑스 외에 다른 곳에서는 자주 사용되지는 않는다.

프랑스의 영향을 받은 메소드로는 오귀스트 부르농빌August Bournonville(1805~1879)이 만든 부르농빌 메소드를 들 수 있다. 발레 공연을 보면 무용수들이 땅에서 발이 떨어지면서 공중에서 요정처럼 날아다니는데 이 동작을 '발롱ballon'이라고 부른다. 부르농빌 메소드에서는 발롱이 더 강조된다. 가볍고 빠르게, 탄력 있게 발놀림하며, 하늘을 폴짝폴짝 뛰어다니도록 만드는데 그 깃털 같은 움직임이 낭만적이기도 하다. 그래서 이 메소드를 몸에 익힌 무용수들의 춤을 보면 때로는 요정 같고, 때로는 전원에 피크닉 나온 사람들처럼 목가적이고 평화로운 분위기를 자아낸다. 부르농빌은 회전에는 약하고, 도약이나 복잡하고 빠른 발놀림에는 강했던 무용수라 이런 점이 그의 안무작과 메소드에 그대로 반영됐다. 그가 안무한 〈젠차노의 꽃 축제Flower Festival in Genzano〉(1858)를 보면 이 메소드의 특징이 잘 드러난다. 특히 남성 무용수의 탄력 있고 경쾌한 발 움직임이 돋보이는 작품이다.

18세기 말 이후 여성 무용수의 입지가 커진 가운데 그는 작품 안에서 남성 무용수의 역할을 강화하면서 남녀 무용수의 균형을 맞추기 위해 노력했다. 1836년 부르농빌이 재안무한 〈라실피드〉는 이런 점을 반영한 대표적인 작품이다. 마리 탈리오니를 빛나게 하기 위해 만들어졌던 이 작품에서 그는 남자 주인공 제임스의 비중을 늘렸을 뿐 아니라 제임스를 '환상의 존재를 쫓아가며 무너지는 나약한 인간'에서 '자신을 둘러싼 현실과 상황을 돌아보며 감사하는 인간'으로 탈바꿈시켰다. 오늘날 〈라실피드〉는 부르농빌의 안무작이 주로 공연된다. 오귀스트 부르농빌은 덴마크 출신의 프랑스 유학파이다. 그가 파리에서의 활동을 접고 고향으로 돌아온 덕분에 발레가 북유럽에서도 뿌리내릴 수 있게 된 점은 중요하다.

한편, 체케티 메소드는 바가노바 메소드가 나오기 이전부터 고전발레에서 주요하게 쓰였고 지금도 각광받고 있는 교수법이다. 이 메소드를 만든 사람은 이탈리아 태생인 엔리코 체케티 Enrico Cecchetti(1850~1928). 카를로 블라시스의 주요 제자 중 한 명이었다. 체케티는 뛰어난 무용수이기도 했고, 지도자로서도 명성이 자자하다. 안나 파블로바Anna Pavlova(1881~1931), 타마라 카르사비나Tamara Karsavina(1885~1978), 바츨라프 니진스키Vaslav Nijinsky(1890~1950) 등 발레의 역사에 족적을 남긴 유명한 무용수들은 그의 발레 클래스를 무척 좋아했다. 안나 파블로바가 체케티를 졸라서 3년간 개인지도를 받은 일화는 유명하다. 체케티 메소드는 팔, 다리, 머리를 따로 보지 않고 하나로 통합해서 보기 때문에 신체의 조화와 균형감을 중요하게 생각한다. 특히 몸의 방향성을 강조해서 정면과 사선을 기준으로 여덟 개의 방향 포지션을 정해놓았는데 팔과 다리, 머리가 이 방향에 맞춰 함께 움직이는 방식을 과학적이고 체계적으로 만들어놓았다. 이 메소드를 익히면 무대 위에서는 화려한 춤이 발현된다.

러시아는 19세기에 〈백조의 호수〉와 같은 고전발레 작품들을 탄생시키고 정립시켰는데 바가노바 메소드는 고전발레의 정석으로 통한다. 이 메소드를 만든 아그리피나 바가노바는 주역 무용수이긴 했지만 동시대의 다른 무용수들에 비해서는 크게 주목받진 못했다. 하지만 그의 재능은 교육자로서 빛을 발했다. 연구와 분석, 현장에서 실험을 거듭했고, 프랑스와 이탈리아 스타일을 분석해서 장단점을 모아 완성시킨 게 바가노바 메소드이다. 빠른

아라베스크로 바라본 발레 메소드의 차이

움직임보다는 정확하고 섬세한 움직임, 몸으로 표현할 수 있는 범위를 넓힌 게 특징이다. 그래서 점프에서도 높고 힘찬 도약을 볼 수 있고, 유연성도 그만큼 강조된다. 한 다리를 세우고 다른 다리를 뒤로 길게 뻗는 동작을 '아라베스크arabesque'라고 부르는데 다른 메소드에서는 다리를 드는 각도가 90도, 혹은 그 이하인 경우도 있지만 바가노바 메소드에서는 발끝이 하늘을 향할 정도로 높이 든다. 머리보다 다리가 더 높이 올라가야 한다. 근육과 몸을 어떻게 써야 하는지 과학적인 토대를 갖고 접근해서 모든 동작에서 전신을 충분히 사용하도록 만들어진 게 바가노바 메소드이다. 바가노바 메소드가 무용수들에게 각광받는 이유도 이 때문이다. 하지만 이 점은 기억할 필요가 있다. 앞서 바가노바 발레아카데미에서는 이 메소드를 잘 흡수할 수 있는 몸을 가진 학생을 선발한다는 이야기를 했다. 즉, 그런 신체조건을 가진 사람에게는 더할 나위 없이 완벽한 정형미를 만들어내는 메소드이지만 그런 신체조건이 아닌 사람이 무리하게 이것을 자신의 몸에 적용하면 부상으로 이어질 수 있다. 이 메소드가 '잘 붙는' 몸을 가진 사람은 그렇게 흔치 않다. 우리나라에서는 취미발레인들도 바가노바 메소드로 배우는 경우가 많은데, 무리수를 두거나 몸에 잘 흡수되지 않는다고 '내 몸은 왜 이럴까' 자책할 필요는 없다.

이 메소드들이 개인에 의해 연구되고 만들어진 것에 반해

1920년, 영국에서 시작된 RAD는 조금 다르다. 무용과 공연 관계자들이 모여 단계별 교육 프로그램을 만들면서 탄생한 게 RAD이다. RAD만이 갖고 있는 몇 가지 독특한 점이 있다. 단계별로 등급시험을 진행하는 점, 학생뿐 아니라 발레를 가르치는 교사를 대상으로 하는 점이 그렇다. 그래서 학생들도, 교사들도 객관적으로 자신의 상태와 수준을 점검할 수 있다. 높은 단계에서는 전공자를 대상으로 하지만, 비전공자와 어린이도 시험을 볼 수 있는 점도 특징이다. 그래서 RAD에서는 고관절을 완벽하게 열어야 한다거나 180도로 턴아웃이 확실하게 돼야 한다고 강조하지 않는다. 자신이 할 수 있는 만큼 턴아웃하고 그 안에서 감성을 표현하는 방법들을 배운다. 턴아웃이 완벽하지 않아도 감성을 표현하는 게 뛰어나고 음악을 내 것으로 소화해내는 능력이 뛰어나다면 충분히 발레를 할 수 있다고 본다. RAD는 발레에 내 몸을 맞춘다기보다는 내 몸의 소리에 집중하고, 자연스러움을 추구하고, 발레를 생활 속에서 모든 사람들이 접근할 수 있게 만들었다는 점에서 의미 있다. 실용주의가 강한 영국의 성격상 발레는 어울리지 않는 것처럼 보였지만 RAD를 통해 영국만이 해낼 수 있는 가장 좋은 방향을 찾은 것이다.

한편, 미국에서는 안무가 조지 발란신이 만든 메소드를 사용하는 발레단들이 꽤 있다. 발란신이 만들었다기보다는 그가 무용수들을 훈련시키는 과정에서 자연스럽게 정리된 메소드이다.

조지 발란신은 러시아에서 미국으로 넘어가 활동하면서 미국 발레 역사의 중심이 된 사람인데 그의 안무작에는 역동적이고 자유스러운 움직임이 드러나 있다. 발란신 메소드는 정형적인 포즈나 움직임에서 벗어나, 강렬하고 드라마틱하며 특히 음악의 사용에 있어서 다른 메소드와 차이를 보인다. 정박자에 몸을 움직이기보다 조금 더 리드미컬하게 음악을 탄다. 미국에서 활동하는 무용수나 발란신 메소드를 경험한 무용수들은 이구동성으로 이 메소드에서 요구하는 방식으로 음악에 몸을 싣는 게 처음에는 쉽지 않았다고 말한다. 박자의 변화도 많고, 방향을 갑작스럽게 바꾸거나 다른 춤의 동작들을 결합해서 새로운 실험도 많이 하기 때문이다. 고전발레보다는 현대발레의 스타일에 더 적합한 메소드라고 할 수 있다.

각 메소드의 특징을 한마디로 표현하자면 프렌치 스쿨은 정교하고 빠른 하체 움직임, 부르농빌은 깃털 같은 가벼움, 체케티는 화려한 균형감, 바가노바는 유연성과 신체 표현력의 확장, RAD는 몸에 귀 기울이는 자연스러움, 발란신은 역동성과 음악적 리듬감이라고 볼 수 있다. 발레 클래스에서 자신에게 익숙한 메소드가 아니라 다른 메소드를 처음 접하게 되면 상당히 당황하게 된다. 전문무용수들도 해외에서 온 발레 마스터를 만나 클래스를 받게 됐을 때 자신이 이제까지 배웠던 것과는 다른 움직임을 요구해서 어리둥절해 하는 경우도 많다. 그런데 다양한 메소드가 존재한다는 건 그만큼 무용수나 관객 모두 다양한 발레의 매력을 볼 수 있다는 것을 의미한다. 발레를 배우거나 무대에 서는 사람들 입장에서는 다양한 메소드를 통해 어떤 춤도 가능하도록 자신을 훈련시킬 수 있는 장점이 있다. 또 무용수는 자신의 장점을 더 강화시킬 수 있는 메소드와 작품을 추구하는 발레단에 들어가야 오랫동안 즐겁게 무대에 설 수 있다.

메소드마다 강조하는 부분이 조금씩 다르지만, 발레를 배우는 사람 입장에서는 어떤 메소드로 발레를 배우든 발레 클래스에 맛을 들이면 그 중독에서 헤어나오기 어렵다는 건 공통분모다. 관객의 입장으로 메소드를 볼 때, 발레가 천편일률적으로 똑같지 않고, 끊임없는 연구와 시도를 통해 과학적이고 아름다운 춤이 되기 위해 노력해왔다는 점을 기억할 필요가 있다. 또 각 메소드들은 처음 모습 그대로 남아 있지 않고 오늘도 그 안에서 계속 변화와 수정을 거듭하고 있다. 여기서 언급된 메소드의 특징들이 작품마다, 발레단마다 어떤 모습을 보여주고 싶어하는지 이해하는 데 도움이 되기를 바란다. 발레를 조금 더 재밌게, 다채로운 시각으로 볼 수 있는 즐거움을 갖게 될 테니까 말이다. 예술은 결국 내 마음의 창을 가장 넓고 커다랗게 만들기 위한 통로가 아니겠는가.

메소드들이 탄생한 과정의 이야기들도 우리에게 다른 관점의 문을 열어준다. 부상을 당해 무대에서 내려와야 했지만 발레 교수법의 역작을 쓰게 된 카를로 블라시스, 회전에 약하다는 점에 굴하지 않고 자신의 강점을 중심으로 메소드를 만들어낸 오귀스트 부르농빌, 무용수로는 크게 주목받지 못했지만 교육자로는 발레의 흐름을 바꾼 아그리피나 바가노바. 그들의 이야기는 '예술의 완성'은 완벽한 것에서 오는 게 아니라 완벽하지 않은 그 지점에서 인간이 어떤 고뇌와 노력 끝에 자신의 것을 내놓느냐에 있다는 것을 느끼게 만든다.

바지 대신 타이츠 입는
남자들

거리에서 크리스마스 캐럴이 들려오면 한 해가 끝나가는 것을 느낀다. 발레 무용수들은 〈호두까기 인형The Nutcracker〉(1892) 리허설이 시작되면 이제 올 한 해도 다 지나갔다는 걸 실감한다고 말한다. 해외 발레단 중에는 연말에 〈호두까기 인형〉을 공연하지 않는 곳도 있지만 우리나라 발레단들은 연말이면 저마다의 색깔을 띤 〈호두까기 인형〉을 무대에 올린다. 대부분의 발레 공연에서 미취학 아동은 입장 불가인데 이 공연만은 5~6세 이상이면 입장이 가능해서 가족 모두 연말 나들이하기 좋은 작품이기도 하다. 나도 조카가 태어났을 때 조카의 손을 잡고 가족 모두 〈호두까기 인형〉을 보러 갈 날만 손꼽아 기다렸다. 그리고 드디어 그날이 왔다! 조카의 생애 첫 공연장 나들이에 어떤 반응을 보일지 가족 모두 설렜다. 그런데 전혀 예상치 못한 반응을 마주했다. 남성 무용수를 향한 조카의 거침없고 순박한 질문 한마디. "저 아저씨 왜 스타킹만 입고 나왔어?"

발레는 춤추는 조각 작품이다

바지 벗은 니진스키,
발레에 불어온 파격과 혁신

발레 공연을 선뜻 보러 가지 않는 사람들에게 그 이유를 물어보면 대답이 몇 가지로 모인다. 그런데 의외로 많은 사람들이 꼽는 이유가 하나 있다. '남성 무용수의 몸을 보기가 민망하다'는 것이다. 앞을 보자니 중요부위가 불룩하게 튀어나와 있고, 뒤를 보자니 엉덩이 선이 적나라하게 드러나 있어서 당최 시선을 어디에다 둬야 할지 모르겠단다. 그 속마음은 여섯 살 조카의 질문 안에 농축돼 있다. 그러게나 말이다, 그 아저씨는 왜 스타킹만 입고 나왔을까, 남사스럽게.

그런데 실제로 바지 없이 타이츠만 입고 무대에 등장했다가 외설적이라는 이유로 발레단에서 쫓겨난 사람이 있었다. 지금으로부터 100년도 더 된, 1911년의 일이다. 그 사람은 '무용의 신'이라 불리는 바슬라프 니진스키였다. 러시아로 귀화한 폴란드인 부모에게서 태어난 그는 러시아 마린스키극장의 주역이었다. 그 당시 남성 무용수들은 타이츠만 입고 무대에 오른 적이 없었다. 19세기 초반 파리오페라발레학교의 경우 남학생들이 무릎 길이의 헐렁한 바지를 입는 게 규정이었다. 그래서 엉덩이와 무릎의 움직임이나 근육의 변화를 제대로 볼 수가 없었던 발레 마스터들은 바지를 입지 않도록 끊임없이 정부에 요청했다. 당시에는 발레학교의 규정을 정할 때도 정부의 허락을 받아야 했기 때문이다. 결국 그 요청은 받아들여져서 연습 때 반바지를 입지 않게 됐지만 발레 공연 때는 공처럼 부풀린 형태의 반바지를 입어야 하는 엄격한 규율이 있었다. 러시아도 마찬가지였다. 그런데 1911년 마린스키극장의 〈지젤Giselle〉(1841) 공연에서 니진스키가 과감히 바지를 벗어던지고 무용 스타킹인 타이츠 차림으로 무대에 올랐다. 황실극장의 품위를 떨어뜨린 자, 너는 불경죄로 다스려야 마땅하다! 이 사건으로 그는 마린스키극장에서 쫓겨난다. 그런데 이 코스튬 스캔들은 아이러니하게도 발레 역사에 새바람을 불러일으켰다. 이후 니진스키는 공연기획자 세르게이 디아길레프Sergei Diaghilev(1872~1929)가 창설한 발레단 '발레 뤼스Ballets Russes'에 들어가 혁신적인 발레 작품들을 함께했고, 이를 통해 프랑스의 풍요로운 예술 시대, 벨 에포크Belle Époque를 이끈 한 사람으로 기록된다. 이만하면 황실의 품위도 해치고 볼 일이다.

니진스키가 바지를 벗은 데에는 디아길레프의 입김이 작용했다는 후문이 들린다. 발레 뤼스에서 활동하도록 하기 위해 의도적으로 그 상황을 만들었다는 이야기가 떠돌았다. 이후 니진스키가 발레 뤼스에서 수석 무용수로 거침없는 행보를 했기 때문에 이 소문에 대한 신빙성은 높아지지만 진실은 니진스키와 디아길레프만 알 뿐이다. 1909년, 프랑스에서 발레단 발레 뤼스를 창단한 디아길레프는 역사상 가장 뛰어난 공연기획자라는 평가를 듣는다. 1차대전 직전, 1910년을 전후로 평화로운 시절을 보낸 유럽에서 이 발레단의 인기와 영향력은 대단했다. 당연히 이 발레단의 주역인 니진스키도 최고의 인기를 누렸다.

반바지를 벗고 타이츠만 입고 무대에 올라가는 그 발칙한 발상의 시초가 디아길레프이든 니진스키이든, 이 사건은 이 두 사람이 이끌 파격과 혁신의 예고편이 된 것과 다름없다. 실제로 발레 뤼스의 작품들은 19세기 작품들과는 전혀 달랐으며, 지금 봐도 무대, 안무, 미술적 색감, 의상, 음악, 모든 면에서 남다른 수작이다.

남성 무용수의 전용 속옷,
댄스벨트

무대 위에 시끌벅적하게 등장하게 된 남성용 타이츠의 존재감은 그 이후 계속 이어졌다. 발레 뤼스의 여러 작품에서도 니진스키는 타이츠만 입고 등장한 것은 물론이다. 니진스키가 바지를 벗은 이후로 발레 공연에서 반바지는 자취를 감추었고, 남성 무용수들은 타이츠만 입고 춤을 추었다. 그런데 바지 없이 타이츠만 입으려고 보니 타이츠 위로 남성의 중요부위의 실루엣이 그대로 드러나는 난감한 문제가 발생했다. 이를 효과적으로 해결하기 위

댄스벨트와 타이츠는 춤추는 조각상을
아름답게 만드는 도구이다

해 남성 무용수들을 위한 전용 속옷이 등장했는데, 그게 바로 '댄스벨트dance belt'다. '서포트support'라고도 불린다. 댄스벨트의 앞부분은 패드를 넣은 캡으로 되어 있고, 뒷부분은 T자 팬티 형태로 되어 있다. 남성 무용수들의 그곳이 둥글고 불룩하게 튀어나와 보이는 것은 댄스벨트의 캡 때문이다. 초창기에는 엉덩이쪽의 천이 삼각형 모양으로 다소 넓었지만 점점 좁아지다가 지금처럼 완전히 T자 형태를 갖추게 되었다. 타이츠를 입었을 때 속옷 자국이 드러나지 않게 하기 위해서다.

댄스벨트가 언제 처음 등장했는지에 대한 역사적 기록은 지금 남아 있지 않다. 심지어 니진스키가 처음 타이츠만 입고 무대에 올랐을 때 댄스벨트를 입었는지 여부를 놓고 왈가왈부할 정도이다. 확실한 건 20세기 초반에는 남성 무용수들 사이에서 바지 없이 타이츠만 입는 게 일반화되면서 함께 댄스벨트를 착용했다는 점이다. 댄스벨트는 종종 이미 19세기에 만들어진 운동선수용 속옷, 작스트랩jockstrap과 비교된다. 격렬하게 움직이는 동안 중요부위를 보호한다는 기능이 같기 때문이다. 기본적인 기능은 같지만 발레 무용수와 운동선수가 추구하는 미와 기능에는 차이가 있기 때문에 그 모양새는 약간 다르다. 댄스벨트의 뒷모양이 T자인 것에 반해 작스트랩은 엉덩이 부분이 뻥 뚫려 있어서 밴드로 힙을 받쳐주고, 앞에 플라스틱 캡을 넣을 수 있다. 작스트랩은 종종 성인용품으로 오인받기도 하지만 운동 중 통기

성과 기능성을 높이기 위해 이런 모양으로 만들어진 것이다. 작스트랩과 댄스벨트는 움직임을 편하게 하기 위해 등장한 '기능성 속옷'이란 점에서 같고, 댄스벨트는 '춤을 위한 작스트랩'이라 볼 수 있다. 그리고 댄스벨트의 등장은 남성 무용수의 춤에 여러 가지 변화를 가져왔다.

춤추는 조각상을 완성시킨
타이츠

니진스키가 처음으로 바지를 벗고 타이츠만 입고 무대에 올라간 진짜 속내가 무엇이었든 타이츠만 입는 문화의 정착과 댄스벨트의 등장은 남성 무용수들이 발레 기술을 더욱 편하게 구사할 수 있게 만들었다. 발레에는 남성 무용수들이 주로 구사하는 테크닉이 몇 가지 있는데, 대부분 온몸을 격렬하게 뒤흔드는 강한 도약과 회전을 특징으로 한다. '투르 앙 레르tour en l'air' '쿠페 주테 앙 투르낭 앙 마네주coupé jeté en tournant en manège'가 대표적이다. 투르 앙 레르는 몸을 세운 상태로 공중으로 로켓처럼 솟아올라서 몇 바퀴 회전하고 땅에 착지하는 테크닉이다. 이 용어는 '공중에서의 회전'이란 뜻을 갖고 있지만 나는 문학적인 맛을 가미해 '공기 속에서의 여행'이라고 부른다. 공기를 가르며 팽이 돌듯이 휘리릭 회전하는 모습에서 풀업과 근력이 주는 아름다움이 돋보이기 때문이다. 쿠페 주테 앙 투르낭 앙 마네주는 보통 줄여서 주테 앙 마네주라고 부르는데 다리를 180도 이상 크게 벌려서 무대 가장자리를 빙 둘러 원을 그리며 도는 동작을 뜻한다. '마네주manège'는 말의 조련장을 뜻하는 단어로, 이 발레 기술은 말들이 조련장을 원형으로 도는 모습과 닮았기 때문에 이런 이름이 붙여졌다. 주요 장면에서 폭발적인 감정을 드러낼 때 자주 쓰이는 동작이라 관객들의 박수가 많이 나오는 기술이기도 하다.

이런 기술을 자유롭게 구사하는 데 댄스벨트와 타이츠는 혁혁한 공을 세웠다. 물론 남성 무용수들도 발레를 처음 배울 때 타이츠나 댄스벨트를 입는 것을 무척 곤혹스러워한다. 타이츠의 경우는 엉덩이 선을 다른 사람 앞에 고스란히 드러내야 한다는 데 어색해하는 것이라면, 댄스벨트의 경우는 처음 입었을 때 느낌이 이상해서 익숙해지는 데 시간이 걸린다고 공통적으로 말한다. 대부분의 남성 무용수들은 처음부터 발레가 너무 좋아서 시작했다기보다는 다른 춤을 추다가 발레로 전향했거나, 어머니가 발레를 너무 좋아해서 발레 학원에 등록시켰거나, 혹은 공부보다는 다른 것을 해야 학교에 진학할 수 있겠다 싶어서 시작한 경우도 많다. 처음에는 타이츠를 보고 기겁했다고 하나같이 말한다. 그런데도 기꺼이 타이츠와 댄스벨트를 입고 발레의 길에 들어선 건, 날렵한 몸매로 바람을 가르듯이 날고, 태풍처럼 회전하는 선배 무용학도들의 모습을 눈앞에서 본 순간 "나도 저거 해 보고 싶어!"라는 욕구에 압도당했기 때문이다. 인터뷰 때 대부분의 남성 무용수들에게서 들은 고백이다.

미적으로도 타이츠와 댄스벨트는 중요한 역할을 담당한다. 타이츠는 빈틈없이 몸에 착 달라붙기 때문에 발레로 만든 아름다운 몸의 선을 그대로 드러내며 발레를 선의 예술로 완성시켰다. 반바지로 감추기에는 아까운 아름다운 신체의 선이 무대 위에서 빛을 발하게 된 것이다. 특히 감춰져 있던 허벅지의 섬세한 근육이 돋보이고, 다리도 더 길어 보이는 효과를 가져왔다. 모델로도 활동을 했던 한 남성 무용수가 이런 이야기를 한 적이 있다. 모델 워킹을 할 때 다리가 허벅지에서 시작하는 게 아니라 허리에서 시작한다는 느낌을 갖고 걸어야 한다는 것이다. 그래야 실제로 다리를 쭉쭉 당당하게 뻗어서 걸을 수 있고 그 느낌이 관객들에게 전해져서 다리가 더 길어 보인다는 것이다. 많은 무용수들이 이 점을 인식하고 춤을 춘다. 특히 남성 무용수는 타이츠만 입기 때문에 더 그렇다. 엉덩이를 다리의 일부로 생각하는 것이다. 결국 바지 대신 타이츠와 댄스벨트를 선택한 건 옳았다. 미와 기능, 두 마리 토끼를 모두 잡았기 때문이다.

한 남성 무용수가 은퇴를 준비하면서 "이제 댄스벨트와도 안녕이구나"라고 말하는 것을 들은 적이 있다. 해방감일까, 섭섭함일까. 무용수의 옷을 벗고 이제 다른 옷을 입어야 하는 시점이

언젠가는 온다. 몸은 시간이 지나면서 끊임없이 변하고, 늙어가고, 훈련으로 그 변화를 막을 수 없는 지점에 언젠가는 도달한다. 올해 했던 테크닉을 그다음 해에는 구사할 수 없다는 걸 직면하게 되고, 올해 내가 뛰어올랐던 점프의 높이가 그다음 해에는 더 낮아져서 점점 땅에 가까워지는 걸 겪는다. 발레는 훈련한 기간과 강도에 비해 찰나에 가까울 정도로 짧은 기간 무대 위에서 불꽃을 피우다가 사라지는 춤이다. 발레가 잔인하면서 동시에 귀중하게 받아들여지는 건, 오늘 무대에서 빛나는 무용수의 모습을 볼 수 있는 날들이 그다지 길지 않다는 걸 알기 때문이다. 신이 부여한 신체조건과 예술적 감성이 인간의 노력과 만나 짧은 순간 불꽃을 일으킨 후, 평범한 한 사람으로 돌아가는 운명을 겸허하게 받아들여야 하는 게 발레 무용수의 길이다. 하지만 그 춤은 사라지지 않고 춤을 추었던 사람의 내면에 기록되고, 그 춤을 본 사람들의 심장에 각인된다. 기꺼이 타이츠와 댄스벨트를 입고 그 수많은 훈련을 견뎌내는 건, 자신의 몸을 보이지 않는 정으로 하나씩 깎아 기꺼이 살아 있는 조각상이 되려는 인간의 의지이자 예술에 대한 경외심의 발로이다. 발레는 움직이는 조각 작품이다. 여성 무용수에게는 포인트슈즈가 그러하듯, 남성 무용수에게 타이츠와 댄스벨트는 그 조각 작품이 가장 아름답게 보이도록 만드는 도구이다.

치마가 짧아진 곳에서
발레는 자랐다

세르조 레오네 감독의 걸작으로 꼽히는 영화 〈원스 어폰 어 타임 인 아메리카Once Upon a Time in America〉(1984)는 네 시간이 넘는 긴 러닝타임으로도 유명하다. 그 수많은 장면들 중에서 유독 사람들이 기억하는 한 장면이 있다. 데보라가 창고에서 발레를 추는 모습을 십대 소년 누들스가 몰래 훔쳐보는 장면이다. 당시 데보라 역을 맡은 배우 제니퍼 코넬리Jennifer Connelly의 모습은 많은 사람들의 심장을 뛰게 했다. 2022년, 36년 만에 영화 〈탑건 Top Gun〉(1986)의 후속작이 개봉됐을 때 여주인공이 제니퍼 코넬리란 소식을 듣고 누군가는 '데보라가 춤추는 장면을 기억하는 사람들의 향수를 건드린 캐스팅'이라 말했다. 그 장면은 내게도 인상 깊게 남아 있다. 지금 다시 보니 어느 동작 하나 제대로 되지 않은 채 발레의 춤사위만 흉내 낸 모습인데도 하얀 망사 치마를 입고 춤추는 데보라의 모습은 엔니오 모리코네의 음악과 함께 안개처럼 가슴 속에 퍼졌다. 그때 제니퍼 코넬리가 입은 치마는 무릎 길이의 로맨틱 튀튀romantic tutu였다.

로맨틱 튀튀 (Romantic Tutu)

팬케이크 튀튀 (Pancake Tutu)

플래터 튀튀 (Platter Tutu)

파우더 퍼프 튀튀 (Powder Puff Tutu)

발레의 역사와 함께한 튀튀의 변화

남성 무용수 전성시대,
17세기 프랑스

포인트슈즈와 함께 여성 무용수들이 입는 튀튀가 발레의 대표적인 상징물로 떠오르고, 유아발레도 분홍색 튀튀를 입고 폴짝폴짝 뛰는 어린이들이 연상될 정도로 발레는 '여성스러운' 춤이란 인식이 강하다. 하지만 발레는 '성별 주도권'이 엎치락뒤치락해오면서 발달해왔다. 남성인 루이 14세가 최초의 '발레 스타'였다는 점을 떠올려봐도 그렇다. 18세기에 전문무용수로 활동하는 여성들의 목소리가 높아지기까지 발레의 중심은 남성이었다.

카테리나 데 메디치가 이탈리아의 여흥거리들을 들고 프랑스로 시집왔던 16세기 당시, 프랑스에서 공연은 귀족들의 유희와 연회의 성격이 강했다. 불꽃놀이, 마상시합, 공중 줄타기, 춤, 노래가 함께 있었고, 그사이에 극이 들어갔다. 프랑스에서 이때 이미 '발레'라는 단어를 사용했지만 최초의 발레 작품으로 기록된 공연은 1581년 앙리 3세의 파리 궁정에서 공연된 〈왕비의 발레 코미크Ballet Comique de la Reine〉이다. 여기서의 왕비는 카테리나 데 메디치의 셋째 아들 앙리 3세와 결혼한 루이즈 드 로렌-보데몽Louise de Lorraine-Vaudémont(1553~1601), 카테리나 데 메디치의 며느리이다. 이 공연은 루이즈 왕비의 언니와 앙리 3세의 총애를 받던 공작의 결혼을 축하하며 이뤄진 것이다. 당시에는 아직 전문무용수가 활동하던 시절이 아니라서 출연진은 귀족들이었다. 그런데 왜 이 공연이 최초의 발레 작품으로 기록됐을까. 그 이유는 이전의 공연은 연회의 막간에 춤과 극이 단편적으로 등장하는 형식이었다면 〈왕비의 발레 코미크〉는 공연 전체를 관통하는 스토리가 있었고, 춤이 그 스토리를 이끄는 중심 역할을 했기 때문이다. 그리고 공연을 보면서 식사를 하는 형식이 아니라 정해진 자리에서 관람하도록 해서 공연이 연회와 오락의 일부가 아니라 예술로서 인정받는 계기가 됐다. 내용은《오디세이아》에 등장하는 마녀 키르케를 제압해서 앙리 왕에게 끌고 가서 왕에게 그 처분을 넘긴다는 줄거리를 담고 있다. 극의 말미에 키르케가 마법 지팡이를 앙리 3세에게 바치고 왕비와 귀족들은 바닥에 기하학적인 도형들을 그리면서 움직이는 그랑 발레grand ballet를 펼친다. 볼거리가 가득한 이 대규모 공연은 거의 여섯 시간 가깝게 이어졌다. 공연은 대성공을 거뒀고, 이후 다른 유럽 왕실에서도 이 공연을 따라했을 뿐 아니라 프랑스 '궁정발레'의 시조가 되었고, 이듬해 삽화와 함께 대본집이 만들어짐으로써 중요한 문헌이자 기록으로 남았다.

17세기에 들어오면서 프랑스의 발레는 〈왕비의 발레 코미크〉처럼 연극, 오페라, 춤, 음악이 혼합된 대규모 공연인 궁정발레와 귀족들의 우아한 사교춤인 바로크댄스, 이 두 가지 축 안에서 이뤄졌다. 특히 프랑스의 바로크댄스는 '프렌치 노블 스타일French

〈왕비의 발레 코미크Ballet comique de la Reine〉 대본집에 실린 당시 공연 모습, 판화, Jacques Patin noble style' 혹은 '라 벨 당스la belle danse'라고 불렸다. 즉, 라 벨 당스는 17세기 프랑스 궁정에서 유행한 사교댄스들을 통칭하는 말이다. 라 벨 당스는 스펙터클 공연이 펼쳐질 때 일부로 들어가기도 했다. 그런데 이 두 가지 영역 모두 남성 중심으로 발전했다. 최근 공연계에서는 '젠더 프리gender free' 바람이 일어나서 작품 속의 한 역할에 여성, 남성 모두 캐스팅되는 경우가 있고, 아예 여성이 남성의 역할을 맡아서 하는 여성국극과 다카라즈카 공연은 20세기 초부터 이어져오고 있는데 17세기 프랑스의 발레 공연에서도 비슷한 양상이 있었다. '앙 트라베스티en travesti'가 있었던 것이다. 공연에서 반대되는 성별의 역할을 하는 것으로 당시 여성의 역할을 남성이 대신 맡았다. 게다가 라 벨 당스에는 여러 종류의 춤이 있었지만 그중 앙트레 그라브entrée grave는 오로지 남성만 추도록 되어 있다. 이 춤은 기교 없이 장엄하고 우아하게 팔다리를 움직이며 품위와 권위를 드러내는 춤이다. 당시 여성 무용수들의 활동은 상당히 제한적이었다. 기록상으로는 〈사랑의 승리Le Triomphe de l'amour〉(1681)가 여성 전문무용수들이 최초로 등장한 작품으로 인정받고 있다. 정확히 말하면 주역을 맡은 여성 무용수의 이름이 최초로 전면에 등장한 작품이다.

당시 여성 무용수들의 춤은 남성 무용수들에 비하면 그렇게 기교적으로 화려하지는 않았다. 화려할 수 없었다는 말이 더 맞는다. 원인 중 하나는 의상에 있었다. 당시 남성들은 긴 조끼나

재킷 스타일에 반바지, 스타킹을 신었기 때문에 발이 자유로웠다. 18세기까지 한동안 남성 무용수들 사이에서는 톤느레tonnelet라는 화려한 스커트를 입는 게 당연시됐는데 무릎 정도의 짧은 길이였기 때문에 다양한 발의 기교를 보여줄 수 있었다. 하지만, 여성들은 바닥까지 끌리는 긴 드레스에 안에는 페티코트를 입었고, 상체에는 코르셋을 입어서 이런 테크닉을 구사할 수 없었다. 남성의 신발은 앞이 네모지고 굽은 굵고 낮았지만, 여성의 신발은 앞이 뾰족하고 굽도 높고 가늘었다. 여기에 가발과 가면, 장신구들이 더해졌다. 이런 의상을 갖춰 입고 서 있거나 걸어다니는 그 자체로도 예술작품이라 할 수 있고 미적 가치도 있지만 춤의 기술이 발달하는 데에는 한계가 있었다. 이런 분위기는 18세기까지 이어졌다. 그때 의상의 파격을 감행하며 발레의 판도를 바꾼 두 명의 중요한 여성이 등장한다. 마리 카마르고, 마리 살레Marie Sallé(1707~1756)가 그들이다.

치마와 굽을 자르고 코르셋과 페티코트를 벗고, 춤의 해방을 외치다

1726년, 마리 카마르고가 발목이 보일 정도로 드레스 자락을 자르고 무대에 올랐다. '겨우 발목 높이?'라고 생각할지 모르겠지만 당시에는 파격 그 자체였다. 여성이 발과 발목을 보이는 걸 불경스럽게 생각했기 때문이다. 후에 카마르고는 구두 굽도 잘라버리고 더 자유롭게 기술들을 선보였다. 카마르고가 선보인 대표적인 테크닉은 앙트르샤entrechat와 카브리올cabriole. 앙트르샤는 몸을 수직으로 세운 상태에서 공중으로 점프해서 두 다리를 교차하는 동작이고, 카브리올은 허리를 앞이나 뒤로 꺾으면서 두 다리를 맞부딪치는 동작이다. 특히 앙트르샤는 그의 대표 테크닉으로 꼽힌다. 카마르고는 이런 테크닉들을 능수능란하게 선보이면서 사람들을 놀라게 했는데 덕분에 대중적인 인기도 점점 치솟았다. 특히 앙트르샤는 그의 대표 테크닉으로 꼽힌다. 오죽하면 그의 스승도 그를 질투해서 한동안 군무에만 배치했다는 일화가 전해질까. 그의 스승인 프랑수아즈 프레보스트Françoise Prévost(1680~1741)도 17세기 프랑스의 발레를 이끌며 주목받는 여성 무용수였지만 마리 카마르고의 인기는 그것을 뛰어넘었다. 하지만 마리 카마르고에게 기회는 극적으로 다가왔다. 주역을 맡은 남성 무용수가 아파서 무대에 오를 수 없자 대신 나가서 즉흥적인 춤과 기술을 선보였고, 그날로 스타가 되었다. 인기는 올랐지만 동시에 불경스럽다는 비난은 늘 그를 따라다녔다.

당시 같은 스승 밑에 또 한 명의 유능한 여성 무용수가 있었다. 마리 살레이다. 카마르고의 라이벌로도 일컬어졌던 살레는 카마르고와는 전혀 다른 방식과 다른 색깔로 춤에 다가갔다. 카마르고가 화려한 기술로 관객을 사로잡았다면 살레는 발레를 통해 내면을 표현하고, 팬터마임과 연극적 요소를 통해 인위적인 우아함 대신 자연스러움을 드러내는 데 집중했다. 그는 팬터마임과 곡예를 공연하며 장터를 돌던 집안에서 태어나서 자랐기 때문에 일찌감치 팬터마임의 영향하에 있었다. 1734년 런던, 살레는 코르셋과 페티코트를 과감하게 벗어버리고, 장식 없이 모슬린으로 만든 긴 원피스인 그리스식 튜닉을 입고 굽 없는 신발을 신고 무대에 올랐다. 머리는 가발을 벗고 길게 내려뜨렸다. 발레 〈피그말리온Pygmalion〉(1734)에서 조각상 갈라테이아로 등장한 마리 살레의 모습이었다. 마리 카마르고가 치맛자락을 잘랐을 때 목적은 분명했다. 남성 무용수들이 다리로 보여줄 수 있는 기술들을 나도 보여주고 싶다는 의지. 마리 살레의 의상은 다른 것을 말한다. 나는 춤의 기술 말고 춤을 통해 감정을 표현하겠다는 의도.

결과적으로 〈피그말리온〉 공연은 성공을 거뒀고, 이 작품으로 마리 살레는 스타덤에 올랐다. 런던에서는 그의 공연을 보겠다고 티켓을 놓고 싸움이 날 정도였다고 한다. 하지만 발레의 형식에 대해 엄격했던 프랑스에서 코르셋과 페티코트를 입지 않고 흐르는 듯한 모슬린 천으로 만든 드레스를 입는다니, 이건 세상이 규정해놓은 '여성성'을 전면 거부하고 나선 반역행위나 다름 없었다. 굳이 〈피그말리온〉 공연을 조국인 프랑스가 아니라 영국 런던 무대에 올린 이유가 자명해지는 순간이다. 런던은 당시 혁신적인 예술 표현에 관대했고 젊은 무용수나 안무가는 프랑스의 엄격함을 피해 런던으로 향했다. 마리 살레도 그중 한 명이었다. 하지만 이후에 이 작품은 런던과 파리를 오가며 공연이 됐고, 프랑스도 이런 변화를 받아들이기 시작했다. 〈피그말리온〉을 통해 마리 살레는 발레가 사람의 내면을 표현할 수 있는 언어가 될 수 있다는 가능성을 보여줬다.

특히 〈피그말리온〉은 발레에 팬터마임이 적용되도록 만든 중요한 작품이 됐다. 살레가 은퇴한 이후에도 이 작품은 재공연이 됐었는데 이때 공연에 참여했던 남성 무용수 중 한 명이 살레의 춤 철학을 잇는다. 후에 프랑스의 안무가이자 발레 마스터가 된 장−조르주 노베르Jean-Georges Noverre(1727~1810)이다.

팬터마임은 16세기 이탈리아에서 발달한 극으로 17세기 프랑스의 발레와는 정반대에 놓인 예술이나 다름없었다. 발레는 궁정에서 기교와 인위적으로 우아한 품격을 갖추고 발달한 영역이지만 팬터마임은 민중 사이에서 자연스럽게 나오는 몸짓이기 때문이다. 16~18세기 이탈리아에서는 코메디아 델라르테Commedia dell'arte라는 즉흥극이 인기였다. 이탈리아에는 지역 방언이 많아서 순회극단 배우들이 공연할 때 말을 알아듣기 어려운 경우가 종종 있었는데 이런 이유로 몸으로 표현하는 팬터마임이 발달하게 된 것이다. 즉, 팬터마임은 코메디아 델라르테에서 나왔다. 그래서 대중적 성격이 짙은 팬터마임을 발레에 접목하는 시도는 당시에 이질적인 결합이었다. 이탈리아에서는 이미 팬터마임을 발레에 적극 도입하는 시도들을 해오고 있었지만 프랑스는 달랐다. 프랑스에서는 오페라와 발레가 분리되지 않은 상태라서 공연에서 대사를 말하거나 가사를 노래하는 게 당연했기 때문에 몸짓으로만 이뤄진 팬터마임으로 극을 끌고 간다는 건 특이한 시도였다. 마리 살레에게 영향을 받은 노베르는 이것을 하나의 예술형식으로 정립시킨다. 말과 노래의 힘을 빌리지 않고, 춤과 연기, 팬터마임으로 발레에 이야기를 입힌 시도, '발레닥시옹 ballet d'action'을 만든 것이다. 그 시도는 이후 발레의 역사에 큰 변화를 가져왔다. 오락적·대중적 성격이 짙은 팬터마임에서 순수예술로서 마임이 발전하게 됐고, 이것은 19세기 고전발레의 형식을 완성하는 핵심요소로 이어졌다. 그는 가면과 가발, 페티코트가 들어간 스커트 같은 궁중의 예법에 속하는 의상들을 거부했고, 대신 몸이 드러나는 가벼운 천으로 의상을 만들자는 제안을 했다. 동시에 발레가 다루는 주제에 대해서도 그는 다른 시각을 제시했다. 그때까지 발레는 신화 속 님프와 신, 여왕 등이 주요 인물이었고 신화적·환상적 내용을 주제로 다뤘지만, 노베르는 발레를 통해 배신, 살인 등 잔혹하지만 인간 내면을 표현할 수 있는 주제를 담아야 한다고 주장했다. 결국 마리 살레가 무언의 움직임으로 인간의 감정을 표현해낼 수 있다는 가능성을 보여주고 노베르는 그것을 더욱 확장·발전시킨 것이다. 노베르는 발레에 대한 이런 철학을 담아 1760년 《무용과 발레에 대한 서간집Lettres sur la danse et les ballets》을 냈다. 이 서간집은 발레 역사에서 빼놓을 수 없는 저서로 자리매김했고, 이를 기점으로 프랑스의 발레는 오페라와 발레가 결합된 형태에서 무언극의 발레닥시옹으로 전환을 맞이하게 된다.

마리 카마르고와 마리 살레는 똑같이 발레에서 의상 개혁을 꾀했고, 관습과 맞서면서 비난과 명성을 동시에 얻었지만 두 사람의 삶의 방식은 조금 달랐다. 마리 카마르고가 수많은 시끄러운 소문과 사람들의 반응에도 오히려 그 물살을 제 뜻대로 타는 기술을 보여주며 화려한 삶을 살았다면, 마리 살레는 반백 년도 살지 못한 짧은 인생 동안 미모와 발레를 이용해 다른 것을 거머쥐는 행동은 하지 않고, 절제 있는 삶을 살았다. 두 사람의 활동은 발레에서 '기술과 표현'이라는 두 기둥을 세웠고 이 부분은 오늘날까지도 발레를 이루는 중요한 부분으로 받아들여진다. 용기, 도전, 혁신, 의지, 멋진 말들은 멋진 만큼 행위의 무게감이 따른다. 그래서 그 형태와 방식은 달랐어도 무용수라는 자기 정체성을 잃지 않고 겨눠진 칼날 앞에 꿋꿋했던 두 사람에게 존경의 시선을 묻는다. 말하기는 쉬워도 가기는 쉽지 않은 길이었다.

여성의 발레 테크닉을 성장시킨
튀튀

여성 무용수도 화려한 테크닉을 보여줄 수 있다는 게 증명되면서 이후 무대의상은 다리를 자유롭게 사용할 수 있는 방향으로 계속 변화했다. 17세기에 객석과 무대를 분리하는 프로시니엄 proscenium 극장이 세워진 것도 한몫했다. 지금은 대부분의 극장이 이 형태라서 신기할 것도 없지만 당시에는 공연 전용극장이 없어서 왕궁에서 임시로 공간을 개조해 관객들이 공연을 볼 수 있게 했다. 그리고 그 형태는 위에서 아래로 내려다보는 방식이었다. 당연히 발은 잘 안 보인다. 대신 공연하는 사람의 움직임이 도형처럼 펼쳐지는 걸 볼 수 있었고, 이에 따라 16세기까지의 발레는 우주의 질서, 기하학에 바탕으로 둔 도형이나 스텝을 중심으로 만들어졌다. 앞서 말한 그랑 발레도 그런 형식 중의 하나였다. 17세기에 들어서면서 왕궁 밖에서도 무용수들이 춤을 추고, 프로시니엄 극장이 생기면서 발의 테크닉이 잘 보이는 것도 중요해졌다. 그 영향은 여성 무용수들에게도 미친 것이다.

한번 잘려나간 드레스 자락은 다시 길어질 수 없었다. 17, 18세기 남성 무용수들이 의상에서 자유로웠기 때문에 종횡무진했던 것처럼 19세기 여성 무용수들은 의상의 매력이 더해져 더 각광받기 시작했다. 우선, 프랑스의 화가이자 디자이너 외젠 라미Eugène Lami(1800~1890)는 발목이나 종아리가 보일 정도의 치마 길이에 페티코트 대신 순백의 망사들을 겹쳐 환상적인 분위기를 자아내는 드레스로 로맨틱 튀튀를 탄생시켰다. 〈라실피드〉에서 마리 탈리오니가 이 의상을 입고 포인트슈즈와 함께 처음 무대에 등장해서 발끝으로 섰을 때 관객들은 마치 요정을 보는 것처럼 환상적인 분위기에 빠져들고 말았다. 하지만 이 의상은 아픈 역사도 갖고 있다. 19세기에 몽환적인 분위기를 내기 위해 무대에서 가스등이 쓰이기 시작했는데 튀튀의 얇은 망사가 가스등에 닿는 바람에 튀튀에 불이 붙어 죽음을 당한 발레리나가 있었다. 마리 탈리오니의 제자 에마 리브리Emma Livry(1842~1863)였다. 당시 의상에 내화 처리를 할 수 있었지만 튀튀가 딱딱해지기 때문에 사용하지 않았다는 뒷이야기는 눈물이 맺히게 한다. 그의 죽음으로 로맨틱 튀튀를 입고 몽환적이고 신비한 분위기를 내는 로맨틱 발레(낭만발레)의 시대는 막을 내린다.

로맨틱 발레가 사라진 뒤 튀튀의 길이는 더 짧아져서 우리가 흔히 발레를 생각하면 떠올리게 되는 클래식 튀튀classic tutu가 탄생하게 됐다. 클래식 튀튀는 디자인에 따라 팬케이크 튀튀pancake tutu, 플래터 튀튀platter tutu로 나눠지기도 한다. 팬케이크 튀튀는 치맛자락이 엉덩이에서 펼쳐지고 치마 한가운데를 빙둘러 철사 와이어가 들어가지만 플래터 튀튀는 치맛자락이 허리에서 시작한다는 차이가 있다. 한 가지 재미있는 사실은 클래식 튀튀의 치마 길이는 짧아졌지만 18세기 드레스가 갖고 있는 특징을 은근히 지니고 있다는 점이다. 상체 부분을 등 뒤에서 후크로 고정시켜주는데 탄탄한 질감과 모양이 코르셋과 유사하고, 당시 드레스 안에 넣었던 단단한 후프는 넓게 퍼져서 치맛단에 들어간다. 결국 긴 드레스를 춤을 추기 편하게 변형시켰다고 볼 수 있다. 그래서 발레 작품에서 클래식 튀튀를 입고 나오면 드레스를 입고 나온 장면이라고 생각하고 보면 딱 맞는다. 즉, 튀튀는 무용수의 다리에는 자유를 줬지만 여전히 궁정발레의 위엄과 형식은 갖추고 있다.

튀튀는 여기서 멈추지 않고 나름의 자유를 계속 갈구했다. 20세기 이후에는 튀튀 치맛단의 후프나 와이어를 제거해서 치맛단이 뻣뻣하지 않게 만든 파우더 퍼프 튀튀powder puff tutu가 나오기도 했다. 1950년, 뉴욕시티발레단의 디자이너 바버라 카린스카Barbara Karinska(1886~1983)가 처음으로 선보인 파우더 퍼프 튀튀는 혁신 그 자체였다. 튀튀가 갖는 우아함은 살아 있으면서도 춤추기에는 훨씬 편안한 의상이었다. 이 의상은 안무가 조지 발란신의 요청으로 탄생했다. 작품 안에 역동적인 움직임이 많아서 기존의 클래식 튀튀가 아닌 다른 의상이 필요했기 때문이다. 조지 발란신 스스로도 본인 작품이 성공한 이유 50퍼센트는 이 의상이라고 말할 정도였다. 파우더 퍼프 튀튀는 궁정발레와의 미묘한 줄다리기에서 무용수의 자유 쪽으로 한발 다가선 결과물이었다. 그래서 의상의 변화는 단순히 시각적인 미의 변화만을 뜻하지 않는다. 그것은 춤의 변화와 발레 작품 안에서 표현할 수 있는 내용의 확장을 의미했다.

튀튀를 입기 위해 여성용 발레 타이츠도 만들어진다. 타이츠는 원래 서커스를 하는 사람들이 입던 옷인데 18세기에 샤를-루이 디들로가 자신의 안무 작품에 출연하는 무용수들에게 타이츠를 입히면서 발레에서도 타이츠를 입기 시작했다. 남성 무용수는 왕가의 기품을 상징하는 흰색 타이츠를 주로 신고, 여성 무용수들은 맨살을 드러내지 않기 위해 누드 톤의 타이츠를 주로 신는다. 특히 여성용 타이츠는 발바닥에 동그랗게 구멍이 나 있는 게 특징이다. 구멍이 없는 타이츠도 있지만 발레를 처음 배우는 사람을 제외하고는 그걸 구입하는 경우는 거의 없다. 타이츠에 구멍이 뚫린 건 포인트슈즈 때문이다. 아무리 발등과 발목의 힘으로 포인트슈즈를 신는다고 해도 발가락에 아예 하중이 실리지 않는 건 아니기 때문에 발가락을 보호할 무엇이 필요하다. 그래서 등장한 게 발가락 전체에 씌우는 토패드toe pad, 토세이버toe saver이다. 우리나라에서는 보통 '토싱'이라고 부르는 발가락 보호 장비다. 양털이나 실리콘, 젤로 만들어지는데 이걸 발가락에 씌우고 포인트슈즈를 신으려니 타이츠 바닥에 구멍이 나 있는 게 더 편할 수밖에 없다. 구멍을 통해 발가락 부분만 쏙 벗기고 이 패드를 끼운 후 다시 타이츠를 씌워주고, 그 위에 포인트슈즈를 신으면 되니 말이다.

튀튀로 여성 무용수들은 이제 공연의 중심이 되었다. 이후로 작품 속에서 남성 무용수들에게는 여성 무용수들을 돌리고, 들어올리고, 던지고 서포트 하는 역할이 많아지게 됐다. 튀튀는 치마 속을 들여다보고 싶은 남성들의 엉큼한 속내가 반영돼 만들어졌다는 설도 있다. 하지만 그 속내가 무엇이든 여성 무용수들은 춤에 대한 열정과 애정을 갖고 튀튀가 눈요깃거리로 전락하는 것을 막고 당당하게 춤으로 피어나게 만들었다. 의상의 혁신은 여기서 멈추지 않고 20세기 이후에는 튀튀 없이 레오타드만 입고 등장하는 작품들도 많아졌다. 이제 무용수들은 신체의 선들을 고스란히 관객 앞에 드러나야 하는 부담감도 안게 됐다.

발레의 선을 완성시키는 푸앵트와 턴아웃, 포르 드 브라 등 발레만의 언어들은 의상의 변화와 맞물려 발달돼왔다. 어떤 의상을 입고 무대 위에 선다는 것은 작품의 철학을 입는 것이고 시대의 문화적 코드를 입는 행위이다. 발레 작품 안에서 의상이 계속 변화해왔다는 것은 발레 안의 언어와 문화적 코드가 계속 변화해왔다는 것을 의미한다. 무용수가 춤을 추기 전에, 의상을 입고 무대에 등장하는 순간부터 옷은 이미 제 할 이야기들을 무대 위에 쏟아낸다. 의상은 작품의 얼굴이자 상징이며 동시에 하나의 춤이다.

두 사람의 한 걸음,
파드되

룸바, 자이브, 차차차, 탱고, 퀵스텝, 왈츠 등등. 인류는 과거부터 현재까지 모두가 어울려 추는 군무 못지않게 이런 커플댄스들을 다양하게 발전시켜왔다. 이렇게 남녀가 짝을 이뤄 추는 커플댄스를 소셜댄스Social dance, 사교댄스라고 부르는데, 서로 약속된 신호를 주고받으며 춤을 춘다는 특징이 있다. 신호라고 하니 거창하지만 예를 들어 파트너가 손을 살짝 올려서 손목을 돌리면 그 뜻을 알아듣고 턴 동작을 하는 것이다. 이렇게 커플댄스에서는 춤을 추는 두 사람 사이에 말이 아닌 다른 언어로 대화가 오간다. 탱고에서는 '하나의 심장, 네 개의 다리'라는 시적인 표현이 있다. 탱고를 추는 사람들 사이에서는 춤을 추다보면 그 자리에 나와 너, 두 사람은 사라지고 어느 순간 음악만 남는다는 말을 하곤 한다. 어느 순간, 음악이 고백처럼 그 시간의 공기를 물들이고 그 속에서 상대방의 심장소리도 음악으로 바뀌어 나의 심장소리와 박자를 맞추고 춤 안에 모두 녹아내리는 현장. 그것이 모든 커플댄스가 만들어내는 아름다움일 것이다.

〈백조의 호수〉 중 파드되

하나의 심장으로 뛰는
두 사람의 춤

발레의 2인무도 마찬가지다. 발레 〈로미오와 줄리엣〉을 생각해 보자. 사랑에 빠진 두 사람의 설레고 벅찬 감정도, 사랑하는 자의 죽음을 발견하고, 연인들이 서로의 마지막 생명을 부둥켜안으려는 모습도 모두 두 주인공의 2인무로 표현된다. 다만, 춤을 추는 원리와 기술에서 발레는 다른 커플댄스와 사뭇 다르다. 발레에서는 2인무를 부르는 특별한 이름이 따로 있다. '파드되pas de deux'. 춤과 관련된 용어에는 '파pas'라는 단어가 심심치 않게 발견되는데 스텝, 걸음이라는 뜻이다. '빠'라고 발음하는 게 원어 발음에는 더 가깝다. '되deux'는 숫자 2를 의미한다. 즉, 파드되는 두 사람의 걸음, 두 사람의 춤이란 뜻이 된다. 남녀 둘이 추는 경우가 많지만 같은 성별끼리 추는 경우도 있는데, 두 사람이 추면 모두 파드되라고 부른다.

그런데 2인무라고 해도 될 것을 굳이 '파드되'라고 불러야 할 이유가 있을까. 그런데 어쩌랴. 프랑스 왕가에서 발레를 사랑한 덕분에, 루이 14세 같은 애호가가 나타난 덕분에, 발레용어가 대부분 프랑스어로 정리된 것을. 어쨌든 '파' 뒤에 출연 무용수의 수를 붙여서 표현한다. 셋이 추면 3을 붙여서 '파드트루아pas de trois'라고 부르고, 넷이 추면 4를 붙여 '파드카트르pas de quatre'라고 부른다. '파드카트르'는 1845년, 당시 가장 유명한 여성 무용수 네 명이 모여서 올린 작품의 제목이기도 해서 현재 이 명칭은 고유명사가 되다시피 했다. 독무는 '파드쇨pas de seul' 또는 우리에게 익숙한 단어 '솔로solo'라고 부른다.

유럽에 불어 닥친
사교댄스 열풍

1533년, 카테리나 데 메디치가 프랑스의 왕 앙리 2세에게 시집오던 날, 프랑스는 이미 잔뜩 '춤바람'이 난 나라였다. 귀족들도 민중도 모두 춤을 췄고, 춤을 위한 무곡도 많이 작곡되고 있었다. 이미 15세기 르네상스 때부터 프랑스의 귀족들 사이에서는 사교댄스인 '바스 당스basse danse'도 한차례 유행을 한 터였다. 이 춤은 2박자의 느리고 무게감 있는 음악에 맞춰서 앞과 뒤, 옆으로 걸음을 옮기고, 뒤를 돌기도 하면서 추는 단순한 춤이었지만 사람들은 이 정도로도 즐거워했다. 암흑의 시간을 거친 뒤였기 때문이었으리라. 14세기의 유럽은 흑사병이 휩쓸었다. 그래서 프랑스어로는 '당스 마카브르danse macabre', 독일어로는 '토텐탄츠Totentanz'라고 부르는 '죽음의 춤'이 등장하기도 했다. 사람들은 교회의 무덤 앞에서 죽음과 교감하며 쓰러질 때까지 춤을 추었고 사제들이 아무리 막으려고 해도 속수무책이었다. 이 죽음의 춤은 벽화, 판화, 그림, 문학으로도 등장했고 죽음과 가까이 있었던 중세의 모습을 대표하는 문화이자 상징이었다. 게다가 프랑스는 백년전쟁까지 있었다. 전쟁과 질병으로 죽음을 코앞에서 겪고 있는 사람들에게 춤은 놀이가 아니었던 것이다. 15세기에 인기를 끌었던 바스 당스는 춤의 의미를 바꾼 신호가 됐다. 바스 당스의 인기는 서서히 사그라들었지만 이후 궁정에서도, 민중 사이에서도 춤은 새로운 활력을 갖기 시작했다.

16세기 이후 새로운 사교댄스가 프랑스 궁정에서 각광받았고 17세기 루이 14세 시절에는 그야말로 사교댄스의 정점을 이룬다. 라 벨 당스, 이름 그대로 아름다운 춤들이 프랑스 궁정을 채웠다. 이 춤이 극의 형태를 띤 스펙터클 공연 안에도 들어가면서 발레의 한 부분을 이뤘다. 춤을 추기 위한 음악으로 모음곡suite이 등장하고 활발하게 작곡된 것도 이때이다. 특히 프랑스 궁정에서 춤과 함께 모음곡이 사랑받았다.

17세기 루이 14세 시절에 프랑스 궁정에서 유행했던 사교댄스로는 알망드allemande, 쿠랑트courante 부레bourrée, 가보트 gavotte, 미뉴에트minuet 등 여러 가지가 있었다. 춤의 이름과 음악의 이름이 동일하기도 하고, 음악과 춤이 하나로 묶어지기 시작한 것도 이때부터였다. 지금으로 치자면 클럽이나 축제에서 하우스 음악, 테크노 음악 등 춤을 추기 위해 만들어진 다양한 종류의 EDM이 나오는 것과 마찬가지다. DJ가 틀어주는 음악에 맞춰 춤을 추듯 17세기 프랑스에서는 연주자들이 무도회장에서 라이브 연주를 펼치고 거기에 맞춰 춤을 춘 것이다. 루이 14세는 춤 자체를 사랑하기도 했고, 왕권강화를 위해서도 춤을 적극 권장했기 때문에 17세기 프랑스는 그야말로 '춤으로 대통합'을 이뤄냈다. 특히 1650년에 처음 선보인 미뉴에트는 작은 보폭으로 춤을 추는 것이어서 당시 굽이 있는 신발, 장식이 많고 치렁치렁한 옷자락에도 무리가 되지 않았고, 우아함을 지켜준다는 점에서 귀족들의 특별한 사랑을 받았다. 게다가 4분의 3박자의 경쾌함까지 있었다. 그래서 미뉴에트는 프랑스뿐 아니라 유럽 전역에서 18세기까지 인기를 끌었다. 루이 14세는 가볍고 활기찬 느낌의 미뉴에트보다는 묵직하고 위엄 있는 앙트레 그라브와 쿠랑트를 좋아했다고 한다.

그러던 것이 18세기 루이 16세Louis XVI(1754~1793) 때는 왕 자체가 춤에 큰 관심을 두지 않았고, 프랑스 혁명까지 일어나는 바람에 춤바람은 잠시 주춤했다. 하지만 19세기에 들어 유럽 전역에서 왈츠가 대유행하면서 다시 한번 커플댄스, 사교댄스는 새 바람을 일으켰다. 이번에는 바람도 보통 바람이 아니다. 이전의 커플댄스들이 단지 손을 잡고 추는 정도였다면 왈츠는 아예 부둥켜안고 췄으니 말이다. 한마디로 왈츠는 유럽의 사교계와 무도회장을 '접수'했다. 왈츠의 기원은 독일이다, 프랑스다, 여러 가지

학설이 있지만 어쨌든 가장 인기를 끈 것은 빈 왈츠였고 이 춤은 현재 댄스스포츠의 경기 종목으로 채택될 정도로 사랑받고 있다. 또 매년 2월에는 빈 오페라하우스에서 '빈 오페라 볼'이라는 무도회가 열린다. 유럽 사교계의 꽃으로 평가되고 있는 이 무도회에는 직접 왈츠를 추거나 보기 위해서 전 세계에서 사람들이 몰려들고, 발레단, 오케스트라, 오페라단의 공연도 펼쳐질 정도로 큰 행사이다. 가격이 40만 원부터 3천만 원에 이르는 고가인데도 티켓을 구하기 쉽지 않고 여기에 참석하기 위해 돈을 번다는 말을 할 정도로 사람들은 환호한다. 드레스코드가 엄격한 만큼 상상했던 무도회의 모습이 그대로 재현된다. 이렇게 왈츠는 자기 나름의 예술적 생명을 이어가면서 다른 한편에서는 발레 안에 접목되기도 했다. 발레 클래스할 때도 왈츠 음악에 맞춰 스텝을 배우는데 '쿵짝짝 쿵짝짝'하는 그 리듬이 통통 튀면서 상당히 즐겁다. 왈츠가 들어간 발레 작품으로는 차이콥스키의 음악으로 안무된 〈호두까기 인형〉 중 '꽃의 왈츠'가 백미로 꼽힌다.

결국 라 벨 당스라고 불리는 사교댄스는 프랑스에서 인기를 끌어왔기 때문에 발레에서 파드되가 발달하는 것도 자연스러운 일이다. 이후 러시아로 건너간 발레는 수많은 고전발레 작품의 탄생으로 이어졌고, 그 작품 속에서 남녀 무용수의 화려한 파드되가 곳곳에 등장했다. 손을 잡고 어우러져 추던 사교댄스는 이제 묘기에 가까운 발레 파드되 기술로 발전하게 된다.

자기 혼자 춤출 수 있는 자만
파드되를 출 수 있다

여성의 경우는 발레를 배우면서 두 번의 신세계를 경험한다. 포인트슈즈를 처음 신었을 때, 그리고 파드되를 하게 됐을 때. 이때는 마치 발레를 처음부터 다시 시작하는 것 같은 기분이 들 정도로 완전히 다른 세계를 느끼게 된다. 이 두 가지 과정에서 깨닫는 것은 '중심 잡기'와 '풀업'이 중요하다는 점이다. 여성 무용수는 몸을 바로 세울 수 있는 자신만의 균형점을 찾아야 하고, 남성 무용수는 파트너를 어떻게 붙잡아줘야 중심과 균형이 바로 세워지는지 그 느낌을 알아채야 한다. 이 중심점은 무용수마다 다르다. 두 사람이 오래 춤 호흡을 맞추다보면 그 지점을 알게 돼서 춤을 추기 편해진다. 그래서 여성 무용수는 내 중심과 균형 지점을 파악하고 있는 남성 무용수와 자주 파드되를 하게 된다. 새로운 상대를 만나면 이 지점을 찾고 맞추는 데 신경이 쓰이기 때문이다.

이제 둘은 한 배를 탔으니 내가 어정쩡하게 추는 건 나만의 문제로 끝나지 않는다. 발레의 파드되를 보면 연애나 결혼생활과 비슷해 보인다. 흔히 연애와 결혼의 지침에 '혼자서 잘 지낼 수 있는 사람이 둘이서도 잘 지낸다'라는 말이 있지 않은가. 상대를 부모로 착각하고 기대려는 순간, 서로의 관계의 밸런스가 무너지고 상대는 지치게 된다. 내가 나로 설 수 있고, 내가 나의 춤을 출 수 있을 때 인생의 여러 관계에서 삐그덕거리지 않고 춤을 출 수 있다. 발레의 파드되는 이런 상황을 완벽하게 보여준다. 다른 커플댄스, 사교댄스들은 공연이 목적인 전문무용수들의 테크닉을 제외하고는 대부분 누구나 쉽게 배우고 어울려 출 수 있다. 이 춤들은 파트너 두 사람의 실력이나 경험에 차이가 나더라도 어느 한쪽이 리드하면서 춤을 맞춰갈 수 있지만 발레는 다르다. 발레의 파드되는 발레에 필요한 몸이 만들어지고 발레의 테크닉을 정확하게 익힌 사람, 혼자서 자신의 몸을 완벽하게 조절하고 잘 출 수 있는 사람만 파트너와 호흡을 맞춰 출 수 있다. 발레 역사에서 남성 무용수의 전설과 계보를 잇는 루돌프 누레예프는 이렇게 말했다. "파드되는 사랑의 대화지만, 한쪽의 능력이 부재할 때 대화는 존재할 수 없다." 발레의 파드되는 기술의 정점에서 두 사람이 새롭게 시작하는 호흡과 춤이다. 춤에서도, 인생에서도, 아름다운 파드되를 하기 위해서는 그전에 자기 자신이 바로 세워져야 한다는 건 중요한 전제조건이다.

남성 무용수의 실력은
매너가 8할?

19세기 이후 파드되는 발레에서 빠질 수 없는 중요한 장면으로 정착했다. 파드되를 통해 여성 무용수들의 매력이 돋보이고 인기가 점점 올라가자 남성 무용수의 역할은 달라졌다. 요정 같은 여성 무용수의 손을 잡아주는 것은 물론, 턴을 잘할 수 있도록 뒤에서 허리를 잡아주거나 두 손으로 번쩍 들어올렸다. 심지어 발레 〈돈키호테Don Quixote〉(1869)에서는 한 손으로 여성 무용수를 들어올리는 리프트 장면도 등장한다. '피시 다이브fish dive'라는 테크닉은 마치 거대한 물고기를 들어올려 방생하는 포즈로 여성 무용수를 안아올려야 한다. 여성 무용수를 공중으로 던졌다 다시 받기도 하는 등 서커스를 방불케 하는 테크닉들이 계속 나타났다.

튀튀의 등장은 여성 무용수에게 자유를 줬지만, 남성 무용수에게는 이야기가 조금 다르다. 와이어가 들어간 튀튀의 뻣뻣한 치맛자락은 턴을 하고 있는 그녀의 뒤에서 허리를 잡고 돌려줘야 하는 남성 무용수에게는 거추장스러운 방해물이 될 수 있다. 평상시 연습을 할 때 여성 무용수는 레오타드에 시폰 치마 혹은 연습용 바지를 입기도 하지만 파드되 리허설에 들어가면 상체 부분 없이 치마만 있는 연습용 튀튀를 입는다. 공연 때 남녀 무

〈돈키호테〉 1막 중 원 핸드 리프트

〈잠자는 숲속의 미녀〉 3막 중 피시 다이브

용수가 튀튀를 제어하는 감각을 익히기 위해서이다. 20세기 이후 모던발레 시대가 시작되면서 튀튀를 입지 않는 공연이 많아졌지만 그래도 상황은 크게 달라지지 않았다. 아크로바틱 동작들도 발레에서 많이 선보이게 됐고, 여성 무용수가 빛나는 표정으로 춤을 출 수 있도록 남성 무용수는 여전히 뒤에서 땀을 뻘뻘

흘린다.

이래저래 남성 무용수들은 힘이 든다. 앞서 말한 투르 앙 레르, 주테 앙 마네주처럼 주로 남성 무용수가 하는 테크닉들은 난도가 상당하기 때문에 솔로 장면을 감당하는 것도 쉽지 않다. 그런데 테크닉 선보이랴, 감정연기 하랴, 여기에 여성 무용수들을 들어올리기까지 하라고? 강한 체력과 함께 나보다 내 파트너를 빛나게 하겠다는 배려까지 갖추지 않으면 감당하기 어려운 포지션이다. 그렇기 때문에 남성 무용수의 매너는 더욱 가치가 있다. 매너와 배려가 특히 뛰어난 남성 무용수는 공연 중에 자신의 포즈나 몸의 형태가 조금 무너져도 파트너의 움직임에 더 집중하곤 한다. 튀튀를 입은 여성 무용수가 잘 돌 수 있게 몸을 살짝 구부려서 엉거주춤 선 채로 파트너가 다칠세라 허리를 바라보며 돌리는 남성 무용수의 모습은 멋진 테크닉과 신체라인을 자랑하며 무대를 장악할 때보다 더 빛나 보인다. 그것이 둘이 함께 추는 춤, 파드되를 완성하기 위한 가장 진실한 자세이기 때문이다.

남성 무용수의 역량을 평가할 때 파트너십과 여성 무용수에 대한 매너가 중요한 부분을 차지하는 데는 또 다른 이유가 있다. 파드되 도중 남성 무용수의 실수나 배려 없는 행동은 부상으로 이어질 가능성이 크기 때문이다. 상대보다 자신의 춤이나 포즈에 신경을 더 쓰다보면 순간적으로 실수가 일어날 수 있다. 개인 연습 때나 솔로 무대에서 부상이 생기는 경우도 많지만 파드되를 연습할 때는 위험도가 더 올라간다. 여성 무용수를 위로 번쩍 들어올리는 리프트 동작을 할 때 남성 무용수가 무게중심을 잘못 잡으면 여성 무용수가 앞으로 고꾸라지거나 떨어져서 다치기도 한다. 실수는 곧 부상을 뜻하기 때문에 남성 무용수는 여성의 뼈와 신체구조에 대한 이해가 필요하고, 손가락을 어느 정도 벌려서 허리의 뼈 어느 부분을 잡고 리프트 해야 하는지 그 감을 익혀야 한다. 힘차게 회전하고 움직이는 여성 무용수의 팔에 가격당한 남성 무용수들은 코뼈가 부러지기도 하고, 얼굴에 멍이 드는 일도 있다. 그래서 남녀 무용수 서로 신체를 쓰는 방법과 에너지의 강도를 배우고 춤을 위한 호흡의 약속을 해야 한다. 무대 위에서 최고의 파트너링을 자랑하는 무용수는 자기 자신만 빛나는 데 집중하지 않고 상대의 호흡과 중심과 느낌을 소중히 여기는 사람들이다. 그것이 파드되가 독무보다 아름다운 이유다.

파드되는
영혼의 박자와 리듬을 맞추는 대화

파드되는 기술뿐 아니라 서로에 대한 에티켓이 중요한 춤이다. 작은 예시로 파드되 연습 전에 마늘이나 양파, 향신료가 많이 들어간 음식들은 먹지 않는 것도 파트너를 향한 예의다. 땀을 유달리 많이 흘리는 무용수는 연습복을 중간에 한 번 갈아입는 것도 매너다. 파드되는 단순히 춤을 잘 추는 것을 넘어 이런 배려와 예의가 모여서 완성된다.

라 벨 당스가 지금과 같은 발레로 발달하는 가운데 가장 중요하게 생각했던 점을 주시할 필요가 있다. 라 벨 당스, 아름다운 춤이라고 불린 만큼 춤은 아름다운 자세에서 나온다고 생각했기 때문에 몸통은 바로 세우지만 편안해야 하고, 머리는 꼿꼿해야 하고 발은 느슨하게 턴아웃 된 자세여야 했다. 이 부분은 18세기를 지나면서 드라마틱한 턴아웃과 풀업으로 정착이 됐다. 또 한 가지 중요한 것은 예법이었다. 어떻게 인사하고, 어떻게 걷고, 어떻게 두 사람이 어우러져 춤을 추는지, 이 모든 것은 라 벨 당스의 중요한 요소였다. 즉, 발레는 바른 자세와 예법이라는 라 벨 당스의 정신이 그대로 살아 있는 춤이다. 17세기 프랑스 궁정의 사교댄스들이 발레를 이루는 중요한 축이 될 수 있었던 것도 결국 그 정신이 같기 때문이다.

파드되나 커플댄스를 배워보면 말을 하지 않고 몸짓으로 서로의 뜻을 알아차리고, 그걸로 춤이 만들어진다는 게 아주 신기하다. 재밌는 건, 똑같은 춤인데도 유달리 나와 호흡이 잘 맞는 상대가 있고 서로 영 불편한 상대가 있다는 점이다. 춤은 동작이 아니라 다른 걸로 추는 것일까. 영혼에도 화학기호가 있는 걸까.

그렇다면 누군가와 함께 춤을 춘다는 건 영혼의 박자와 리듬을 맞추는 일일 것이다.

누가 백조의 여왕이 되는 것일까

영화 〈블랙 스완Black Swan〉(2010)에는 주인공 내털리 포트먼 Natalie Portman에게 예술감독이 이렇게 말하는 장면이 있다. "너 는 백조만 표현할 수 있어! 그런데 흑조는?" 영화가 흥행에 성공 하면서 발레에 익숙하지 않은 사람들도 〈백조의 호수〉의 주역 무 용수가 백조 오데트와 흑조 오딜까지 1인 2역을 해야 한다는 사 실을 이해하게 됐다. 주역을 맡은 여성 무용수는 순수와 관능 미, 이 두 가지 색깔을 한 작품 안에서 모두 표현할 수 있어야 하 기 때문에 부담감은 상당하다. 그런데 현실에서는 예술감독의 저 말을 들을 수 있는 자리에 온 것만 해도 대단하다. 발레단 입 단 오디션이 열리면 어릴 때부터 발레를 배우고 훈련한 수많은 무용학도들이 전국에서, 세계에서 몰려든다. 오데트와 오딜이 아 니라 제일 뒷줄 끝에 서는 백조가 되는 것도 난코스다. 어느 발 레단이든 입단이 허락된 것 자체가 이미 춤에 있어서는 실력자 로 인정받은 것이다. 그럼 이 많은 실력자 중에 누가 백조의 여 왕이 되고, 누가 지크프리트 왕자가 되는 걸까?

〈백조의 호수〉 중 오데트와 군무진

발레 무용수에게는
승급제도와 직급이 있다

발레단에서 공연이 결정되면 무조건 오디션을 보고 주역을 선정할까? 프로젝트 공연들은 오디션이 중요하지만 발레단의 정기공연은 꼭 그렇지는 않다. 안무가가 자신의 작품을 외국에서 올릴 때는 직접 가서 오디션을 보고 주역을 고르기도 하지만 발레단 내에는 이미 무용수의 역할에 대한 가이드라인이 있어서 독무를 추는 사람, 군무를 추는 사람이 어느 정도는 정해져 있다. 승급제도가 있기 때문이다. 일반 기업에 승진제도가 있고, 사원에서 대리, 과장, 차장, 부장, 이런 식으로 경력이 쌓이면서 한 단계씩 진급하듯이 발레단도 마찬가지다.

그럼 발레 무용수에게는 어떤 직함이 있는 걸까? 발레단마다 이름이나 체계가 약간씩 다르기는 하지만 보통 군무진부터 수석 무용수까지 체계화되어 있다. 군무진을 코르드발레corps de ballet라고 부르고 그 위로 드미솔리스트demi-soliste, 솔리스트soliste, 수석 무용수로 직급이 올라간다. 그렇다고 발레단 내에서 코르드발레님, 솔리스트님, 이렇게 부르지는 않는다. 이 직함은 연봉이나 공연수당을 협상할 때와 역할 캐스팅을 할 때 기준점이 된다. 승급제도 외에 또 하나의 제도가 있는데, 기업에 인턴, 계약직, 정규직이 있듯이 발레단에도 연수단원, 준단원, 정단원

154

이 있다.

솔리스트는 이름 그대로 솔로, 독무를 출 수 있는 직급이다. TV 드라마를 보면 주인공 외에 시청자들의 시선을 사로잡고, 드라마의 재미를 좌지우지하는, 존재감 강한 조연급 배우들이 있지 않은가. 그런 역할이라고 생각하면 이해하기 쉽다. 그럼 드미솔리스트는 무엇일까? '드미demi'라는 단어는 프랑스어로 '절반'을 의미한다. 드미솔리스트부터는 작품 안에서 어느 정도 비중 있는 역할이 주어진다. 솔로 무대를 책임지기도 하고 두셋 혹은 여럿이 함께 나와 춤을 추며 한 장면을 책임진다. 예상하겠지만 주역은 수석 무용수들이 맡는다. 그런데 한 가지 주의할 것은 늘 그러지는 않는다는 점이다. 솔리스트, 드미솔리스트가 주역을 맡기도 하고 경우에 따라서는 코르드발레 단원이 맡기도 한다. 그래서 주역으로 표기하는 것과 수석으로 표기하는 건 다른 의미가 될 수 있다.

무용수 직급이나 호칭은 발레단마다 조금씩 다르다. 러시아의 볼쇼이발레단과 마린스키발레단, 그리고 미국 등 영어권의 발레단에서는 남녀 수석 무용수 모두 프린시펄principal이라고 부른다. 예를 들어 영국의 로열발레단The Royal Ballet에서는 군무진을 아티스트artists라고 부르고, 그 위의 직급은 퍼스트 아티스트first artist, 솔로이스트soloist, 퍼스트 솔로이스트first soloist, 프린시펄로 부른다. 루이 14세가 설립한 왕립무용학교는 현재 프랑

155

스의 국립발레단인 파리오페라발레단Ballet de l'Opéra national de Paris으로 이어져 오고 있는데 이 발레단에서는 다른 명칭을 사용한다. 수석 무용수는 모두의 스타. 그래서 프랑스어로 '별'을 뜻하는 '에투알étoile'이란 호칭을 붙인다. 전 세계 발레 애호가들에게 '에투알'이란 단어는 최고의 무용수를 뜻하는 대명사처럼 사용되기도 한다.

지난 2021년에는 파리오페라발레단 역사 350년 만에 동양인 최초로 우리나라 박세은 무용수가 에투알에 오르면서 국내 발레 애호가들을 설레게 하기도 했다. 이 발레단에 한국인이 입단한 게 처음은 아니다. 2000년, 김용걸 무용수가 처음 입단해서 드미솔리스트 단계인 쉬제sujet까지 올라갔었다. 현재 김용걸 무용수는 국내에서 교편을 잡으면서 안무가로도 활발한 활동을 하고 있다. 한편 솔리스트는 제1무용수란 의미로 프르미에 당쇠르 premier danseur라고 부른다. 한국의 발레는 1950년 한국전쟁을 전후로 시작됐다. 100년도 채 되지 않는 역사를 가지고 몇 세기에 걸쳐 성장해온 해외 국가들의 여건이나 상황과 비교하기는 어렵다. 그런데도 해외 유수 발레단에 우리나라 무용수들이 진출하고, 마린스키발레단의 김기민, 아메리칸발레시어터의 서희, 네덜란드국립발레단의 최영규, 몬테카를로발레단의 안재용 등 우리나라 무용수가 주목받는 발레단의 수석 무용수가 됐다는 소식이 종종 들리는 걸 보면 춤에 대한 저력과 노력이 대단한 나라라는 것을 실감한다. 이제 무용수를 양성하는 데에만 집중하는 게 아니라 창작자와 작품으로도 세계무대에서 주목받을 수 있도록, 그리고 발레와 춤이 사람들의 삶 속에 함께할 수 있도록 교육방향과 목표지점을 조정하고 나아가는 게 필요한 시점이다.

서프라이즈 선물,
무대 위에서 이뤄지는 깜짝 승급

대개 발레단의 무용수들은 군무진인 코르드발레에서 시작해서 하나씩 승급하면서 수석 무용수 자리까지 올라간다. 기업에 진급 시험이 있듯이 발레단에는 승급을 위한 오디션을 치르기도 하고, 아주 특별한 경우는 초고속 승급이 이뤄지는 경우도 있다. 솔리스트나 드미솔리스트, 코르드발레 단원이 주역을 맡아 공연을 했을 때 관객들의 호응도가 큰 경우 공연 후 커튼콜 때 예술감독이 나와서 그날 주역을 맡은 무용수를 수석으로 올린다는 깜짝 발표를 하는 것이다. 무용수 본인도, 관객들도 전혀 모르고 있다가 벌어지는 일이라 모두에게 특별한 기억으로 자리 잡는다. 이런 드라마틱한 광경을 접하게 되는 것도 발레 공연에서 만날 수 있는 즐거움이다.

언더스터디understudy에서 행운을 거머쥐는 경우도 있다. 발레 공연에서는 부상이 잦기 때문에 주역이 다치거나 무대에 서지 못할 만약의 경우에 대비해서 예비 무용수를 여러 명 미리 지정해놓는 것을 언더스터디라고 말한다. 몇 년 전, 슈투트가르트 발레단Stuttgart Ballet에서 활동하는 강효정 무용수의 다큐멘터리를 제작한 적이 있었는데 이 무용수의 인터뷰가 오래 기억에 남았다. 어느 날, 〈로미오와 줄리엣〉 공연 캐스팅 공고가 나왔는데 자신이 열두번째쯤 언더스터디로 캐스팅되어 있더란다. 언더스터디 1순위가 아닌 이상 실제로 주역의 기회가 올 가능성은 거의 없다. 10번대로 넘어간다는 건 만약을 대비한다는 차원 그 이상, 그 이하도 아니다. 그런데 이변이 일어났다. 주역으로 캐스팅된 무용수부터 언더스터디 무용수들이 차례로 부상을 입었고, 그 공연에 급기야 강효정 무용수가 주인공으로 서게 된 것이다. 공연이 끝난 후 관객들은 열 번이 넘게 커튼콜을 했고, 그는 그 자리에서 수석으로 깜짝 승급이 됐다. 발레단 입단 후에 오랫동안 기회가 주어지지 않아서 동료들이 다른 발레단으로 옮기라고 권유할 정도로 앞이 막막하던 터였다. 나는 이 인터뷰를 통해 자신의 미래를 준비하며, 기다리고, 연습하고, 참아내는 과정이 얼마나 중요한지를, 그리고 우리가 기적이라고 부르는 것들이 요행이 아니라 준비하고 있던 자에게 자연스럽게 찾아오는 수순이라는 것을 깨달았다. 강효정 무용수는 이후 슈투트가르트발레단에서 수석으로 오래 사랑받았고, 현재 빈국립발레단Wiener Staatsballett

으로 이적해서 여전히 활발한 활동을 이어나가고 있다.

깜짝 승급은 무용수 자신뿐 아니라 발레단에도 긍정적인 영향을 미친다. 1983년, 루돌프 누레예프가 파리오페라발레단의 예술감독을 맡게 되면서 무용수들의 과감한 승급을 시도한 것은 유명하다. 누레예프는 현재의 위치와 상관없이 재능 있다고 판단되는 무용수를 바로 주역으로 세우거나 초고속 승급을 시켰는데 이런 시도가 파리오페라발레단을 빠르게 성장시켰다는 평가를 받았다. 이 때문에 당시에 세계적인 스타 무용수들이 많이 배출됐다. 가장 유명한 일화는 실비 기옘Sylvie Guillem(1965~)을 열아홉 살에 수석의 자리에 올린 일이다. 실비 기옘은 누레예프의 파격 승급 이후 종횡무진하며 세계적인 스타로 성장했고, 발레단 퇴단 이후에도 다양한 무대 활동을 이어갔다.

이런 사례들도 있지만, 아쉽게도 수석 무용수까지 오르지 못하고 중간에 퇴단하는 무용수가 훨씬 많은 게 현실이다. 여러 이유로 퇴단을 결정하지만 가장 안타까운 건, 캐스팅이 더 이상 되지 않아서 물러나야 할 때다. 기업으로 치면 명예퇴직과 같은 의미이다. 발레단은 오전에 클래스를 마치고 나면 공연 리허설에 들어가는데 자신이 공연에서 맡은 부분을 리허설하고 나면 퇴근이다. 전막 공연에서 본인이 등장하는 장면이 1막에만 있다면 1막 리허설을 마치면 퇴근이 가능하다. 그래서 캐스팅을 받지 못한 무용수는 오전 클래스만 하고 리허설도 없이 퇴근하게 된다.

다들 공연 연습을 하는데 혼자 매일 클래스만 하고 퇴근한다고 생각해보라. 이런 경우가 많아지면 퇴단을 선택할 수밖에 없다. 평생 발레만 바라보고 살아온 무용수에게 이런 일은 치명적일 수 있지만, 그렇다고 인생이 끝난 것은 아니다. 어떤 이유든 퇴단을 결정한 이후에 발레교사, 안무가, 재활치료사로 춤 인생을 이어가기도 하고, 무용과는 전혀 다른 직업을 찾아 새로운 삶을 살기도 한다. 누구나 한 계단에서 다음 계단으로 발을 옮겨야 하고, 새로운 날개로 털갈이를 해야 할 때가 오는 법이다. 역사적으로 돌아볼 때도 무용수로 무대 위에 있을 때 못지않게 무대에서 내려온 뒤에 자신의 인생에서 가치 있는 것을 찾아낸 사례는 많았다.

최고의 무용수에게 붙이는 호칭, 발레리노와 발레리나

발레 무용수들을 우리는 흔히 발레리나, 발레리노라고 부르는데 이 말은 발레를 하는 사람을 통칭하는 단어가 아니다. 주역 무용수에게 붙이는 특별한 호칭으로 최고의 경지에 이르렀다는 경의의 표시이기도 하다. 우리나라에서는 이 단어에 크게 무게를 두지 않고 쓰고 있는데 유럽에서는 이 호칭을 엄격하게 다룬다.

우리가 흔하게 듣는 단어로 '프리마 돈나'란 말이 있다. 오페라에서는 주역을 맡는 최고의 여성가수를 이탈리아어로 프리마 돈나prima donna라고 표현하고, 주역급 남성가수에게 프리모 우오모primo uomo라고 부른다. 프리마와 프리모는 이탈리아어로 '제1의'라는 뜻이다. 발레에서는 이 위치에 있는 무용수에게 '프리마'와 '프리모'를 빼고 간단하게 발레리나, 발레리노라고 부른다. 즉, 발레리나와 발레리노라는 명칭을 붙이는 건 '프리마'와 '프리모' 위치의 무용수라는 뜻이다. 그래서 아무에게나 쓸 수 없는 단어이기도 하다.

프리마 발레리나보다 한 등급 높은 호칭으로 '프리마 발레리나 아솔루타prima ballerina assoluta'라는 최상급의 명칭도 있다. 아솔루타assoluta는 이탈리아어로 '절대적인'이란 뜻을 갖고 있기 때문에 이 호칭은 프리마 발레리나 중에서도 가장 뛰어난 여성 무용수, 그 시대와 세계를 대표하는 여성 무용수를 가리키는 말이 됐다. 이 단어가 처음 사용된 건 1894년의 일이다. 이탈리아의 여성 무용수 피에리나 레냐니Pierina Legnani(1863~1930)를 극찬하며 안무가 마리우스 프티파Marius Petipa(1818~1910)가 처음으로 부른 호칭이었다. 피에리나 레냐니는 푸에테fouetté 동작을 처음 시도한 무용수로 알려져 있다. 푸에테는 제자리에서 한 다리를 축으로 세우고, 다른 쪽 다리는 90도로 쭉 뻗어서 접었다 폈다를 반복하며 계속 턴을 하는 동작으로 발레 테크닉의 최정점이라고 불릴 정도로 하기 쉽지 않은 동작이다. 푸에테 자체는 예술적인 감성을 불러일으키는 동작으로 보기는 어렵지만 끊이지 않고 팽이처럼 쉴 새 없이 돌아야 하므로 '기술 자체가 예술'이라고 말할 수 있다. 발레 〈백조의 호수〉 2막에 등장하는 흑조 오딜의 32회전 푸에테 장면은 유명하다. 지크프리트 왕자가 무도회에서 오딜을 보고 내가 고백한 그 백조 오데트가 맞나 안 맞나 고개를 갸우뚱할 무렵, 흑조 오딜은 푸에테로 유혹의 쐐기를 박는다. 오딜은 32회전 푸에테로 왕자도 홀리고, 관객도 홀린다. 마리우스 프티파는 〈백조의 호수〉를 안무하면서 피에리나 레냐니를 전격 캐스팅했고 이 동작을 작품 안에 넣었다. 그리고 〈백조의 호수〉에서 오데트와 오딜 역할을 한 사람이 맡게 된 것도 레냐니 이후에 굳어지게 된다.

프리마 발레리나 아솔루타라는 호칭을 받은 사람은 지금까지 스무 명이 되지 않는다. 몇몇 무용수에게는 예술적 이유보다는 정치적인 이유로 이 호칭이 주어졌다는 말이 나오기도 하지만 그래도 이 호칭을 받은 무용수 대부분은 발레의 역사에서 중요한 한 획을 그었다. 이 호칭을 받은 무용수 중에는 영국의 마고 폰테인Margot Fonteyn(1919~1991)만큼 파란만장한 인생사를 산 사람도 드물다. 앞서 언급한 루돌프 누레예프가 무용수로 맹활약을 펼치던 시절, 이 둘은 환상적인 파드되 호흡을 보여줬고 지금까지도 세기의 춤 파트너로 기억되고 있다. 마고 폰테인은 열여섯 살에 프리마 발레리나에 오를 정도로 기량이 뛰어난 무용수였지만 사십대에 접어들면서 예전만 못하다는 평가가 나오기 시작했다. 그때 그의 춤 인생에 새로운 불을 지핀 사람이 열아홉 살 연하의 루돌프 누레예프였다. 은퇴를 해야 할 시점에 누레예프를 만나 제2의 전성기를 누렸고, 1979년 60세까지 무대를 지키는 기염을 토했다. 둘 사이를 연인으로 의심하는 사람도 있었지만 누레예프와는 평생 친구로 지냈다. 후에 누레예프는 동성애자로 밝혀졌다. 마고 폰테인은 파나마 출신 정치인이었던 남편과의 러브 스토리도 파란만장하다. 열일곱 살의 나이에 케임브리지대학에서 학생으로 처음 만나 사랑에 빠졌지만 남편이 파나마로 돌아가버리면서 둘은 어긋난다. 1년 뒤 다시 만나지만 상처받은 마고 폰테인은 남편의 구애에 믿음이 가지 않고 그 둘의 관계는 그렇게 끝나는 것처럼 보였다. 두 사람이 재회한 건 17년 후. 마고 폰테인과 달리 남편은 이미 다른 사람과 결혼을 한 상태였다. 하지만 결국 이혼을 감행하고 그 둘은 결혼에 이른다. 안타깝게도 그의 남편은 저격을 당해 하반신 마비로 평생을 살게 됐는데 마고 폰테인이 엄청난 병원비와 치료비 때문에 계속 무대에 섰다는 말도 나돌았다. 하지만 발레 무용수가 예순이 되도록 무대에 선다는 건 정신적·신체적 한계를 넘어설 정도로 의지와 노력이 필요한 일이다. 무대 위의 삶도, 무대 밖의 삶도 한 편의 영화 같은 사람이었다.

프리마 발레리나 아솔루타 중에서 러시아 볼쇼이발레단의 주역, 마야 플리세츠카야Maya Plisetskaya(1925~2015)는 70세에 춘 〈빈사의 백조〉와 함께 전설로 남았다. 빈사의 백조는 죽어가는 백조의 마지막 호흡과 날갯짓이 심금을 울리는 작품이다. 죽음이 그렇게 멀리 있지 않다고 느낄 나이에 추는 〈빈사의 백조〉는 젊은 무용수가 추는 그것과는 다른 감동이 있었다. 80세를 기념하는 공연을 할 정도로 평생 무대를 떠나지 않은 그는 90세 생일에도 무대에 오르겠다는 계획을 세웠지만 생일을 몇 달 남겨두고 심장마비로 사망하고 만다. 하지만 그가 췄던 백조의 춤사위는 사람들의 가슴에 영원히 각인되었다.

이 호칭을 받은 무용수 중 2019년 타계한 쿠바의 알리시아 알론소Alicia Alonso(1920~2019)는 무용계의 베토벤과 같은 사람이었다. 음악가인 베토벤은 청력을 잃었고, 무용수인 그녀는 스무 살 무렵에 시력을 잃었다. 그런데도 조명과 상대 무용수의 움직임과 속삭이는 소리에 의지해 춤을 췄다. 심지어 칠십대까지 무대에 올랐고, 미국이나 유럽에서 활동하며 쌓은 경험과 이력을 들고 고향으로 돌아와 쿠바에서 발레가 성장하도록 만드는 데 전 생애를 바쳤다. 그리고 알리시아 알론소, 남편 페르난도 알론소, 그의 동생인 알베르토 알론소가 만든 쿠바국립발레단은 쿠바와 서방세계를 잇는 중요한 예술적 창구가 되었다.

현재 생존해 있는 아솔루타 무용수 중 이탈리아의 알레산드라 페리Alessandra Ferri(1963~)도 기억할 필요가 있다. 이탈리아 태생이지만 영국의 로열발레단에서 주로 활동했는데, 영국의 안무가 케네스 맥밀런Kenneth MacMillan(1929~1992)이 안무한 〈로미오와 줄리엣〉에서 사랑에 빠진 줄리엣을 완벽하게 표현하면서 전 세계의 이목을 집중시켰다. 나도 알레산드라 페리가 추는 줄리엣에 반해서 그의 '발코니 파드되' 장면 영상은 셀 수 없이 반복해서 보기도 했다. 50세가 넘는 나이에 두 아이의 엄마에서 다시 발레 무용수로 무대에 돌아온 그는 지난 2013년, 〈로미오와 줄리엣〉으로 한국 무대를 찾기도 했다. 그때 나는 전 공연을 모두 보러 갔다. 젊은 시절의 페리와는 몸짓이나 움직임에서 차이는 있었지만 다가올 비극을 모른 채 사랑에 사로잡혀 무모할 만큼 운명을 향해 달려가는 줄리엣의 감성과 표정은 여전히 살아 있었다. 내 인생에서는 잊을 수 없는 무용수 중의 한 명이다.

프리마 발레리나 아솔루타라는 칭호는 발레단 안에서 직급을 표시하는 단어로 사용된다기보다는 한 시대를 풍미한 최고의 여성 무용수에게 수여하는 경의의 표시이다. 남성 무용수를 위한 '프리모 발레리노 아솔루토'라는 호칭은 없지만 만일 이 호칭이 존재한다면 마땅히 니진스키와 누레예프에게 부여돼야 할 것이다. 앞서 언급한 무용수들의 춤이나 활동을 보면 프리마 발레리나라는 단어만 가지고는 마음이 다 표현되지 않는다는 걸 느낀다. 몸이 갖는 한계를 춤으로 넘어선 그들은 '전설'이란 단어를

입기에 충분한 사람들이었고, 잊을 수 없는 그들의 무대는 '아솔
루타'라는 단어와 함께 기억되고 있다.

발레단의 몸통,
코르드발레

수석 무용수는 이름 그대로 에투알, 별이기 때문에 무대 위에서
빛나는 그 모습에 많은 관객들이 홀릴 수밖에 없다. 그런데 발
레단 안의 여러 무용수 그룹 중에 가장 중요하게 봐야 하는 자
리는 군무진, '코르드발레'라고 생각한다. '코르드발레'에서 '코
르corps'는 영어로는 '군단'이라는 뜻이지만, 프랑스어로는 '몸통'
을 뜻하는 말이다. 나는 한 발레단을 굳건히 지키고 있는 몸통
은 군무진이라고 생각한다. 모든 작품은 군무진의 힘으로 완성
된다. 그래서 코르드발레에서는 그 군무를 일사불란하게 진두
지휘하고 이끌어줄 리더가 있다. 파리오페라발레단의 경우 아예
이 직함을 따로 정해놓고 체계적으로 공연을 준비한다. 군무진
의 리더를 코리페coryphée라고 부르는데, 이 단어는 프랑스어로
우두머리나 대장을 뜻하는 말이다. 파리오페라발레단에서는 군
무진을 코르드발레라고 하지 않고 카드리유quadrille라고 부른다.
    한 발레단 안에서 카드리유, 코르드발레가 튼튼하다는 것은

〈지젤〉 2막 윌리들의 춤.
코르드발레는 발레단의 몸통이자 꽃이다.

건물을 짓는 데 기초공사를 제대로 했다는 것과 마찬가지다. 주역 무용수는 발레단의 입장에서는 '티켓 파워'이다. 팬덤을 형성하고 있는 경우도 대부분이다. 그런데 그 무용수가 이적할 경우 발레단은 어떻게 되는 것일까. 한 발레단의 위상은 주역 무용수 몇몇의 이름으로 만들어진다기보다 군무진이 얼마나 골고루 탄탄하게 뿌리내리고 있느냐에 달려 있다고 본다. 군무가 중요한 작품의 경우, 한 사람만 무대 위에서 밸런스를 잃고 흔들거려도 관객들의 시선은 그 무용수에게 향하기 때문에 그 장면 자체가 흔들리게 되고, 결국 그 공연은 만족스럽지 못한 기억으로 남기도 한다. 군무진의 힘은 이렇게나 크다. 작품 속의 꽃이 파드되라면 발레단의 꽃은 군무진이다.

발레를 배우는 학생들은 연습실에서 늘 "관객에게 시선 남기고 돌아야지!" "엉덩이, 엉덩이, 관객한테 안 보이게!" 이런 발레 교사들의 외침을 들으면서 자란다. 오랫동안 발레 공연을 봐왔고, 발레를 배우고, 인터뷰나 작업 때문에 발레단들을 오가면서 이런 생각을 하게 된다. 춤은 관객을 위해서만 존재하는 걸까, 수석 무용수가 되지 않으면 춤을 추는 의미가 없는 걸까. 학생 100명을 가르치면 해외에서는 춤을 사랑하는 사람 100명이 남는데 우리나라에서는 한 명의 주역 무용수만 남는다는 쓸쓸한 이야기도 있다. 춤은 무용수 자신에게 가장 사랑스럽고 행복한 옷이어야 한다. 관객도 결국은 춤을 추며 행복해하는 무용수를 보는 게 행복한 것이다. 그래서 오늘 내가 힘껏 외치는 브라보와 박수는 주역에게만 향한 것이 아니라 자신의 길을 사랑하고 묵묵히 걸어가는 모든 무용수들에게 헌정하는 것이다.

음악에는 악보,
춤에는 무보

친한 후배가 회사에 갓 입사한 첫해, 송년모임에서 아이돌의 춤을 선보이기로 했다는데 이걸 어디서 배울 수 있는지 방법을 알려달라고 부탁했다. 어디 가서 배우지 말고 영상을 보고 안무를 '따서' 해결하는 게 좋겠다고 조언했다. 영상에서는 오른쪽과 왼쪽이 거울처럼 뒤바뀌어 있다는 점을 주의하라는 당부와 함께. 춤의 동작을 그대로 따라서 익히는 것을 통속어로 '춤을 딴다' '안무를 딴다'라고 하는데 음악에서도 청음을 해서 연주로 옮길 때 '음을 딴다'라는 표현을 쓰기도 한다. 그런데, 음악은 음을 따서 악보로 옮길 수 있지만 춤은 어떻게 기록할 수 있을까? 지금처럼 동영상을 찍을 수 없던 과거에는 춤의 움직임이 어떻게 전달됐을까? 직접 스승에게 전수받는 것 말고는 춤과 안무를 남길 방법은 없는 것일까? 몸으로 전해졌던 춤을 몸 외의 것으로 남기고자 하는 시도와 고민은 기록의 문화를 만들어냈다. 무용보舞踊譜, 무보舞譜의 탄생으로 이어진 것이다.

무용을 적는다?

무용보, 무보란 말 그대로 무용, 안무를 적어놓은 기호이다. 악보에는 음표들이 콩나물처럼 적혀 있지만 무보는 종류도 몇 가지가 있고 표기 방법마다 그 모양새도 다르다. 악보는 학창 시절 음악 시간에 접하게 되지만 무보를 실제로 보는 경우는 흔치 않다. 그런데 학창 시절에 이미 우리는 무보라고 불릴 만한 것을 본 적이 있다. 고구려 무용총 고분벽화다. 이 벽화는 우리나라에 한자가 들어오기도 전에 그려진 그림으로 미술사에서도 중요한 작품이지만, 춤을 기록해놓은 그림이란 점에서 우리나라 무보의 시작점이라 볼 수 있다. 우리나라에서 무보로 가장 귀중한 자료는 조선시대에 그린 것으로 추정되는 《시용무보時用舞譜》이다. 종묘제례악의 연주 순서와 춤사위와 움직임, 방향 등을 문자와 기호, 그림으로 기록해놓은 무보로 고대무용이 이렇게 세세하게 기록된 경우는 《시용무보》가 세계에서 유일한 만큼 그 가치는 상당하다. 음악에 관한 서적인 《고려사 악지高麗史樂志》와 《악학궤범樂學軌範》에서도 춤에 대한 기록과 무보의 흔적을 찾아볼 수 있다. 특히 《악학궤범》에는 춤의 동작이나 복식이 그림과 함께 상세히 기록돼 있는데 처용무의 경우 《악학궤범》의 기록을 바탕으로 고증, 복원되기도 했다.

그렇다면 서양에서는 언제 무보가 등장했고, 발레는 어떻게

時用保大平之舞

熙文

下三
外垫右

下五
下四
下三
下三
合右

下四
下承右
下三
接有右

二

무보로 기록되기 시작했을까? 문헌상으로는 15세기에 이미 무보가 등장하기는 했다. 당시 유행했던 춤, 바스 당스를 널리 알리기 위해서였다. 사실상 최초의 무용기보법으로 인정받는 건 16세기에는 투아노 아르보Thoinot Arbeau(1519~1596)가 쓴 〈오르케조그라피Orchésographie〉이다. 동작과 스텝, 음악 등이 자세히 기록돼 있기 때문이다. 이 책은 자신의 스승의 춤을 후대에 남기기 위해서 쓴 것이었다. 하지만 무용 기록의 중요성을 환기시킨 무보로는 18세기에 널리 사용된 보샹-푀예 기보법Beauchamp-Feuillet notation이 주목받는다. 피에르 보샹과 라울 오제 푀예 Raoul Auger Feuillet(1659~1710)가 만들고 정리한 무보이기 때문에 '보샹-푀예'라는 이름이 붙었다.

이 무보가 만들어진 건 1680년대에 루이 14세의 명에 의해서였다. 17세기 당시 프랑스에서는 발레뿐 아니라 프랑스어, 회화, 펜싱, 음악, 건축 등 다양한 분야를 연구하고 성장시키는 아카데미들이 만들어졌는데 프랑스는 문화를 통해 유럽의 중심이 되고자 하는 욕구가 있었다. 무보가 만들어진 것도 이 때문이다. 무용기보법을 통해서 유럽 전역에 발레를 퍼트리겠다는 의지가 반영된 것이다. 루이 14세의 추진력으로 몇 년간 치열한 연구에 들어갔고 몇 가지 무용기보법들이 만들어지는데 가장 주목받았던 게 보샹의 기보법이었다. 보샹은 몇 권에 걸쳐 연구자료들을 만들어냈지만 정작 이 기보법이 출간되고 유럽에 널리 퍼지게 된 건 1700년 푀예에 의해서였다. 보샹이 모든 체계를 만들었지만 출간된 책에는 그걸 정리한 푀예의 이름이 달린 것이다. 이에 대해서 후에 보샹이 푀예에게 정식으로 항의를 했고, 소송까지 일어나면서 두 사람의 이름이 모두 들어간 '보샹-푀예 기보법'으로 합의가 됐다. 이 무보는 상단에 악보가 그려져 있고 바로 밑에 그 음악에 맞춰 움직이는 스텝들과 발 모양이 그려져 있는 형태인데, 18세기 유럽에서 화제가 되어 18세기 말까지 유용하게 사용됐다.

그런데 푀예가 이룬 진정한 업적은 기보법을 정리하고 출판하는 데만 있지 않다. 처음으로 이 책 제목에서 '코레오그래피 chorégraphie', 즉 '안무'라는 단어가 사용되었다는 점을 주목할 필요가 있다. 책 제목은 《안무, 춤을 쓰는 예술*Chorégraphie, ou l'art de décrire la danse*》이다. 단순하게 생각하면 춤 동작을 고안해내는 것이 안무라고 할 수 있겠지만 연출, 음악의 사용, 작품 안에 담긴 철학까지 모두 안무의 영역이다. 이런 심오한 질문들은 '안무'라는 단어가 등장한 그 시점부터 시작됐고, 그것을 던진 게 푀예의 책이었다. '안무'의 개념에 대한 고민은 창작자의 철학과 맞닿아 있다. 또 하나, 보샹-푀예 기보법이 갖는 가장 중요한 의미는 발레를 프랑스의 놀이와 여흥으로 남게 하지 않고 널리 퍼지게 했다는 점이다. 기록되고 출판된 것은 그 현장을 떠나 어디든지 움직여갈 수 있다. 보샹-푀예 기보법 책이 그랬다. 춤을, 발레를 남

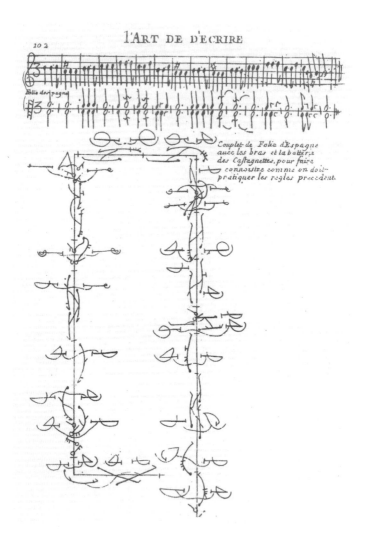

보샹-푀예 기보법으로 기록한 춤

© Raoul-Auger Feuillet, *Chorégraphie, ou l'art de décrire la danse*

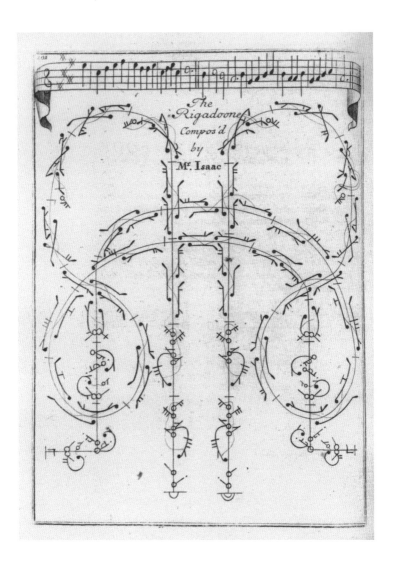

보샹-푀예 기보법으로 기록한 리고동 춤

© Mary Ann O'Brian Malkin, *Dancing by the Book*

길 가치가 있는 문화유산으로 바라본 사람들 덕분에 그것은 지금 우리 옆에 머무르고, 또 자라나고 있다.

무보의 시대를 연
라바노테이션, 그 이후

18세기 말 이후 춤의 테크닉들이 화려해지면서 더 이상 보샹—푀예의 기보법으로 무보를 그리는 건 의미가 없어졌다. 춤이 달라지니 거기에 맞게 새로운 기보법들이 나오는 건 당연했다. 무보는 20세기에 들어서서 새롭게 기지개를 켜기 시작했다. 과거에는 도형 모양의 스텝과 움직임만 적어넣으면 됐지만, 발과 다리의 움직임뿐 아니라 머리, 팔의 움직임도 화려해지면서 춤을 어떻게 기록해야 할지 난감해졌다. 과거의 기보법으로는 감당할 수 없는 지경에 이른 그 순간, 무보의 역사에 새바람을 일으킨 인물이 나타난다. 루돌프 폰 라반Rudolf von Laban(1879~1958)이다. 무용 교육자이자 이론가로 유럽의 무용계를 이끈 그는 1920년대에 신체의 움직임과 무용 동작을 기록하는 표기법을 만들어낸다. 영어권에서는 라바노테이션Labanotation, 유럽에서는 키네토그라피 라반Kinetography Laban이라고 부르는 이 무용 동작 기보법은 단순히 신체의 움직임뿐 아니라 몸의 방향과 높낮이, 동작을 지속하는 시간, 무대 공간의 위치까지 적어넣을 수 있다는 게 특징이다. 무보 중에서 오늘날 가장 널리 쓰이는 방식이기도 하고, 우리나라에서도 주로 이 기보법을 사용한다. 기록을 세로로 길게 적어 올라가는데 마치 암호같이 보이기도 한다. 신체의 어떤 부위를, 어느 방향으로, 어떤 높낮이로 움직이고, 얼마나 오래 지속하느냐, 이 네 가지 내용을 기본으로 해서 적는다. 간단히 몇 가지만 예를 들어본다면 뾰족한 끝이 왼쪽으로 향하는 삼각형 모양은 왼쪽으로 움직인다는 표시이고, 끝이 오른쪽으로 향하면 오른쪽으로 움직인다는 뜻이다. 기호 안이 모두 검게 채색돼 있으면 몸을 낮게 하라는 뜻이고 빗금을 그려넣으면 높게 하라는 뜻이고 가운데 점이 있으면 그 중간이란 뜻이다. 또, 기호의 길이로 동작을 유지하는 시간을 표시하는데 기호의 모양이 짧을수록 동작을 빨리 하고 마치라는 뜻이고 길게 그리면 그 동작을 오래 유지하라는 뜻이다.

라바노테이션이 나온 이후 다른 종류의 무용기보법들도 하나둘씩 만들어지기 시작했다. 그중 발레 작품을 기록하는 데에는 1950년대에 나온 베네시 동작 기보법Benesh Movement Notation, BMN이 주로 쓰인다. 악보처럼 오선지 위에 그리는 이 무보는 오선지 제일 윗줄은 정수리, 둘째 줄은 어깨, 셋째 줄은 허리, 넷째 줄은 무릎, 마지막 줄에는 발 움직임을 그려넣기 때문에 신체 부위별로 어떻게 움직여야 하는지가 보인다. 오선지에 움직임이 표

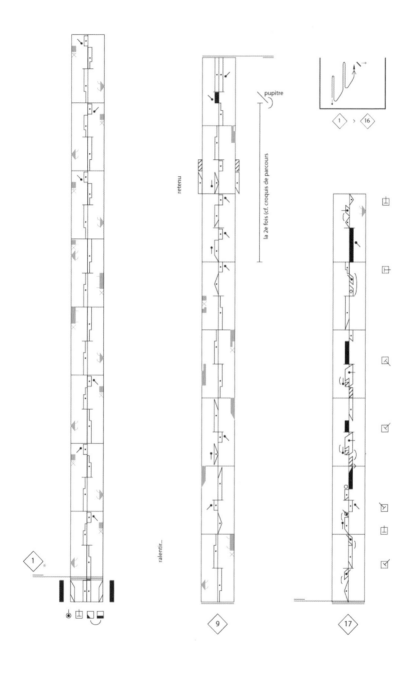

ralentir...

retenu

pupitre

la 2e fois (cf. croquis de parcours

1 , 16

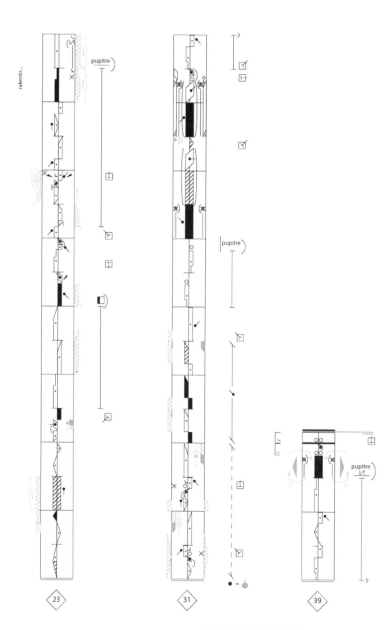

라바노테이션으로 기록한 작품 © Raphaël Cottin

시되니 마치 무용수의 몸이 하나의 음표가 돼서 악보 위에서 춤을 추고 있는 것처럼 보인다. 영국의 무용가 루돌프 베네시Rudolf Benesh와 조앤 베네시Joan Benesh 부부가 개발한 이 기보법에는 이 부부의 성을 따서 '베네시'라는 이름이 붙여졌고, 주로 영국에서 사용된다. 지금까지도 영국의 로열발레단을 비롯해서 저명한 발레 안무가들이 이 베네시 기보법을 이용해 자신들의 작품을 기록하고 보존해오고 있다.

1950년대에 이스라엘에서도 새로운 기보법이 만들어졌다. 무용수 노아 에슈콜Noa Eshcol과 건축가 아브라함 바크만Abraham Wachman이 만든 에슈콜-바크만 동작 기보법Eshkol-Wachman Movement Notation, EWMN이다. 이 방식은 다른 기보법과 뚜렷하게 차별되는 특징이 있다. 무용뿐 아니라 여러 움직임이나 행동들을 모두 기록할 수 있다는 점이다. 사람이나 동물을 몸을 하나의 막대인형stick figure으로 생각하고 관절을 중심으로 회전하는 움직임을 기호로 표기하는 데다 시간 단위로 움직임을 적기 때문에 행동 패턴을 분석하거나 연구하는 데에도 유용하다. 시간별로 움직임을 볼 수 있기 때문에 사람뿐 아니라 동물들의 행동까지도 이 기보법으로 기록할 수 있고, 무용뿐 아니라 의학, 스포츠, 무술, 교육 분야 등 다양한 연구에서 활용되고 있다. 실제로 자폐증이 진행될 때 제일 처음 어떤 움직임 패턴이 나타나는지 알아내는 데에도 이 기보법이 유용하게 쓰였다. 이 기보법

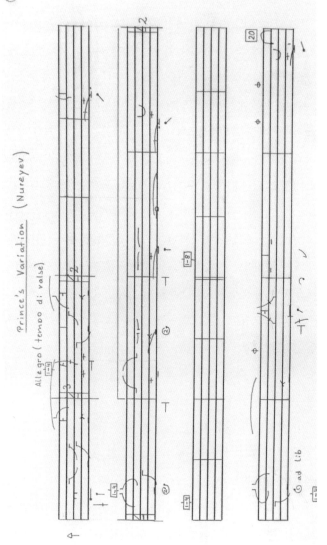

베네시 동작 기보법으로 기록한 춤
(온라인 업로드 및 공유 불가)

은 주로 이스라엘에서 많이 사용하고 있다.

무보의 중요성이 점점 커지면서 1970년 이후에는 나라마다 자신들의 춤에 맞는 새로운 기보법을 개발하기 시작했다. 인도의 경우 손 움직임이 많은 자신들의 고전무용에 맞는 기보법을 개발했다. 북한에서는 1970년대부터 연구해서 1987년 '자모식 무용표기법'을 발표했다. 자모식 무용표기법은 자음과 모음이 만나 하나의 글자가 되는 원리를 적용한 방법이다. 몸놀림과 형태를 나타내는 15개의 부호들은 모음 역할을, 몸의 방향과 자리를 나타내는 19개의 부호들은 자음 역할을 하며 이 부호들이 결합해서 춤 동작을 표기하는 방법이다. 그리고 머리, 허리, 팔, 다리의 형태와 움직임은 세 개의 가로선 위에 적는다. 지난 2013년에는 무보를 편하게 입력·편집·인쇄할 수 있는 '백학'이라는 프로그램을 개발하기도 했다. 참고로 북한은 지난 2009년 처음으로 발레무용단이 생겼고, 2010년에는 평양무용대학 안에 최초의 발레극장도 세워졌다. 현재 이 학교 안에는 발레무용학부가 있다. 발레무용수를 양성하기 위한 교육은 1987년부터 진행되고는 있지만 시간이 오래되지 않은 만큼 아직까지 발레에서 큰 두각을 나타내고 있지는 않다.

이외에도 현재까지 만들어진 무보는 80종이 넘는다. 이렇게 다양한 무용기보법이 등장하는 이유는 춤마다 각각의 특징이 강해서이다. 몇몇 기보법은 연구센터가 세워져서 해당 기보법을 교

제주도의 굿춤 중 천지창조와 우주의 기원, 생성을 표현한 금 가르는 춤, 신칼춤, 도업춤을
자모식 무용표기법으로 기록한 무보 © 도서출판 각, 박영란(무보 기록)
(온라인 업로드 및 공유 불가)

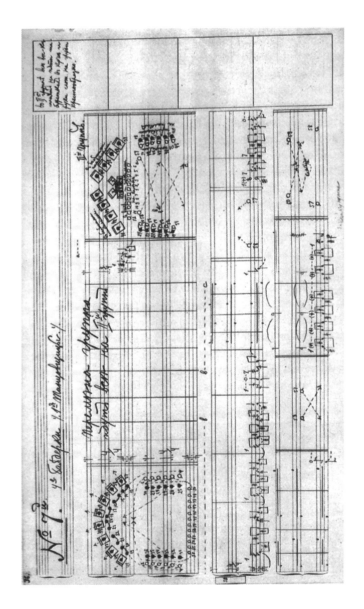

스테파노프 기보법stepanov notation으로 기록한 발레 〈라바야데르〉.
이 기보법은 19세기 말 블라디미르 스테파노프Vladmir Stepanov(1866~1896)가 만들었다.

육·전수하고 여러 작품들을 기록·보전하는 일을 하고 있다. 무보를 통해 무용언어는 문자화되고, 현장성과 현시성이 강한 춤 공연이 문서로 기록되는 게 가능해졌다.

영상 기록 시대, 왜 무보를 쓸까

최근에는 영상 기술이 발달해서 공연이나 춤을 촬영해놓을 수 있기 때문에 무보는 더 이상 필요하지 않다고 생각할 수도 있다. 우리나라에서는 무보 기록이 보편적인 일은 아니지만 해외 발레단에서는 무보 연구원을 따로 둘 정도로 무보를 중시하는 경우가 많다. 비디오 기록과 함께 반드시 무보를 적어서 함께 남겨놓는 안무가들이나 발레단들도 있다. 왜 그럴까.

영상 기록이 갖고 있는 한계 때문이다. 춤이란 움직임 그 이상이다. 어떤 움직임을 하는지뿐만 아니라 어떤 옷을 입고 춤을 추는지, 작품에 어떤 음악을 사용하는지도 영향을 미치고 무엇보다 춤을 추는 무용수가 뿜어내는 이미지와 느낌도 중요하다. 똑같은 옷이라도 입는 사람에 따라 느낌이 다르듯이 같은 움직임이라도 어떤 무용수가 추느냐에 따라 현저하게 다른 춤이 된다. 그렇기에 영상으로 춤추는 모습을 담을 경우 안무가의 의도뿐 아니라 무용수가 갖는 뉘앙스도 함께 남는다. 음악을 연주

할 때 지휘자와 연주자마다 해석이 다르고 연주가 다르듯이 춤
도 마찬가지다. 그리고 촬영 컷을 어떻게 잡았는지도 작품을 이
해하는 데 많은 영향을 미친다. 그래서 기록용은 어떤 장면을 클
로즈업해서 찍거나 영상의 구도에 변화를 주지 않고, 카메라를
고정해놓고 모든 무용수들의 모습을 그대로 담는 게 보통이다.
이런 점 때문에 영상과 함께 무보 기록을 남긴다. 예상과 달리
무보가 일순위이고 영상이 참고자료인 것이다. 최근에 시장이 커
진 댄스필름은 다른 영역이다. 기록용 촬영이 아니라 이 자체로
새로운 예술 창작 영역이다.

애초에 '몸의 언어'인 춤을 굳이 문자로 전환할 필요가 있을
까. 나는 무보를 만들고 무보를 쓴 사람들의 마음에서 부모의 마
음을 읽었다. 내가 만들고 내가 춘 그 춤에게 날개를 달아 나에
게만 머무르지 않고 더 멀리, 더 많은 사람에게 날아가게 하기
위한 바람이 무보에 담겨 있다. 그것은 '바로 지금 이 순간'이 아
니라 다음 세대를 생각하는 것이고, '바로 지금 여기'가 아니라
우리의 몸이 닿지 않는 먼 세계를 생각하는 일이다. 춤은 보이는
그 자리에서만 존재하고 사라지는, 현장성이 중요한 영역이었다.
그것은 몸에 기록해서 몸으로 전하는 방식으로 이어져왔다. 문
자는 그 한계를 넘어서서 몸 없는 지식이 천 리를 가는 힘을 보
여줬다. 음악이 계속 연주될 수 있었던 데에는 악보의 힘이 있었
던 것처럼, 서로 다른 시대와 공간 안에 사는 사람들은 기록으

로 연결된다. 인류가 존속하는 한 기록은 멈추지 않을 것이며 춤 또한 그럴 것이다. '기록을 한다'는 것은 '남길 가치가 있다'는 말과 동일어이다. 이 책을 쓰는 이유도 거기에 있다. 내가 알고 있는 것과 내가 느끼고 행복했던 것들을 다른 사람들에게 전하고 싶었다. 무보를 통해 춤을 남긴 사람들처럼.

BALLET,
Invitation to the Dance

발레는 어디로 향하는가

CHAPTER 3

고전발레에는
특별한 공식이 있다

휴일 아침, 라디오를 켜고 이리저리 주파수를 맞추다가 어느 한 노래에서 멈추게 됐다. 오래전에 들었던 대중가요였다. 노래를 타고 그 시절의 기억들이 떠올랐다. 그때 알게 됐다. 팝아트의 힘은 노스탤지어에 있다는 것을. 이쪽이 시절의 향수를 품는다면, 고전은 시공간을 넘어서 영원불멸을 향해 나아가는 꿈이다. 고전에 탐닉하는 건 시간 안에 예속된 인간의 한계를 넘어서고 나의 상황을 인류보편적인 시선 안에서 바라보려는 시도일 것이다. 문학도, 음악도, 그림도, 고전은 하나의 완성된 틀이자 영감의 원천으로서 영향을 미쳐왔다. 고전발레도 마찬가지다.

고전발레의 문을 연
마리우스 프티파와 표트르 1세

발레라고 하면 흔히 떠오르는 그 이미지들은 모두 고전발레 작품들의 모습이다. 가장 먼저 생각나는 작품은 단연 〈백조의 호수〉다. 발레를 보러 가지 않는 사람이라도 차이콥스키Tchaikovsky (1840~1893)의 음악 중 주요 테마는 흥얼거릴 수 있을 만큼 친숙하다. 〈백조의 호수〉를 포함해 19세기 러시아에서 완성된 발레 작품들을 우리는 고전발레, 클래식발레라고 부른다. 이제까지 발레의 시초는 이탈리아였고, 이후 프랑스의 루이 14세가 기본적인 체계를 잡아 발전시켜왔다고 줄곧 이야기했는데 난데없이 러시아가 불쑥 튀어나와 고전발레의 중심지라니 이상하지 않은가. 그런데 알고 보면 이 움직임도 프랑스와 연결돼 있다. 프랑스 마르세유 태생의 안무가 마리우스 프티파가 러시아로 건너와 지금 우리에게 알려진 수많은 고전발레 작품들을 탄생시켰으니 말이다. 그래서 그의 이름은 러시아식으로 '페티파'라고 불리기도 한다.

그런데 그가 러시아로 건너온 계기는 알고 보면 좀 당황스럽다. 1847년 어느 밤, 당시 스페인 마드리드에서 무용수로 활동하고 있던 마리우스 프티파는 귀족 집안의 처자와 사랑에 빠져 그 집 담을 넘고 있던 참이었다. 공교롭게도 그날 그 처자의 어머니와 연인이었던 프랑스 외교관과 딱 마주친다. 문제는 그 외교관이 프티파를 자신의 연적으로 오해해 결투를 신청했다는 데 있다. 두 사람은 총으로 결투를 벌였고, 소문은 삽시간에 퍼져버렸다. 당시 스페인에서 결투는 불법이라 치안당국이 나섰고, 더 이상 스페인에 머물 수 없었던 그는 고국인 프랑스로 도망을 갔다. 결국 그는 가족들의 권유로 도망치듯 러시아 상트페테르부르크로 활동무대를 옮긴다. 러시아 고전발레의 탄생의 뒤에 이런 어처구니없는 스캔들이 있었다니! 생각해보면 치정 문제만큼 우리의 인생을 복잡하게 만들고 창조적으로 만들 일이 또 뭐가 있을까 싶다. 그 덕분에 예술은 생각지 못한 곳에서 꽃을 피우게 됐다.

프티파가 상트페테르부르크로 넘어오기 전, 러시아에서는 발레가 발달할 수밖에 없는 여건이 만들어져 있었다. 스스로를 루이 14세라고 생각할 정도로 발레를 사랑한 왕, 표트르 1세Pyotr I(1672~1725)가 러시아의 근대화를 추구하면서 이미 발레를 정치적 예법의 하나로 활용하고 있던 터였다. 그래서 귀족들은 발레를 배워야 했고, 무도회에 참석해야 했다. 프랑스 왕가의 기품을 얻고 싶은 욕구, 유럽에 대한 이상화, 이 모든 것이 러시아에서는 발레로 귀결됐다. 1713년, 표트르 1세는 상트페테르부르크를 러시아 제국의 새로운 수도로 삼았고, 이후 이곳에 마린스키발레단이 세워진다. 마리우스 프티파가 러시아로 넘어와서 활동무대로 삼은 곳이 이 발레단이었다. 때마침 마린스키발레단에서 남성 무용수가 필요했던 게 운명의 화살이 됐고, 이곳으로 옮긴 마리우스 프티파는 후에 이곳의 예술감독이 되었을 뿐 아니라 상트페테르부르크에서 평생을 보냈다. 마린스키발레단은 당시에는 러시아황실발레단으로 불렸고, 소비에트 시절에는 키로프발레단으로 불렸다. 1740년대에 상트페테르부르크에는 마린스키발레단, 1776년 모스크바에는 현재 볼쇼이발레단의 전신인 페트로프스키극장발레단이 세워지면서 현재 이 두 발레단을 중심으로 러시아 고전발레의 아성이 이어져오고 있다.

마리우스 프티파가 러시아로 건너올 즈음, 이미 프랑스에서는 발레가 쇠퇴하고 있는 상황이었다. 가장 큰 원인은 1789년부터 1794년까지 이어진 프랑스 혁명이었다. 시민들의 목소리가 거세지고 있는 나라에서 왕가가 주도했던 발레가 어떻게 사랑을 받을 수 있겠는가. 프랑스 혁명 이후 실력 있는 예술가들은 해외로 움직이기 시작했고 발레의 주도권은 프랑스에서 다른 나라로 넘어가게 된다. 표트르 1세의 정책, 프랑스 혁명, 이 모든 배경들은 결과적으로 마리우스 프티파가 고전발레를 완성시키는 바탕이 된 셈이다.

음악으로 완성된
고전발레의 서사

마리우스 프티파는 러시아에 건너와서 신작 발레만 54편, 개정 안무작이나 오페라 속에 들어가는 발레작도 50편 넘게 만들 정도로 작품활동에 열성이었다. 조안무가 레프 이바노프Lev Ivanov(1834~1901)의 기여도도 상당했다. 〈백조의 호수〉의 2막과 4막의 호숫가 장면과 〈호두까기 인형〉의 눈송이 왈츠를 이바노프가 안무했다는 건 공공연히 알려진 사실이다. 차이콥스키를 만난 것도 행운이었다. 춤의 역사를 살펴보면 안무가와 작곡가의 만남은 놀라운 예술적 조합을 일궈낸다. 프티파와 차이콥스키의 만남도 그랬다. 이 둘의 협력으로 우리가 아는 3대 고전발레가 탄생한다. 〈잠자는 숲속의 미녀La Belle au bois dormant〉(1890), 〈호두까기 인형〉, 〈백조의 호수〉가 그것이다.

그런데 〈백조의 호수〉는 프티파와 이바노프가 아니라 1877년 볼쇼이발레단에서 율리우스 라이징거Julius Reisinger가 처음 안무를 했던 작품이다. 그 초연작은 전혀 호평받지 못했고 그대로 사라질 위기에 놓였다. 차이콥스키에게도 〈백조의 호수〉는 발레음악을 처음 시도한 작품이었는데 결과가 좋지 않자 그는 다시는 발레음악을 작곡하지 않겠다고 말할 정도였다. 그 작품을 프티파와 이바노프 콤비가 재정비해서 성공시켰지만 안타깝게도 차이콥스키는 〈백조의 호수〉의 성공을 보지 못했다. 그가 죽은 후에 프티파와 이바노프가 추모공연으로 만들었기 때문이다. 〈호두까기 인형〉도 초연 때는 반응이 그다지 좋지 못했다. 지금 공연되고 있는 작품들은 이후의 여러 안무가들의 손에 의해서 재안무된 버전들이다. 하지만 이 두 작품과 달리 〈잠자는 숲속의 미녀〉는 그야말로 '대박 아이템'이었다. 마린스키극장에서 초연부터 폭발적인 인기를 누리면서 해외까지 진출하며 대성공을 거둔다.

'한 번도 실패하지 않는 인생은 없다'는 말은 차이콥스키도 피해가지 못한 진리였다. 〈백조의 호수〉도, 〈호두까기 인형〉도, 〈잠자는 숲속의 미녀〉도 그 곡을 탄생시킨 사람은 사라졌지만, 음악은 발레라는 옷을 입고 노래한다. 공연을 만들고 올리는 과정에 참여하면서 알게 된 게 하나 있다. 무대에 올라갈 때까지 그 공연이 어떤 결과를 낳을지 알 수 없다는 점이다. 아무리 열심히 준비하고 리허설을 철저히 해도 생각만큼 결과가 좋지 않은 공연도 있었고, 반대로 불안하고 뭔가 부족하다 싶었는데도 좋은 반응을 이끌어낸 공연도 있었다. 이게 '현장성이란 거구나' 하고 느꼈다. 탄생 당시에는 차이콥스키를 실망시켰고 좌절하게 만든 음악과 공연이 지금 우리에게 사랑받고 있는 걸 보면 그 운명은 만든 사람이 좌지우지할 수 있는 게 아니란 생각이 든다. 공연과 작품은 살아 있는 생명체이다.

줄거리가 있는 발레

차이콥스키 이외에도 프티파가 작곡가 루트비히 민쿠스Ludwig Minkus(1826~1907)와 함께 작업한 〈돈키호테〉와 〈라바야데르La Bayadère〉(1877)도 현재 자주 공연되는 고전발레 작품들이다. 이 두 작품은 각각 스페인과 인도를 배경으로 한 만큼 사실적이고 이국적인 분위기가 잘 살아 있다. 한 가지 유의할 것은 세르반테스의 원작 소설과 달리 발레 〈돈키호테〉는 이발사 바질과 여관집 딸 키트리의 사랑과 결혼이 주된 이야기란 점이다. 돈키호테는 이 두 사람의 사랑이 결실을 맺을 수 있도록 바람잡이 하는 역할로 나온다. 〈라바야데르〉는 서양의 예술인 발레에 동양적 색채를 입힌 독특한 작품이다. 여주인공이 튀튀가 아니라 아라비아 스타일의 바지에 배가 드러난 상의를 입는 점도 눈에 띈다. 이 때문에 라바야데르 주역을 맡는 여성 무용수는 복근 운동에 신경을 많이 쓰고 밥도 잘 못 먹을 정도로 부담감을 갖는다. 이 작품의 제목은 인도의 무희를 뜻하는 말이다. 그래서 주인공도 제목처럼 인도의 무희 니키아다. 니키아는 전사 솔로르와 사랑에 빠지지만, 애석하게도 솔로르가 감자티 공주와 약혼을 하면서 공주의 모략에 빠져 죽음에 이른다.

고전발레에는 양대 '양다리맨'이 등장하는데 한 명이 〈라바야데르〉의 솔로르, 다른 한 명이 〈지젤Giselle〉(1841)의 알브레히트다. 지젤도 약혼녀를 감추고 양다리를 걸친 알브레히트 때문에 심장발작을 일으켜 죽고 윌리라는 처녀 귀신이 된다. 그러니까 〈지젤〉 2막에서 하얀 로맨틱 튀튀를 입고 나온 아름다운 여인들은 모두 사랑에 배신당한 처녀 귀신들이다. 발레단에서 이 작품을 리허설할 때 재미있는 상황도 생긴다. 남성 무용수들은 2막에서는 등장하지 않기 때문에 1막 리허설을 마치면 모두 집에 돌아갈 수 있다. 그런데 안타깝게도 단 두 명의 남성 무용수만 처녀 귀신들과 춤 연습을 해야 한다. 주인공인 알브레히트와, 지젤을 짝사랑해서 그녀의 무덤을 찾았다가 윌리들에게 죽음을 당하는 남자 힐라리온. 알브레히트야 그렇다 치지만, 지젤을 짝사랑한 죄밖에 없는데 죽음까지 당하고, 조기 퇴근도 못하는 힐라리온은 어쩌란 말이냐.

현실 속의 이야기가 아니라 환상적이고 신비로운 분위기를 담은 〈지젤〉은 독일의 시인 하인리히 하이네Heinrich Heine (1797~1856)가 쓴 윌리 이야기에서 영감을 받은 프랑스 낭만주의 시인 테오필 고티에Théophile Gautier(1811~1872)가 만든 작품이다. 고티에가 발레단의 전속 대본작가 생 조르주Saint George와 함께 대본을 쓰고, 아돌프 아당Adolphe Adam의 음악, 장 코랄리Jean Coralli와 쥘 페로Jules Perrot의 안무로 〈지젤〉이 탄생했다. 〈지젤〉은 1841년 파리오페라극장에서 초연된 낭만발레 대표작이다. 낭만발레는 고전발레에 속하지만 프랑스를 중심으로 발달했고, 로맨틱 튀튀를 입는다는 점에서는 러시아의 고전발레와 구분이 된다. 낭만발레 시대가 '가스등 사고'로 금방 막을 내리고, 이후 발레의 중심지는 러시아로 옮겨간다. 〈지젤〉은 1860년 마리우스 프티파에 의해 재안무되면서 오늘날에는 이 버전이 자주 공연되고 있다. 발레사를 장식한 대표작품이 프랑스와 독일, 시간의 흐름을 오가며 두 시인 간 영감의 교류에서 탄생했다는 건, 예술이 보이지 않는 혼으로 대화하다가 몸과 춤으로, 작품으로 그 존재를 드러내는 기질을 가졌음을 알아채게 한다.

이 모든 고전발레 작품들은 희극이든, 비극이든 남녀 주인공의 사랑과 연애 이야기가 주를 이룬다. 즉, 작품의 줄거리가 있다. 그래서 차이콥스키나 민쿠스 등 당시 작곡가들이 만든 발레 음악은 음악 안에 이미 기승전결의 서사가 완벽하게 들어가 있다. 20세기 이후 발레에서는 인간의 감정을 표현하거나, 철학을 담고, 혹은 발레 움직임을 다양하게 확장하는 시도들이 일어나면서 줄거리는 더 이상 더 중요한 사항이 아니게 됐다.

고전발레의 백미,
환상의 칼군무

고전발레가 19세기 러시아에서 완성된 만큼 지금까지도 러시아의 발레단들은 대부분 고전발레 작품을 주요 레퍼토리로 공연하고 있고, 러시아 바가노바 발레아카데미도 고전발레 작품에 초점을 두고 교육하고 있다. 이 아카데미의 학생들은 발레단에 들어가자마자 바로 공연에 올라갈 수 있을 정도로 훈련되는데 그 중 중요한 부분이 '칼군무'이다. 정확하고 아름다운 '칼군무'는 고전발레의 가장 큰 특징 중 하나이다.

〈지젤〉의 경우 2막의 윌리들의 춤이 유명한 건 하얀 로맨틱 튀튀를 입고 일렬로 줄을 맞춰 춤을 추는 모습이 환상적이기 때문이다. 밤의 공기를 표현하는 파란 조명 아래 혼령 윌리들이 가슴 앞쪽으로 팔을 X자 모양으로 들고 서 있는 모습은 고혹적이고, 그들이 입은 하얀 로맨틱 튀튀는 마치 스모그처럼 퍼져 몽환적인 분위기를 자아낸다. 〈백조의 호수〉에서도 무용수들이 진짜 백조처럼 팔을 들고 무대 위로 등장할 때 관객들의 감탄사가 절로 나온다. 동그랗고 빳빳하게 날이 선 튀튀가 군무의 움직임에 따라 하나의 도형이나 기하학적인 무늬처럼 보이는 것도 아름답다. 〈백조의 호수〉와 〈지젤〉 속에서 하얀색 의상을 입고 춤을 추는 무용수들의 모습이 어찌나 아름다운지 백색발레, '발레 블랑ballet blanc'이라는 이름표가 붙여졌다. 블랑blanc은 프랑스어로 흰색을 뜻하는 말이다. 〈라바야데르〉의 3막 '망령들의 왕국' 장면도 발레 블랑의 진수를 보여준다. 니키아가 죽은 후 솔로르가 환각상태에서 보게 되는 장면으로 서른두 명의 여성 무용수가 한 명씩 차례로 경사진 언덕 위로 한 팔을 앞으로 뻗고, 한 다리를 뒤로 올리는 아라베스크 동작을 하며 천천히 내려오는 군무이다. 아라베스크가 전부지만 한 명이라도 동작이 틀리거나 대열에서 흐트러져도 눈에 띄고 분위기를 망칠 수 있기 때문에 무용수들 모두 초긴장 상태로 임하는 장면이기도 하다.

한편, 군무 때문에 러시아의 발레 공연장과 연습실에는 특이한 장치가 마련돼 있다. 무대 바닥이 평평하지 않고 앞쪽으로 비스듬하게 기울어져 있는 것. 관객들이 군무진의 뒷열까지 모두 잘 볼 수 있도록 마련한 묘안이다. 19세기 유럽의 극장들은 무대 뒤까지 잘 보이게 하기 위해 기울어진 바닥을 갖고 있었고, 이탈리아에서는 경사진 연습실을 만들기도 했다. 이것을 러시아에서는 지금까지 고수하고 있는 것이다. 러시아에 유학을 가거나 러시아 발레단에 들어간 무용수들에게 처음 한동안은 이 기울어진 바닥에 적응하는 것도 중요한 숙제가 된다. 앞으로 기울어진 무대에 적응하다보니 러시아 무용수들의 발 모양은 턴아웃을 했을 때 발 안쪽이 더 밑으로 쏠려 있는 것도 발견할 수 있다. 고전발레 작품 안에서 일사불란하고 정형미를 극치를 보여주는 군무는 이렇게 남다른 무대 바닥에서부터 시작된다. 그리고 코르드발레가 한 발레단의 저력을 가늠하는 잣대이자 발레단의 중요한 몸통이 되는 이유도 더 확실하게 느끼게 된다.

〈지젤〉 2막 윌리들의 춤

마임과 그랑 파드되로 건네는
사랑의 언어

〈백조의 호수〉에서 클라이막스로 가는 지점은 가짜 오데트인 흑조 오딜을 향해 왕자가 서약하는 장면이다. 지크프리트 왕자는 한쪽 손은 하늘을 향하고 한쪽 손은 가슴을 향하면서 오딜에게 사랑을 맹세한다. 발레 안에 등장하는 대표적인 마임이다. 오페라에 등장하는 독창이나 이중창인 아리아aria와 말하듯이 노래하는 레치타티보recitativo 대신 무언으로, 춤으로 표현하는 발레 닥시옹이 18세기부터 자리 잡으면서 발레에서는 마임이 중요한 요소가 됐다. 고전발레는 대부분 사랑 이야기이기 때문에 관련된 마임이 자주 등장한다. 두 손을 심장이 있는 왼쪽 가슴 밑에 모으는 동작은 사랑한다는 의미이고, 손으로 턱선을 따라 얼굴에 한 바퀴 원을 그리는 동작은 당신의 얼굴이 아름답다는 뜻이다. 이런 마임 하나쯤은 외워둘 만하겠다. 마음이 가는 사람에게 한 번쯤 시도해볼 만한 '작업 마임' 아닌가. 이외에 손목을 꺾고 팔을 길게 뻗어 거절의 의사를 나타내거나 두 팔을 올려 둥글게 돌리면서 춤을 추자고 표현하는 마임도 작품 안에 종종 등장한다. 이제는 무용수들의 표정, 소리, 의상, 몸짓 등 다양한 방식으로 감정과 의미를 전달하고 표현할 수 있기 때문에 발레에서 마임은 더 이상 필요한 요소가 아니다. 만일 발레 작품을 보러 갔는데 마임이 등장할 경우 고전발레의 스타일을 적용했다고 이해하면 된다.

고전발레에서 마임 외에 남녀 주인공들의 대화라고 할 수 있는 2인무, 파드되는 '그랑 파드되grand pas de deux'라는 특별한 형식을 취한다. '그랑grand'이 프랑스어로 크다는 뜻이니 대형 2인무라는 의미가 되는데 주인공 두 사람이 여러 번 등퇴장을 하면서 파드되와 솔로 춤을 번갈아 추기 때문에 이렇게 부른다. 그랑 파드되는 우선 두 무용수가 자신들을 소개하는 춤을 추면서 시작한다. 이걸 '앙트레entrée'라고 부른다. 프랑스 코스 요리에서 메인 메뉴가 나오기 전에 내놓는 전채요리를 부르는 말이기도 하고 '입구' '등장' '시작'을 뜻하기도 한다. 두 사람의 본격적인 춤의 문을 여는 단계인 것이다. 앙트레 이후에는 느린 곡조에 맞춰 아다지오 춤을 추고, 이후에는 남녀 무용수 각각의 솔로 무대가 이어진다. 이 부분을 '솔로 바리아시옹solo variation'이라고 부르는데 다양한 테크닉이 혼합돼 있어서 무용수가 개별적인 기술과 기교를 한껏 보여줄 수 있기 때문이다. 그래서 보통 발레 콩쿠르에서는 이 솔로 바리아시옹으로 경연을 벌인다. 이후에는 다시 두 사람의 파드되로 대단원의 막을 내린다. 이걸 '코다coda'라고 부르는데 음악에서도 악장의 끝에서 종결을 짓는 부분을 코다라고 부르는 것과 마찬가지다.

정리해보면 그랑 파드되는 앙트레, 아다지오, 솔로 바리아시옹, 코다, 이렇게 네 가지 순서로 이뤄져 있다. 그랑 파드되는 그 자체로 완벽한 구조를 이루고 있기 때문에 작품의 주요 장면을 부분적으로 보여주는 갈라 공연에서도 종종 선보인다. 보통 고전발레 작품 속에서는 파티나 결혼식 장면에서 주역 무용수들의 그랑 파드되가 등장한다. 이런 형식은 20세기 이후의 발레 작품 속에서는 사라지게 되면서 이제 파드되는 4단계를 모두 지키지 않고 춤으로 하는 두 사람의 대화로 남았다.

기분전환의 디베르티스망,
민속춤과 발레가 만난 캐릭터댄스

발레 작품에서 결혼식이나 무도회 장면에 그랑 파드되와 함께 등장하는 광경들이 있다. 〈호두까기 인형〉의 마지막 파티 장면에서는 러시아, 아라비아, 중국 등 무용수들이 각 나라의 의상을 입고 나라별 특성이 드러나는 춤을 선보인다. 쥐 대마왕과 결투에서 이긴 호두까기 인형과 클라라(마리)를 환영하는 흥겨운 춤 사위다. 〈잠자는 숲속의 미녀〉 3막의 결혼식 장면에서는 파랑새와 플로린 공주, 백설공주와 일곱 난쟁이, 늑대와 빨간 두건, 개구리 왕자, 라푼젤, 신데렐라, 장화 신은 고양이, 미녀와 야수 등 동화 속 캐릭터들이 총출동해서 춤을 추며 왕자와 공주의 결혼

〈잠자는 숲속의 미녀〉 3막
'파랑새와 플로린 공주'

〈라바야데르〉 2막
'황금신상'

〈잠자는 숲속의 미녀〉 3막
'늑대와 빨간 두건'

을 축하한다. 〈라바야데르〉도 2막에서 남성 무용수가 온몸을 황금으로 칠하고 춤을 추는 황금신상이 등장한다. 이렇게 스토리의 전개에는 전혀 지장이 없지만 작품의 흥을 돋우기 위해 들어간 장식적이고 맛깔스러운 장면을 '디베르티스망divertissement'이라고 부른다. '여흥' '기분전환' '오락' 등의 의미를 가진 말로 고전 발레 작품을 보는 재밋거리로 작용한다.

그런데 디베르티스망 장면을 보다보면 무용수들이 포인트슈즈가 아니라 다른 신발을 신고 있는 것을 발견하게 된다. 디베르티스망뿐 아니라 마을 사람들이 어울려 춤추는 장면에서도 포인트슈즈 대신 굽이 있는 구두나 부츠 형태의 신발을 신고 있는 경우가 있다. 춤사위도 사뭇 다르다. 이 춤들을 '캐릭터댄스character dance'라고 부르는데 민속춤이 발레와 만나서 만들어진 춤이다. 특히 마을 사람들이 등장하는 장면에서 많이 등장하는 이유는 민속춤이란 게 본래 민중 사이에서 자생적으로 발생해서 다 같이 어울려 추는 춤이라서다. 발레 작품에 캐릭터댄스로 자주 등장하는 민속춤으로는 폴란드의 마주르카와 폴로네즈, 헝가리의 차르다시, 스페인의 세기디야, 이탈리아의 타란텔라 등이 있다. 발레가 왕가에서 발달한 춤이라 도도한 미가 있지만 그사이에 등장하는 캐릭터댄스들은 대부분 밝고 경쾌한 데다 사람 사는 냄새가 묻어난다. 민속적 색채와 발레가 만난 모습을 보는 것도 재미있다.

〈돈키호테〉는 스페인이 배경이기 때문에 스페인의 민속춤이 많이 적용됐다. 2막에서 투우사와 집시 여인이 스페인의 민속춤 판당고를 추는 장면은 유명하다. 1막에서는 마을 젊은이들이 탬버린과 부채를 들고 나와서 템포 빠른 세기디야를 추면서 관객들을 흥을 돋운다. 〈코펠리아Coppélia〉(1870)는 민속춤이 발레에 적극적으로 도입된 계기가 된 작품이라고 볼 수 있다. 이 작품은 괴짜 과학자가 인형 코펠리아를 만들어서 창가에 세워뒀는데 여주인공과 마을 사람들이 진짜 사람으로 착각해서 벌어지는 소동을 줄거리로 하고 있다. 귀여운 희극발레인 데다 마을이 배경이라 이 안에 등장하는 춤들이나 의상은 다른 고전발레 작품들과는 분위기가 다르다. 1막에서 마을 사람들이 나와서 추는 폴란드의 민속춤, 마주르카가 무척 사랑스럽다. 음악과 의상, 춤사위가 흥겨워서 개인적으로 상당히 좋아하는 장면이다. 헝가리 차르다시도 〈코펠리아〉를 통해 발레에 처음 등장한 민속춤이다. 〈백조의 호수〉 3막 무도회 장면에서는 〈코펠리아〉처럼 마주르카와 차르다시를 캐릭터댄스로 살려냈다.

이런 캐릭터댄스의 움직임은 정통 발레와는 큰 차이점이 있다. 발레에서 손바닥은 늘 몸 안쪽을 향하고 있는데 캐릭터댄스에서는 팔을 돌려서 손바닥이 바깥을 향하게 하며 머리에 위에 갖다대는 동작들이 많다. 춤에 따라서는 손을 위아래로 스치면서 손뼉을 치거나 캐스터네츠, 탬버린 등을 들고 추기도 한

209

다. 다리와 발의 움직임도 다르다. 발가락이 서로 안쪽에서 마주보는 턴인turn-in 자세를 잠깐 보였다가 발뒤꿈치를 서로 부딪친다. 포인트슈즈가 아니라 굽이 있는 구두를 신는 이유도 이것이다. 캐릭터댄스는 고전발레에서 주요 장면을 차지하기에 캐릭터댄스만을 전문으로 추는 무용수 그룹을 따로 두기도 한다. 아예 캐릭터댄스로만 작품을 구성해 공연하는 무용단도 있다. 볼쇼이발레단 출신의 이고르 모이세예프Igor Moiseyev(1906~2007)가 1937년에 창단한 모이세예프 발레단Moiseyev Ballet이 그렇다. 세계 여러 나라의 민속춤을 발레와 현대무용에 접목해 공연예술로 끌어올린 그의 시도는 민속춤과 민속음악의 예술적 가치를 부각시켰다.

고전으로의 회귀, 영감의 원천

16세기부터 움직여온 발레는 19세기 고전발레를 통해 그 기틀이 완성된다. 고전발레의 정형미는 작품 안에서 엄격하게 지켰던 형식과 공식 때문에 완성됐고, 정통적인 움직임은 몇 세기를 넘어서면서도 발레의 기본으로 추앙받고 있다. 특히 고전발레는 마르지 않는 영감의 원천으로 작용하고 있다. 창작자들은 늘 새로운 것에 목말라했지만 그들의 영감을 다시 폭포수처럼 쏟아지게 만든 건 '고전으로의 회귀'였다. 20세기에 들어서서 많은 안무가들이 고전발레 작품들을 재안무하면서 남녀 간의 사랑이라는 단순한 스토리에 심오한 자기 철학을 집어넣거나 안무와 연출에 대대적인 변화를 꾀해 새로운 작품으로 탈바꿈시키고 있다.

〈백조의 호수〉만 봐도 그렇다. 마츠 에크Mats Ek(1945~)는 대머리와 맨발의 백조를 등장시켰을 뿐 아니라 왕자가 그토록 찾아 헤맨 백조 오데트가 사실은 흑조 오딜과 같은 인물이었다는 점을 알게 되는 결말을 통해 선과 악은 따로 있는 게 아니라 한 사람 안에 함께 있다는 점을 깨닫게 만든다. 매슈 본Matthew Bourne(1960~)은 백조들을 모두 남성으로 바꾸고 사랑에 목마른 왕자의 심리적 불안을 표현함으로써 관객들을 소스라치게 놀라게 했고, 이후 다양한 고전발레 작품들을 자기 색깔로 재해석해서 내놓음으로써 '댄스컬'이라는 새로운 장르를 만들어내기도 했다. 댄스컬은 뮤지컬의 형식과 구성을 가져가되 노래 대신 춤이 그 역할을 맡는 극이다. 21세기에 들어와서도 창작자들의 고전의 재해석은 멈추지 않았다. 지난 2014년 알렉산데르 에크만 Alexander Ekman(1984~)은 무대에 물 5천 리터를 채워 무대를 진짜 호수로 만들고, 30여 명의 무용수가 물방울을 튀기고 미끄러지듯이 내달리며 춤을 추게 함으로써 야생의 백조가 갖는 몸짓 그 자체를 표현해냈다.

고전발레 작품을 다시 꺼내보는 건 창작자에게도, 관객에게

마츠 에크, 〈백조의 호수〉

매슈 본, 〈백조의 호수〉

알렉산데르 에크만, 〈백조의 호수〉

도 고전문학을 다시 읽는 것과 마찬가지 행위라고 생각한다. 십대 때 읽었던 고전문학을 어른이 돼서 다시 읽으면 예전에는 미처 보이지 않던 것이 보인다. 작품은 늙지 않지만 우리는 나이가 들면서 우리 안에 새로운 경험들이 쌓이고, 우리를 둘러싼 환경과 시대의 분위기는 계속 변한다. 변하지 않는 고전 안에서 변화된 우리와 세계를 읽는 것, 그게 고전의 힘이 아닐까. 발레는 새로운 꿈을 꾸고 다른 모습으로 변화해가지만, 애벌레와 나비가 하나이듯이 전혀 달라 보이는 그 춤들도 결국은 하나이고, 고전 발레는 시공간을 넘어서서 변하지 않는 가치로 그 구심점이 되고 있다.

좋은 시절 벨 에포크,
춤추는 발레 뤼스

연인과 파리로 여행을 온 한 남자가 홀로 길거리를 배회하다
가 오래된 푸조 자동차를 우연히 얻어 타게 된다. 그런데 차에
서 내리고 보니 눈앞에 있는 사람들의 행색과 이야기가 기묘하
다. 내 앞에 있는 사람은 소설가 스콧 피츠제럴드Scott Fitzgerald
(1896~1940)와 어니스트 헤밍웨이Ernest Hemingway(1899~1961),
거트루드 스타인Gertrude Stein(1874~1946), 미술가 파블로 피카소
Pablo Picasso(1881~1973)와 살바도르 달리Salvador Dalí(1904~1989)
가 아닌가! 난 누구, 여긴 어디? 그 남자가 도착한 곳은 1920년
대의 파리였다. 그가 그토록 살고 싶었던 시대, 파리의 '벨 에포
크'로 타임슬립한 것이다. 우디 앨런Woody Allen 감독의 영화 〈미
드나잇 인 파리Midnight in Paris〉(2011)의 이야기다.

20세기 예술의 신호탄, 발레 뤼스

영화 속 주인공 길 펜더가 도착한 시대, '벨 에포크'. 프랑스어로 '좋은 시절'이라는 뜻인데 파리에서 예술과 문화의 꽃이 화려하게 피어났던 19세기 말부터 20세기 초반의 시기를 부르는 이름이다. 유럽은 1815년 나폴레옹 전쟁이 끝났을 때부터 1914년 1차대전 전까지의 시기를 '백년 평화'라고 말한다. 예술과 문화의 꽃은 이 백년 평화 시기에 활짝 펴서 전쟁으로 서서히 시들어갔다. 후대 사람들이 이 시간을 돌아보니 아름답고 좋았다는 걸 깨닫고 '벨 에포크'라는 이름을 붙인 것이다. 영화 속 배경이 되는 1920년대 는 벨 에포크의 마지막 향기가 남은 시기라 볼 수 있다. 벨 에포크를 동경하던 주인공은 그 시대로 들어가 문학과 미술로 그때를 풍미했던 인물들을 만난다. 우디 앨런 감독은 프랑스의 이 시절에 대한 로망과 애정이 깊은 사람이라 이 영화를 만들었다. 이왕이면 파리오페라극장에 가서 무용수와 기획자, 작곡가들도 만나고 오면 좋았을 것을! 우디 앨런의 관심이 문학과 미술에만 몰려 있었던지 아쉽게도 영화 속에서 그 장면은 없었다.

그 시절, 문학이나 미술뿐 아니라 발레도 화려한 꽃을 피웠다. 1909년 창단된 발레단, 발레 뤼스는 벨 에포크를 이끈 가장 강력한 예술단체이다. 그런데 이름이 아이러니하다. 뤼스Russes 는 러시아를 뜻하니 결국 '러시아 발레단'이란 이름이 되기 때문이다. 창단자인 세르게이 디아길레프가 러시아 출신이기도 했고, 러시아의 발레를 파리에 알리겠다는 목적도 있었기 때문에 이런 이름이 붙었다. 이름은 러시아 발레단이지만 창단부터 마지막 순간까지 단 한 번도 러시아에서 공연한 적이 없다는 점은 특이하다. 발레 뤼스가 한창 활발한 활동을 하던 시기가 러시아 혁명과 맞물렸기 때문이다. 그래서 파리와 몬테카를로를 중심으로 유럽에서 주로 활동했다.

1909년 파리의 샤틀레극장에서 러시아 무용수 35명과 함께 올린 공연은 발레 뤼스 창단을 이끌었고, 이후 파리오페라극장에 올린 40분짜리 1막 발레 〈셰에라자드Scheherazade〉(1910)로 파리에서 완벽하게 자리매김한다. 아라비안나이트(천일야화)에 등장하는 지혜로운 여인 셰에라자드가 왕에게 들려준 이야기 중 하나를 발레로 만든 작품으로 아라비아의 술탄 샤리알과 애첩 소베이다, 그리고 소베이다의 마음을 뒤흔든 황금노예의 이야기를 담았다. 당시 프랑스는 동양에 대한 신비감을 갖고 있던 터라 이 작품은 파리 관객들의 마음을 사로잡았다. 동시에 기존 고전발레의 정형화된 움직임에서 탈피하고 관능적인 미를 강조해 화제가 됐고 발레 뤼스가 혁명적인 발레 작품들을 계속 내놓을 거란 기대감을 갖게 만들었다. 실제로 발레 뤼스는 남다른 행보를 보이며 발레사에 뜨거운 기록들을 남겼다.

이 창단 작품의 안무는 5분도 되지 않는 단막 작품 〈빈사의 백조〉로 안나 파블로바를 신화의 반열에 올려놓고, 발레시에서 새로운 바람을 일으킨 미하일 포킨Mikhail Fokine(1880~1942)이 맡았고, 이후에도 포킨은 발레 뤼스와 함께하며 중요한 작품들을 여러 편 남겼다. 발레 뤼스는 포킨 외에도 여러 명의 안무가들과 예술 분야의 다양한 인재들과 실험적 작품들을 내놓았다. 발레 뤼스와 긴밀하게 관계를 맺으며 작업을 한 예술가로는 작가 장 콕토Jean Cocteau(1889~1963), 화가 파블로 피카소와 마르크 샤갈Marc Chagall(1887~1985), 음악가 에릭 사티Erik Satie(1866~1925)와 이고리 스트라빈스키Igor Stravinsky(1882~1971), 안무가 레오니드 마신Léonide Massine(1896~1979), 무용수 안나 파블로바와 타마라 카르사비나 등을 들 수 있다.

발레 뤼스의 유일한 여성 안무가 브로니슬라바 니진스카 Bronislava Nijinska(1891~1972)는 안무작 〈결혼Les Noces〉(1923)을 통해 사랑과 결혼을 낭만적으로 해석한 19세기 고전발레에서 탈피해 결혼식과 결혼풍습을 둘러싼 억압된 사회 구조와 여성의 내면을 보여줬다. 이 작품은 발레를 통해 사회와 현실을 보여줬을 뿐 아니라 주제에 접근하는 시각과 표현력에 있어서 이전과 다른 방향을 제시함으로써 '모던발레'를 이끄는 중요한 계기가 되었다. 호평이든 혹평이든 발레 뤼스의 이름은 애호가들과 문화계 기자들과 관계자들 입방아에 하루가 멀다 하고 오르내리면서 20세기 발레가 이전과 확연히 달라지는 데 선봉 역할을 했다.

신화가 된 발레리노,
바츨라프 니진스키

발레 뤼스의 시작은 발레사에 독보적인 이름을 남긴 발레리노
한 명을 중심으로 움직였다고 해도 과언이 아니다. 처음으로 바
지를 벗고 타이츠만 입고 무대에서 춤을 췄다는 그 장본인! 바츨
라프 니진스키다. 브로니슬라바 니진스카의 친오빠이기도 하다.
〈세에라자드〉에서 황금노예로 출연하며 파리에서 성공적인 신
고식을 마친 그는 이후 발레 뤼스 작품들의 주역을 도맡아 하며
승승장구한다. 그는 19세기 고전발레에서 20세기로 넘어오는 전
환점에 중심이 된 인물이었다. 니진스키가 한번 공중으로 뛰어오
르면 언제 지상에 착지할지 알 수 없었다는 말은 유명하다. 그만
큼 체공 시간이 길었다고 한다. 니진스키는 '무용의 신'으로 불렸
다. 그의 등장은 여성 무용수들 중심으로 만들어진 고전발레의
흐름에 일대 파란을 일으켰다. 남성 무용수는 여성 무용수가 춤
을 잘 출 수 있도록 잡아주는 역할이 많았지만 발레 뤼스는 남성
인 니진스키가 중심이 되는 작품들을 많이 만들었기 때문이다.

　대표적인 작품이 〈장미의 정령Le Spectre de la rose〉(1911)이다.
도약하는 움직임 하나로 관객들의 혼을 빼앗았고 그에게 무용의
신이라는 호칭을 안겨준 작품이기도 하다. 이 작품은 무도회에
서 돌아와 나른하게 졸음에 빠진 한 사람 앞에 장미 요정이 나

타나 꽃처럼 춤을 추고 사라진다는 몽환적인 이야기를 담고 있다. 상하체가 원피스처럼 붙어 있고 몸의 선이 그대로 드러나는 유니타드unitard에 장미꽃잎을 연상시키는 의상을 입은 니진스키는 마치 눈앞에 장미꽃잎이 흩날리는 것처럼 날아다녔다. 이 작품 안에서 여성 무용수의 가장 중요한 역할은 조용히 의자에 기대어 잠들어 있는 것. 철저히 니진스키를 위해 만들어진 작품이다. 작품 전반부에 무도회에 다녀온 여성이 장미를 들어 향기를 맡는 장면이나 장미의 정령과 추는 파드되에서는 〈지젤〉의 분위기도 느껴진다. 이 작품의 대본이 〈지젤〉을 썼던 테오필 고티에의 시를 바탕으로 만들어졌기 때문이다. 음악은 카를 베버가 아내에게 선물한 곡 〈무도에의 권유〉를 사용했는데 무도회에서 돌아온 소녀가 그 여운이 채 가시지 않아 도취해 있는 상황을 그리는 작품이라 음악도 잘 어울린다. 다리가 불편했던 베버도 이 작품 안에서 니진스키와 함께 마음껏 춤을 추지 않았을까. 이 작품을 볼 때마다 이런 생각에 빠진다. 미하일 포킨이 안무한 이 작품은 10분도 안 되는 단막 작품이지만 발레 뤼스의 대표작으로 꼽힌다.

〈목신의 오후L'Après-midi d'un faune〉(1912)도 남성 무용수가 중심이 된 작품이다. 니진스키가 스스로 안무를 맡았을 뿐 아니라 목신으로 출연했다. 목신은 그리스나 로마 신화에 나오는, 사냥과 목축을 담당하는 반인반수의 신으로 장미의 정령처럼 현

〈장미의 정령〉에서 니진스키

실 밖의 생명체라 작품 전체 분위기가 신비롭다. 이 작품은 프랑스의 시인 말라르메Mallarmé(1842~1898)가 쓴 시를 바탕으로 만든 것이다. 나른한 오후, 잠에서 깨어나 아직은 꿈속을 헤매는 듯 정신 못 차리고 있을 때 물의 요정들이 등장한다. 그 아름다운 모습에 반한 목신은 요정에게 '들이대기' 시작한다. 하지만 어림없다. 목신이 날뛰든 뭘 하든 요정들은 본체만체하고 사라져버린다. 움직임도 19세기 발레와는 다르다. 물의 요정들은 몸통의 위치를 정면으로 향하고, 발은 옆을 향하면서 마치 이집트 벽화에 등장하는 그림 같은 모습으로 걸어나온다. 19세기 고전발레에서는 팔과 팔꿈치, 손이 둥글고 자연스럽게 이어지고, 손가락도 안쪽으로 둥글게 말아야 하지만 이 작품에서는 팔꿈치를 직각으로 꺾고 손가락도 팽팽하게 편다. 전체적으로 무대와 목신과 물의 요정들의 의상도 회화적 요소가 강하다. 드뷔시Debussy(1862~1918)의 음악 〈목신의 오후 전주곡〉(1894)의 나른한 느낌이 더해져서 춤, 음악, 그림, 모든 예술이 하나로 집약된 작품이다. 초연 후 크게 화제가 됐는데 정작 이 작품이 회자가 된 이유는 마지막 장면에 있었다. 물의 요정은 사라지고 혼자 남은 목신이 물의 요정이 떨어뜨리고 간 스카프로 성행위를 하는 것처럼 표현했기 때문이다. 이 장면은 관객들에게 충격을 안겨줬고 외설이라며 난리가 났다. 하지만 10분 분량의 이 길지 않은 작품에는 신화적 아름다움이 가득하고 무용수뿐 아니라 안무가로서

〈목신의 오후〉에서 니진스키

니진스키의 재능도 확실하게 드러난다.

이 두 작품은 주인공이 현실에서 만날 수 있는 존재가 아니라 신화적·환상적 존재라는 점에서 19세기 낭만발레의 흔적을 느낄 수 있다. 〈라실피드〉와 〈지젤〉이 여성 무용수를 중심으로 환상을 보여줬다면 이 두 작품은 남성 무용수를 중심으로 그 환상을 완성했다. 사실 니진스키의 이런 활약은 무용수로서 그의 신체조건을 봤을 때 갸우뚱해지는 부분이 있다. 고전발레에서 원하는 체형과 거리가 좀 있다. 162센티미터의 키, 길지 않고 뭉툭한 다리, 근육이 섬세하게 붙은 것도 아니다. 지금 같으면 발레단에 입단하기도 어려운 신체조건이다. 하지만 그의 춤이나 안무작들은 그것을 넘어서는 힘을 가졌다. 그는 무용수로, 안무가로 활약하며 이전 시대에는 미처 생각지 못한 도발적인 작품들을 내놓았고, 발레사에 가장 위대한 남성 무용수로 기록됐다.

전설을 만든 기획자 디아길레프와
니진스키의 인연

발레 뤼스의 창단자이자 역사상 가장 뛰어난 기획자로 알려진 세르게이 디아길레프. 니진스키의 춤 인생은 디아길레프와의 만남과 이별 안에서 이뤄졌다. 디아길레프는 마린스키극장에서 쫓겨난 니진스키를 발레 뤼스에 전격 영입했고, 많은 작품을 그에게 맞춰 만들었다. 디아길레프의 탁월한 기획력과 영업력, 마케팅 능력은 니진스키를 스타로 만들어내는 데 충분했다. 디아길레프와 니진스키는 예술적 동지로서, 연인으로서 발레 뤼스의 주요 작품들을 함께 했고, 매 공연마다 센세이션을 일으켰다. 둘의 관계는 1913년, 니진스키가 디아길레프 없이 떠난 해외 공연 길에 자신을 오랫동안 사모해오던 한 여성과 결혼을 함으로써 끝이 나버린다. 멀리서 이 소식을 들은 디아길레프 입장에서는 환장할 노릇 아닌가. 사랑에 배신당한 그는 니진스키를 발레 뤼스에서 쫓아낸 것은 물론 니진스키에 대한 모든 지원을 끊는다. 니진스키가 전설적인 무용수로 남을 수 있었던 것은 디아길레프를 만난 덕분이지만 동시에 그와의 아름답지 못한 이별은 니진스키를 나락으로 떨어뜨리는 도화선이 되기도 했다.

디아길레프와 결별한 니진스키는 발레단 창단도 시도했지만 춤을 추고 안무를 하는 것 외에는 할 줄 아는 것이 별로 없었던 터라 극장과 원만히 계약을 성사시키지 못했고 건강에도 이상이 생겨 결국 창단도 무산됐다. 이후 아내 로몰라와 함께 처가인 헝가리로 건너가지만 1914년에 터진 1차대전은 그에게 생각지 못한 문제를 가져온다. 러시아인이라는 이유로 1년 반 동안 감금을 당한 것. 니진스키의 국적은 러시아이지만 러시아로 귀화한 폴란드인 부모님들 사이에서 태어났고, 스스로를 폴란드인이라고 여겼

턴 점을 감안하면 안타까운 일이다. 발레단 창단은 무산되고 엎친 데 덮쳐 감금을 당하는 상황까지 일어나자 니진스키는 큰 충격을 받는다. 이 문제를 해결하고 그를 풀려나게 한 건 디아길레프의 노력이었다. 배신한 옛 연인에 대한 미련이 남아 있었기 때문일까. 그 속은 알 수 없지만 확실한 건 당시 발레 뤼스가 미국 투어를 준비하는 과정에서 후원자가 니진스키의 출연을 강력히 요구했다는 뒷이야기가 들린다. 풀려난 니진스키는 미국 투어와 이후 남미 투어 공연까지 무사히 마쳤다. 하지만 몇 년간 겪은 일들이 그의 감정과 정신을 완전히 흔들어놓았다. 애석하게도 1917년을 끝으로 그는 다시는 무대에 오르지 못했다. 그리고 정신질환의 암흑 속을 헤매다가 1950년에 눈을 감는다. 니진스키는 자신에게 닥칠 어둠의 그림자를 감지했던 걸까. 1919년 1월, 그는 남아 있는 정신을 붙들고 그동안 자신이 겪었던 일들과 생각들을 재빠르게 써내려갔다. 그때 6주 동안 그가 직접 쓴 글은 후대에 니진스키의 생애를 연구하는 데 중요한 자료가 되었다.

발레 뤼스 시절 몇 년간, 불꽃처럼 피어올랐다가 이후 30년을 혼자만의 세계에 갇혀 고통스럽게 죽어간 천재. 디아길레프는 니진스키의 발레단 창단에 훼방을 놓기도 하고 많은 부분에서 니진스키의 재기를 막기도 했다. 동시에 기획자로서 디아길레프의 능력이 그동안 얼마나 탁월했는지도 가늠하게 된다. 디아길레프는 대학에서 법학과 미술, 음악을 공부했고, 작곡가를 꿈

꾸기도 했으며 미술비평가와 전시기획자로 활동할 정도로 예술
적 소양이 깊었다. 1898년 창간했던 잡지《예술세계*Mir Iskusstva*》
는 서유럽의 예술을 소개하고, 러시아의 예술가들에 대한 내용
을 다루면서 러시아 문화예술계를 이끌 정도로 인정을 받았다.
이 잡지의 성공을 계기로 마린스키발레단과 인연이 닿고 이후 발
레 뤼스 창단까지 이어졌던 것. 발레 뤼스의 성공 뒤에는 디아길
레프의 예술적 식견이 크게 작용했다는 것을 알 수 있다. 니진스
키의 능력은 훌륭한 기획자를 만난 덕분에 제 빛을 발한 것이다.
혹자는 니진스키가 디아길레프의 희생자가 아니라 디아길레프의
능력을 이용한 주도면밀한 사람이라는 이야기도 한다. 디아길레
프 이전에도 동성연인이 있었고, 디아길레프의 연인이 되기 위해
적극적이었다는 말도 나오는 걸 보면 자신의 예술적 입지와 활동
을 위해 전략적 연애관계를 맺었을 가능성도 배제할 수는 없다.
진실은 두 사람 사이에 묻혔다. 진실이 무엇이든, 그 두 사람은
공연예술에서 뛰어난 궁합을 보였던 게 사실이고, 두 사람이 함
께한 몇 년은 발레사의 흐름을 완전히 바꿔놓았다.

스트라빈스키,
〈봄의 제전〉으로 일으킨 혁명

발레 뤼스의 성공을 돌아볼 때 꼭 짚고 넘어가야 할 작곡가가 있다. 1910년, 발레음악 작곡가를 찾는 디아길레프 앞에 이십대 젊은 청년이 나타난다. 이 만남은 발레 뤼스가 다음 단계로 전진하는 가장 강력한 도화선이 됐다. 발레 뤼스의 혁신적 작품에 결정적인 역할을 한 작곡가, 스트라빈스키. 19세기 러시아에 차이콥스키가 있었다면 발레 뤼스에는 스트라빈스키가 있다. 스트라빈스키를 만나면서 발레 뤼스는 기존 음악들을 편곡하는 차원에서 벗어나 진정한 창작발레로의 도전이 가능해졌다.

스트라빈스키의 발레음악 첫 도전은 〈불새L'Oiseau de feu〉 (1910). 첫 작품부터 대성공을 거둔다. 내용은 이렇다. 악마 카체이의 성 근처 황금나무에서 이반 왕자는 불새 한 마리를 잡게 된다. 왕자는 불새의 애원에 깃털 하나를 받고 불새를 놓아주는데 이 사건을 계기로 이반 왕자는 불새의 도움을 받아 마법에 갇힌 공주를 구원하고 결혼한다는 이야기이다. 이 작품은 음악이 주는 강렬함, 회화적인 무대세트로 신선함을 안겨주었고 관객들은 환호했다. 첫 작품의 대성공으로 스트라빈스키는 유럽에서 일약 스타덤에 올랐고 이후 미하일 포킨이 안무하고 니진스키가 출연한 〈페트루슈카Petrushka〉(1911)의 성공으로 발레음악에서 최고의

〈페트루슈카〉에서 니진스키

작곡가로 인정받게 된다.

〈페트루슈카〉는 꼭두각시 인형 페트루슈카가 극장 주인에게 가둬진 채 사람들 앞에서 춤을 추면서 돈벌이에 이용되다가 결국은 동료 인형인 무어인에게 죽임을 당하는 이야기다. 그 사이에는 삼각관계의 여자 인형도 등장한다. 마지막 장면에서 죽은 페트루슈카의 영혼이 절규하는 모습은 니진스키의 삶을 돌아볼 때 마음 아프게 다가오기도 한다. 스트라빈스키의 음악과 무대 세트의 회화적 색감이 뛰어나서 발레 뤼스 최고의 걸작으로 손꼽히기도 한다. 파리 몽마르트르에 묻힌 니진스키. 비석 옆에는 다른 무엇도 아닌 페트루슈카 복장을 한 니진스키의 동상이 앉아 있다.

하지만 스트라빈스키와 발레 뤼스의 최대 화제작은 따로 있다. 스트라빈스키의 음악에 니진스키가 안무와 대본을 맡은 〈봄의 제전Le Sacre du printemps〉(1913)이 그것이다. 이 작품은 당시에는 논란의 문제작이었지만 현재는 발레사 최고의 화제작으로 남았다. 불협화음이 이어지는 독특한 음악에 안무와 의상은 파격 그 이상. 머리를 길게 양 갈래로 땋아서 늘어뜨린 여성 무용수들이 얼굴에는 하얀 분칠을 하고, 포대 자루 같은 옷을 뒤집어쓰고 나와서는 신들린 사람처럼 온몸을 사시나무 떨듯이 떨며 춤을 춘다. 우리가 아는 발레의 움직임은 하나도 없다. 이 괴기스러운 움직임과 형상은 급기야 소녀 한 명이 번쩍 들어올려져

〈봄의 제전〉 초연 당시 모습

제물로 바쳐지면서 끝이 난다. 그 순간, 오케스트라의 연주는 목
숨이 끊어지는 것처럼 한순간에 확 끊어진다. 이 무슨 해괴한 작
품인가. 아니나 다를까, 공연장은 아수라장이 됐다. 니진스키의
의지로 작품은 끝까지 공연됐지만 관객들은 욕설을 퍼붓고 뛰쳐
나갔다. 얼마나 관객들이 소리를 쳤으면 무용수들이 음악을 제
대로 들을 수 없어서 니진스키가 무대 옆에서 무용수들에게 박
자를 세주며 서 있었다는 일화도 전해진다. 이 광경은 영화 〈샤
넬과 스트라빈스키Coco Chanel & Igor Stravinsky〉(2009)의 첫 장
면에서 고스란히 재현된다. 그날의 분위기를 영화 속에서 그대로
느낄 수 있다. 공연 직후 수많은 후원자들이 작품에 대한 비난과
함께 후원을 끊고 돌아서면서 발레 뤼스의 명성과 인기가 하루
아침에 곤두박질쳤다.

 이 작품은 디아길레프, 니진스키, 스트라빈스키의 결별을 초
래했을 뿐 아니라 니진스키의 인생을 완전히 바꿔놓는다. 이 공
연 이후로 극장들은 니진스키가 안무한 작품들을 올리기 꺼려했
고, 새로운 작품은 미하일 포킨에게 안무를 맡기는 조건을 내세
웠다. 니진스키 때문에 안무에서 밀려나면서 상처를 받았던 포킨
도 이때를 놓칠세라 자신의 작품에 니진스키의 출연을 거부하고
나서면서 발레단을 운영하는 사람으로서 디아길레프는 결단해야
했다. 니진스키에게 1년 정도 발레단을 떠나 있기를 권한 것이
다. 화가 난 니진스키는 바로 이때, 남미 투어에 오른 길에 '홧김

에 결혼'을 감행한 것이다. 결과적으로 그 결혼 이후 니진스키는 예술적 위기로 내몰렸고 예술가로서 죽음의 길에 들어서게 돼버린다. 어쩌면 '봄의 제전'의 진정한 제물은 니진스키 그 자신이었는지도 모른다.

반면에 스트라빈스키는 연주회를 추진하며 음악으로서 〈봄의 제전〉을 지켰고, 혁명적인 현대음악을 견인한 작곡가로 자리잡았다. 오랜 세월이 흐른 뒤에 스트라빈스키는 안무가로서 니진스키의 재능을 인정하게 됐다. 〈봄의 제전〉은 그 이후 수많은 안무가들에게 영감을 주는 특별한 음악이 되었다. 마사 그레이엄 Martha Graham(1894~1991), 피나 바우슈Pina Bausch(1940~2009), 모리스 베자르Maurice Béjart(1927~2007), 앙줄랭 프렐조카주 Angelin Preljocaj(1957~) 등 걸출한 안무가들이 모두 〈봄의 제전〉이라는 통과의례를 거쳤다. 이들은 각자 자신의 색깔대로 〈봄의 제전〉을 탄생시켰고 관객들은 매번 이 음악에 입혀진 예술의 창조성에 놀라게 된다. 흙바닥 위에서 추는 피나 바우슈의 〈봄의 제전〉은 공연이 진행되면 진행될수록 무용수들의 하얀 옷과 온몸에 땀과 흙이 얼룩져서 삶과 죽음의 치열한 흔적을 남긴다. 앙줄랭 프렐조카주의 〈봄의 제전〉에서는 제물로 간택된 여성 무용수가 전라의 상태로 추는 마지막 10분의 춤이 압권이다. 죽어야만 하는 운명과 그것을 피하고 싶은 절규, 끝내 포기하고 받아들이는 과정이 찢겨져나가는 옷자락과 나체의 몸에 관능적이면서도 처절하게 묻어난다.

새로운 안무작이 계속 나온다는 점은 〈봄의 제전〉이 음악의 승리였음을 보여준다. 이 원시적이며 인간의 근원을 자극하는 리듬은 사람을 자극, 흥분, 동요, 광란의 상태로 이끌어낸다. 환희와 절망이 동시에 표출된다. 아름다운 화성 대신 리듬을 정교하게 음악으로 완성해낸 스트라빈스키의 저력에 놀라지 않을 수 없다. 그의 음악이 갖는 영향력이 크다보니 춤과 음악 사이에 어떤 것이 더 주도권을 갖느냐는 질문도 품게 된다. 이 춤을 위해 그 음악이 존재하는가, 그 음악이라서 이 춤이 가능한 것인가. 세 사람은 이 작품으로 찢겨졌지만, 돌아보니 발레 뤼스의 〈봄의 제전〉은 음악이 춤의 보조가 되지 않고, 동시에 음악에게 춤이 끌려가지 않고 조화로운 합일을 이뤄낸 걸작이었다.

발레 뤼스를 이은
모나코 몬테카를로

발레 뤼스의 신화는 1929년 디아길레프의 죽음을 끝으로 막을 내린다. 그가 사망하고 난 뒤 발레단은 해체되고 참여했던 예술가들은 세계 각국으로 뿔뿔이 흩어졌다. 안타까운 부분만 있는 건 아니다. 덕분에 그동안 유럽에서 주로 사랑받던 발레가 아메리카 대륙까지 뻗어나갔고 아티스트들은 그곳에서 활발하게 작품 활동을 펼치게 된 것이다. 한편으로는 발레 뤼스와 디아길레프가 남긴 예술적 유산을 이어가려고 노력하는 사람들도 있었다. 그런 노력으로 1932년, '발레 뤼스 드 몬테카를로Ballets Russe de Monte-Carlo'라는 이름의 발레단이 탄생한다. 이 발레단은 이후 내부의 의견 충돌로 여러 가지 우여곡절을 겪고 이름도 여러 차례 바뀐 끝에 1985년, 모나코에서 몬테카를로발레단Les Ballets de Monte-Carlo이 세워지면서 상황이 정리됐다.

몬테카를로발레단은 1993년 안무가 장-크리스토프 마요Jean-Christophe Maillot(1961~)가 예술감독을 맡으면서 세계적인 발레단으로 성장하게 된다. 지금은 발레 뤼스의 흔적을 보려는 게 아니라 마요의 색깔을 보려고 이 발레단의 작품을 찾게 될 정도로 그의 개성이 뚜렷한 작품들이 무대에 오르고 있다. 한 시대를 풍미했던 예술, 한 발레단에서 만들어낸 작품세계는 그 시절만의 공기가 있나보다. 시대의 분위기, 그 시절을 사는 사람들, 그곳에 떠다니는 모든 공기도 작품의 창작자가 되나보다. 발레 뤼스에는 벨 에포크의 풍미가 있다면, 현재 몬테카를로발레단의 작품에는 그 나름의 미술적 요소와 시대의 풍미가 담겨 있다.

예술은 시대마다, 공간마다 다른 공기로 숨을 쉬고, 그때의 호흡이 모인 작품들을 세상에 남긴다. '벨 에포크'라는 단어는 당시 음울하고 힘들었던 사람들의 이야기를 지워버리고 사회적 문제에 눈을 감게 만들긴 했지만, 적어도 발레 안에서는 좋은 시절이자 신세계였다. 니진스키는 내 생애에서 처음으로 알게 된 발레리노이기도 하다. 한번 공중으로 뛰어오르면 언제 착지할지 알수 없었다는 일화는 여중생이었던 나의 상상력을 자극시켰고, 발레 뤼스의 작품들을 처음 봤을 때는 신선한 충격에서 한동안 헤어나올 수 없었다. 스트라빈스키의 음악도 귀와 가슴을 뛰게했다. 이 모든 것은 내게 발레에 더욱 빠지게 만드는 계기가 되기도 했다.

디아길레프는 사망하기 몇 년 전, 이미 스트라빈스키와도 의견 충돌이 잦아 사이가 틀어진 상태였다. 그의 죽음을 전해들은 스트라빈스키는 굉장히 애통해했다고 한다. 니진스키와 스트라빈스키와 결별한 후 디아길레프는 다른 무용수들과 작곡가들을 영입해서 작업을 했지만 이 둘과 함께했었을 때만큼 성과를 거두지 못했다. 셋은 조금 더 함께했어야 했다. 발레 뤼스의 활동시기는 20년, 니진스키가 무용수로 활약한 건 10년. 몇 세기에 걸친 발레의 역사를 볼 때 찰나에 지나지 않는 시간이다. 마치 봄날의 벚꽃 같다. 애틋할 정도로 짧았고, 그 잔향은 벚꽃이 흩날리는 모습처럼 아름답고 아쉽게, 오래 남았다.

보는 음악, 듣는 춤,
신고전주의 발레

그리스 로마 신화에 많은 신들이 등장하지만 젊고 아름다운 용모로 수많은 여신들을 '심쿵'하게 만들며 염문을 뿌리고 다닌 신이 있다. 심지어 그의 애정행각은 인간과 소년에게까지 미쳤다. 피는 못 속인다더니 다름 아닌 바람둥이 제우스의 아들, 아폴로가 그 주인공. 그는 태양, 예언, 궁술을 관장하며 음악과 시를 사랑해서 많은 뮤즈들을 거느린다. 그의 빼어난 용모 덕분일까, 아니면 뮤즈들이 전하는 영감 때문일까. 예술가들의 마음도 사로잡은 아폴로는 그림과 조각의 단골 모델이 돼서 종종 미술관에 등장한다. 그런데 그림이나 하얀 석상이 되어 서 있던 아폴로를 공연장 무대 위로 데려와 춤을 추게 만든 사람이 있다. 안무가 조지 발란신이 이 발레 작품 안에 아폴로를 날아다니는 조각상, 춤추는 조각상으로 환생시킨 것이다.

줄거리가 사라진 곳에
음악이 춤을 춘다

조지 발란신이 안무한 〈아폴로Apollo〉(1928)에서 아폴로는 서사시를 관장하는 뮤즈 칼리오페Calliope, 찬가와 팬터마임을 관장하는 폴리힘니아Polyhymnia, 그리고 합창과 춤의 여신인 테르프시코레Terpsichore와 함께 춤을 춘다. 여신들이 등장하지만 주인공은 단연 아폴로. 남성 무용수가 중심이 된 작품이다. 이 대목에서 발레 뤼스의 〈장미의 정령〉이나 〈목신의 오후〉가 떠오르는 건 왜일까. 아니나 다를까, 〈아폴로〉는 조지 발란신이 발레 뤼스에서 만든 작품이었다. 하지만 이 작품은 발레 뤼스의 다른 작품들과 확연하게 구분되는 몇 가지 특징이 있다. 바로 그것 때문에 〈아폴로〉는 발레 뤼스의 작품으로 기억되기보다 발레에서 신고전주의, 네오클래식Neo-Classicism의 문을 연 작품으로 기록되었다.

신고전주의 발레는 고전발레와 어떤 차이가 있을까. 가장 눈에 띄는 차이점은 줄거리가 사라졌다는 것이다! 그러자 많은 변화가 일어났다. 줄거리가 없으니 등장인물이 감정이나 상황을 전달하기 위해 사용했던 연기의 요소인 마임이 사라졌고, 단골 주인공이었던 공주님과 왕자님도 등장하지 않는다. 자연히 화려한 의상도, 왕궁이나 호숫가를 표현하는 웅장한 세트도 필요 없어졌고, 결혼식과 파티 장면에 종종 등장하는 디베르티스망도 사라졌다. 남은 것은 오로지 음악과 무용수의 몸. 〈아폴로〉로 예로 들자면 남성 무용수는 신체가 그대로 드러나는 간단한 상의와 타이츠를, 여성 무용수들은 흰색 레오타드에 짧은 시폰 치마만 입고 나온다. 무용수의 신체가 거의 그대로 드러나는 단순한 의상을 채택한 것이다. 발란신은 러시아 상트페테르부르크 출신으로 고전발레를 배우며 자란 사람이지만 19세기 러시아 발레의 화려한 무대와 장식들, 줄거리는 춤이 갖는 의미와 맞지 않는다고 생각했다. 이야기를 표현하기보다는 몸과 춤 동작 자체를 보여주는 것이 발레의 진정한 의미라고 생각했고 그것이 발레 〈아폴로〉의 탄생으로 이어진 것이다.

그런데 줄거리가 사라진 점 외에 신고전주의 발레에는 더 중요한 특징이 있다. 음악이 주는 이미지를 춤으로 형상화·시각화했다는 점이다. 고전발레에서는 스토리의 진행에 맞춰 음악도 서사를 함께했다. 예를 들어 발레 〈호두까기 인형〉의 경우 눈 내리는 크리스마스 거리와 거실이 배경이 되는 첫 장면에는 그 분위기를 담은 잔잔하고 명랑한 음악이 흐른다. 중반에 병정들과 쥐 군대가 싸울 때는 긴박한 음악이 흐르다가 호두까기 인형이 쥐 대마왕을 물리치는 순간에 음악 소리는 최고조에 달한다. 모든 문제가 해소된 후반부에 음악은 부드럽고 화사한 음색으로 바뀌며 눈꽃송이 왈츠가 펼쳐진다. 그리고 마침내 크리스마스 트리

앞에서 화려하면서도 감동적인 피날레로 춤과 음악은 마무리된다. 차이콥스키가 발레의 줄거리를 생각하고 곡을 썼기 때문에 음악과 작품의 줄거리가 같은 호흡과 맥락의 기승전결을 갖고 있던 것이다. 하지만 신고전주의 발레에서 음악은 줄거리를 보여주기 위한 흐름이 아니라 움직임 자체와 조화를 이룬다. 음악과 춤의 합일이 이전과는 다른 방향에서 이뤄진 것이다.

고전발레 속 음악은 애초부터 '발레 작품을 위한 음악'이었지만 신고전주의 발레에서는 발레를 위해 만들어진 음악이 아닌 '음악을 위해 작곡된 음악'도 쓰이기 시작했다. 발레 뤼스의 〈장미의 정령〉이나 〈목신의 오후〉 등 몇몇 작품들도 이런 시도를 했지만 이 작품들은 어느 정도 줄거리를 갖고 있었다는 점에서 신고전주의 발레와 차이가 있다. 신고전주의 발레는 음악을 몸짓으로 바꿔놓았다고 할 수 있기 때문에 춤을 추는 사람들의 몸 자체가 음표이자 악보이다. 지금까지의 이야기를 종합해보면 신고전주의 발레, 네오클래식 발레는 고전발레의 형식에서 탈피하고, 줄거리 없이 음악을 춤으로 시각화한 20세기 발레이다. 신고전주의라는 이름이 붙은 것은 발레가 갖고 있는 고전적인 아름다움은 유지하고 있기 때문이다. 음악의 사용에서도, 춤의 구성에서도 신고전주의 발레가 완전히 사조로 자리잡게 된 건 조지 발란신이 파리에서 미국으로 건너가면서부터다.

미국에서 꽃을 피운
신고전주의 발레

1929년, 디아길레프의 죽음은 발레사의 한 시대를 마감하는 기준점이 됐다. 발레 뤼스의 해체 이후 발란신도 어느 곳에서 예술세계를 계속 펼쳐나갈 것인지 고민했고 결국 그가 향한 곳은 미국이었다. 이 행보는 유럽의 발레가 미국으로 뻗어나가는 계기가 됐다. 당시 미국은 발레에 익숙한 나라가 아니었다. 발란신의 미국행은 한 사람의 권유가 결정적이었는데 무용 평론가이자 공연 기획자, 독지가였던 링컨 커스틴Lincoln Kirstein(1907~1996)이 미국의 발레를 만들겠다는 야심 찬 계획을 갖고 발란신을 초빙한 것이다. 커스틴의 적극적인 뒷받침과 발레단 이전에 발레학교를 먼저 세워야 한다는 발란신의 의견이 만나, 1933년 뉴욕에는 아메리칸발레학교School of American Ballet, SAB가 세워지게 된다. 프랑스 발레가 루이 14세가 세운 왕립무용학교를 통해 발전했다면, 미국 발레의 성장은 이 아메리칸발레학교가 기초가 됐다. 교육은 백년지대계이자 미래를 위한 가장 가치 있는 투자란 점을 다시 한번 느끼게 된다. 두 사람은 이 학교를 시작으로 무용수를 양성하고 1948년 뉴욕에 발레단을 세우는데 이것이 오늘날의 뉴욕시티발레단New York City Ballet, NYCB으로 발전하게 된다. 이 학교와 발레단을 거점으로 발란신은 자신만의 작품세계를 펼쳐

241

나갔고, 커스틴과 발란신의 협업은 1983년 발란신이 사망할 때까지 이어졌다. 미국에서 발레가 뿌리내리고 발란신의 이름이 발레사에 남게 된 것은 링컨 커스틴이 있었기 때문에 가능했다.

발란신이 미국에서 첫 작품으로 선보인 건 〈세레나데Serenade〉 (1934)였다. 〈아폴로〉로 시작된 신고전주의 발레는 이 작품을 통해 확실하게 뿌리내리게 된다. '세레나데'는 저녁 창가에서 연인을 향해 부르는 사랑의 노래를 뜻한다. 이 작품에 사용된 음악 〈현을 위한 세레나데 C장조Serenade for Strings in C Major〉(1880)는 차이콥스키가 발레를 위해 작곡한 음악은 아니었다. 게다가 발레 〈세레나데〉가 만들어질 때 차이콥스키는 이미 다른 세상의 사람이었다. 〈현을 위한 세레나데 C장조〉는 총 4개의 악장으로 구성돼 있다. 소나티네 형식의 1악장은 서정적이다. 2악장은 우아하면서도 흥겨운 왈츠이고 3악장에서는 우수에 찬 엘레지가 부드럽게 흐른다. 4악장은 러시아 민요풍의 음악으로 시작해서 활기차고 웅장한 마무리로 이어진다. 그런데 조지 발란신은 이런 음악적 흐름을 약간 변경해서 사용했다. 3악장과 4악장의 순서를 바꿈으로써 우수어린 분위기로 춤을 마무리 지은 것이다. 그래서 발레 〈세레나데〉는 원래 작곡된 순서와 달리 소나티네, 왈츠, 러시안 댄스, 엘레지로 진행된다. 곡의 원래 악장 순서는 음악적으로 다양한 구성 변화를 보인 뒤 장엄한 끝맺음을 보이지만 발레 작품은 연인의 창가에서 조용히 노래를 시작해서 격정적인

조지 발란신이 미국에서 첫선을 보인 신고전주의 발레 〈세레나데〉

사랑의 감정을 쏟아낸 뒤 슬픔의 인사를 건네며 사라지는 흐름을 보인다. 음악적으로는 원래의 악장 순서가 좋고, 춤의 호흡을 생각할 때는 발란신이 시도한 변화가 낭만적이다.

이 작품의 군무는 고전발레와 확연한 차이를 보인다. 〈세레나데〉 속에서 파란색 레오타드에 긴 로맨틱 튀튀를 입고 춤을 추는 여성 무용수들의 모습에서는 낭만발레의 정취도 느껴지지만 낭만발레 대표작 〈지젤〉이 '칼군무'로 정형미의 극치를 보여준 것과 달리 이 작품은 자유롭고 다채로운 변화를 보여준다. 똑같이 로맨틱 튀튀를 입었지만 〈지젤〉의 의상은 웨딩드레스를 연상시킬 정도로 장식적인 분위기를 갖고 있고, 〈세레나데〉의 의상은 간결한 레오타드에 스커트만 입은 형태다. 무용수의 신체의 선에 집중한 발란신의 의도와 안무적 특징이 반영된 것이다. 발레의 미와 자유롭고 역동적인 움직임의 조화, 〈세레나데〉는 미국에서 첫 신고식을 치루는 작품으로는 안성맞춤이었다.

차이콥스키는 〈현을 위한 세레나데 C장조〉를 쓴 후에 그의 후원자 폰 메크 부인에게 보낸 편지에서 "이 곡은 나의 가슴에서 우러나온 감성들을 모두 담고 있다"는 말을 전했을 정도로 이 곡을 사랑했다. 발란신은 이 발레 작품을 만들면서 "음악 안에서 차이콥스키가 자신을 돕고 있다는 것을 느꼈다"고 말하기도 했다. 발레 〈세레나데〉는 예술을 향한 차이콥스키와 발란신, 두 사람의 사랑의 고백이자 노래라고 생각한다.

발레로 세공된 〈주얼스〉

미국에서 성공적인 안무가로 자리를 잡은 발란신은 환갑을 넘긴 나이에 눈에 띄는 작품을 하나 탄생시킨다. 그 작품이 〈주얼스Jewels〉(1967)이다. 1960년대에 뉴욕스테이트극장에서 초연된 이 작품은 오늘날까지도 여러 발레단에서 계속 공연될 정도로 인기 레퍼토리이다. 에메랄드, 루비, 다이아몬드, 세 가지 보석의 이미지를 음악과 일치시켜서 춤으로 시각화했고, 의상도 각 보석의 색채를 그대로 살려서 무용수가 보석 그 자체가 된 느낌마저 든다. 그야말로 '보는 음악, 듣는 춤'을 완성한 것이다. 다만, 작곡가들이 들으면 실망할 수도 있는데, 각 음악에서 추구하는 메시지나 내용을 춤으로 표현한 게 아니라 음악에서 들리는 이미지만 가져와서 춤으로 치환했다. 대신 이 춤은 그 작곡가들에게 헌정한다는 의미를 갖고 있다.

〈에메랄드〉의 경우 가브리엘 포레Gabriel Fauré(1845~1924)가 작곡한 〈펠레아스와 멜리장드Pelléas et Mélisande〉(1898)와 〈샤일록Shylock〉(1889)을 사용했다. 에메랄드의 색채를 담은 로맨틱 튀튀와 춤의 분위기는 낭만적이고 싱그러운 느낌을 자아낸다. 〈루비〉는 상당히 도발적이다. 스트라빈스키의 〈피아노와 오케스트라를 위한 카프리치오Capriccio for Piano and Orchestra〉(1929)에 맞춰 탄력 있고 강렬한 춤을 선보이며 루비의 정열적인 이미지를 전달한다. 짧은 스커트를 입고 모던하면서 자신만만한 춤사위를 선보이는 여성 무용수의 모습은 발칙한 매력도 뿜어낸다. 반면에 차이콥스키의 〈교향곡 3번Symphony No. 3 in D major〉(1875)에 맞춰 무용수들이 흰색의 튀튀와 의상을 입고 등장하는 〈다이아몬드〉에서는 고전적 기품이 풍겨 나온다. 〈주얼스〉은 진짜 보석 사업자와 손을 잡고 탄생시킨 걸로도 유명하다. 작품의 영감이 된 건 보석 브랜드 반 클리프 앤 아펠Van Cleef & Arpels의 보석들이었다. 이 브랜드의 디자이너 중 한 명인 클로드 아펠Claude Arpels이 발레 애호가여서 조지 발란신과 작품에 대한 아이디어를 서로 주고받은 것으로 알려져 있다. 반 클리프 앤 아펠은 이후에 춤추는 발레리나의 모습에 보석을 세팅한 컬렉션을 내놓기도 하고, 지난 2007년에는 발레 〈주얼스〉의 탄생 40주년 기념 컬렉션을 만들었을 정도로 이 작품에 대한 애정을 드러냈다.

〈주얼스〉의 의상과 동작들을 볼 때 에메랄드는 낭만발레, 루비는 모던발레, 다이아몬드에는 고전발레의 풍미가 있다. 에메랄드는 프랑스, 루비는 미국, 다이아몬드는 러시아의 색채를 담고 있어서 러시아에서 탄생해 프랑스와 미국에서 활동했던 발란신의 행보가 읽히는 작품이기도 하다. 〈주얼스〉은 발란신이 걸어온 예술의 길과 그가 추구하던 발레의 모습이 하나로 만난 집합체이자 보석이었던 것이다.

신고전주의 발레 〈주얼스〉 중 에메랄드, 루비, 다이아몬드

발란신의 예술적 실험을 함께 한
스트라빈스키

링컨 커스틴 외에 발란신에게는 예술적 행보를 함께한 평생의 친구가 한 명 더 있었다. 이고리 스트라빈스키다. 발레 뤼스의 해체 이후 발란신이 먼저 미국에 들어갔지만 2차대전이 발발하자 스트라빈스키도 1945년 미국으로 망명해서 두 사람은 15년 만에 재회하게 된다. 이 정도면 운명의 만남 아닌가. 발레 뤼스에서의 만남의 전초전이었을 뿐. 예술적인 궁합이 기가 막히게 맞았던 두 사람은 미국에서 본격적으로 협업하게 됐다. 특히 스트라빈스키는 신고전주의 음악으로 함께했다.

1920년대에 들어서면서 음악에서도 신고전주의가 태동한다. 19세기 후반부터 20세기 초, 낭만주의 음악이 전성기를 맞이하면서 객관성보다는 주관적인 표현이 강해진다. 그런데 이런 낭만주의 음악들에 눈살을 찌푸린 작곡가들도 있었다. 그들에게 이 음악들은 천방지축 날뛰는 것처럼 보였고 고상한 맛이 하나도 없다고 느껴졌다. 쯧쯧쯧, 낭만주의 음악 뒤에서는 혀 차는 소리를 내던 그들은 고전주의 시대의 아름다움을 음악 안에 부활시키고자 했고, 엄격한 형식미를 재현하는 음악들을 작곡하기 시작했다. 시대가 변한 만큼 과거의 음악 형식은 그대로 답습되기보다 작곡가마다 다른 방식이 더해지면서 신고전주의 음악으로 탄생했는데 스트라빈스키도 이 흐름에 합류한다. 발레 〈아폴로〉의 음악을 들어보면 〈불새〉〈페트루슈카〉〈봄의 제전〉 등 스트라빈스키가 발레 뤼스에서 선보였던 다른 음악과 차이를 느낄 수 있다. 스트라빈스키의 음악 중 신고전주의 색채가 가장 잘 드러난 곡으로는 〈풀치넬라Pulcinella〉(1920)가 꼽힌다. 광대 풀치넬라의 이야기를 담은 이 곡은 원래 발레 뤼스에서 올린 발레 작품을 위해 만든 곡인데 현재 발레 작품은 별로 공연되지 않고 개작을 거쳐 8악장으로 남은 모음곡이 종종 연주된다. 이 모음곡 중 〈신포니아Sinfonia〉는 밝고 힘찬 선율 안에 고전미를 잘 배합한 곡으로 유명하다. "〈풀치넬라〉는 과거를 발견하는 계기이자 이후의 작품들을 가능하게 해줬다." 스트라빈스키는 후에 이렇게 회상했다. 평생에 걸쳐 음악적으로 다양한 변화를 보여준 스트라빈스키에게 신고전주의 음악은 가교가 된 게 분명하다.

발란신과 스트라빈스키가 함께 작업한 발레 작품은 총 40여 편에 이른다. 스트라빈스키는 발레 〈봄의 제전〉 초연 당시 니진스키에게 농락당한 기분으로 언짢아했던 것과는 달리 발란신과는 처음부터 끝까지 죽이 척척 맞았다. 스물두 살의 나이 차이를 넘어선 그들의 우정은 평생 지속됐을 정도이다. 그 둘의 운명은 디아길레프의 죽음과 발레 뤼스의 종식으로 예상치 못한 곳으로 흘러갔지만, 결과적으로 그 흐름이 예술에서 신고전주의가 뿌리내릴 수 있는 길이 됐다.

피부색을 넘어선 발레,
함께 춤춘 12음 음악

스트라빈스키와 발란신의 예술적 실험은 여기서 멈추지 않았다. 스트라빈스키가 새롭게 관심을 갖게 된 '12음 음악'과 함께 발란신은 또 한 편의 화제작을 만들었는데 바로 〈아곤Agon〉(1957)이다. 그런데 12음 음악이란 무엇일까. 장조, 단조 등 음악의 성격을 결정하는 조성이 있는 음악에는 으뜸음이 존재한다. 음에도 으뜸이 있고 버금이 있다. 장조의 성격을 가진 음악에서는 보통 '도'가 으뜸음이 된다. 그런데 12음 음악은 한 옥타브 안 12개의 음에 모두 똑같은 가치를 두고 작곡하는 음악이다. 쉽게 말하자면 이렇다. 12개 음의 순번을 다양하게 변화시켜서 이렇게도 늘어놓고 저렇게도 늘어놓으며 음악을 만드는 것이다. 음이 등장하는 순서를 정해 늘어놓기 때문에 이걸 음렬이라고 하는데 음렬을 어떻게 다양하게 변화시키느냐에 따라 음악이 달라진다. 즉, 12개 음을 어떻게 나열해서 음악을 만드느냐가 작곡가의 역량인 것이다. 이 기법은 아르놀트 쇤베르크Arnold Schoenberg(1874~1951)가 처음 만들어냈다. 당시 스트라빈스키는 그의 음악을 좋아하지 않았고 그와 사이도 좋지 않았기 때문에 12음 음악에도 관심이 없었다. 하지만 원래 사이가 좋지 않았던 사람이 갑자기 죽게 되면 그 충격이 남다른 법. 1951년, 쇤베르크의 급작스러운 죽음으로 놀란 스트라빈스키는 그의 12음 음악에 관심을 갖게 됐고 이후에는 12음 기법을 적극 받아들여 작곡 작업을 했다. 작곡가로서 신고전주의 이후 또 한 번의 전환점을 맞이한 셈인데 말년에는 종교음악 작곡에도 심취했을 정도로 그는 전 생애에 걸쳐 변화무쌍한 모습을 보여줬다. '카멜레온 같은 음악가'라는 평가는 괜히 나온 게 아니다.

〈아곤〉은 12음 기법의 음악을 썼다는 점도 특이했지만 이 작품이 화제가 된 진짜 이유는 다른 데 있었다. 파드되 장면에 남성 흑인 무용수를 기용한 것이다. 인종차별이 심했던 1950년대의 미국에서 백인 여성이 흑인 남성과 춤을 춘다는 건 충격적인 사건이었다. 캐스팅을 바꾸라는 압력과 비난이 쏟아졌지만 이에 굴하지 않고 그를 〈아곤〉의 파드되 무대에 세운 발란신의 결정은 그 자체가 혁명이며 작품 이상의 감동을 불러일으킨다. 그때 논란이 됐던 무용수는 뉴욕시티발레단 최초로 수석 자리에 오른 흑인 무용수 아서 미첼Arthur Mitchell(1934~2018)이다. 그는 뉴욕 할렘가의 가난한 집에서 태어나 구두닦이, 신문배달 등 다양한 일을 하며 생계를 이어나갔지만 누군가의 권유로 우연히 발레를 접하면서 새로운 길을 걷게 됐다. 뉴욕시티발레단에서 발란신을 만난 건 그의 인생에서 또 한 번의 큰 전환점이 됐다. 아서 미첼은 은퇴 이후 뉴욕 할렘에 발레학교를 세우고 남은 일생을 흑인 무용수를 키우는 데 바쳤다. 그가 1969년에 창단한 댄

스시어터 오브 할렘Dance Theatre of Harlem, DTH은 현재 앨빈
에일리 아메리칸댄스시어터Alvin Ailey American Dance Theater와
함께 미국의 대표적인 흑인 무용단으로 성장했다.

이제는 흑인 무용수들의 활약을 심심치 않게 볼 수 있는 시
대가 됐다. 지난 2015년에는 흑인 여성 무용수 미스티 코플랜드
Misty Copeland(1982~)가 미국의 대표 발레단 아메리칸발레시어터
의 수석으로 승급하기도 했다. 이 발레단의 75년 역사상 흑인이
수석이 된 건 처음 있는 일이라 이 승급은 고전발레에 있어서 인
종차별의 장벽을 허물었다는 평가를 남겼다. 작품을 만들고 작
품을 만나는 사람의 내면의 색깔. 예술에서 관심을 두는 색은
피부색이 아니라 오로지 이것이어야 할 것이다.

발란신과 프로코피예프의
어긋난 궁합

발란신은 스트라빈스키와 평생 궁합이 잘 맞는 예술적 동지였지
만 반대로 세르게이 프로코피예프Sergei Prokofiev(1891~1953)와
는 갈등이 깊었다. 두 사람은 디아길레프가 죽기 3개월 전 발레
뤼스에서 올렸던 발레 〈방탕한 아들The Prodigal Son〉(1929)〉에서
함께 작업했다. 이 작품은 성서에 나오는 돌아온 탕자 이야기를

바탕으로 하고 있다. 당시 발란신과 프로코피예프의 갈등은 '여자 문제' 때문이었다. 작품 속에 등장하는 여주인공 사이렌Siren이 문제의 주인공. 발란신은 사이렌을 농염하고 관능적인 이미지로 그렸지만 프로코피예프는 단아하고 얌전한 아가씨로 만들기 원했던 것이다. 디아길레프가 발란신의 의견에 손을 들어주면서 문제는 정리됐고 초연도 성공적이었지만 그 길로 발란신과 프로코피예프의 예술적 협업은 영원히 끝이 나버렸다. 이후 발란신은 자신의 작품에 프로코피예프의 음악은 단 한 번도 쓰지 않았다고 한다.

방송이나 공연 작업을 하면서 늘 협업에 노출되다보니 알게 된 점이 있다. 최고와 최고가 만나야 최고의 작품이 나오는 게 아니라 마음이 맞는 사람들이 만나야 최고의 작품이 나온다는 점이었다. 그게 궁합일 것이다. 이런 상상도 해본다. 발란신이 프로코피예프와 궁합이 잘 맞았다면 그는 신고전주의가 아니라 다른 스타일의 작품을 만들게 되지 않았을까. 프로코피예프와 발란신의 작품활동은 두 사람의 감정의 거리만큼이나 다른 방향을 향했다. 발란신은 고전주의에 새로움을 더하고 추상적인 발레를 만들었지만, 정반대로 프로코피예프는 줄거리에 인간의 심리와 감정까지 얹어 드라마적 요소를 더욱 강조한 발레 작품들에 참여했다. 프로코피예프의 음악과 함께한 발레는 '드라마발레'라는 새로운 사조로 탄생한다. 발레라는 장르로 묶이지만 전혀 다른 스타일의 작품을 만들어낸 것이다. 발란신은 발란신대로, 프로코피예프는 프로코피예프대로 다른 예술세계를 구축하며 나아갔고 결과적으로 우리는 다양한 발레를 만날 수 있게 됐다. 잘 맞았든, 영 맞지 않았든, 예술은 사람 사이의 궁합마저도 모두 껴안았다.

환상에서 현실로,
드라마발레

1961년 어느 날, 삼십대 중반의 한 남성이 독일 슈투트가르트에 짐을 내렸다. 그때는 아무도 몰랐다. 이곳에서 발레사에 종적을 남길 정도로 드라마틱한 일들이 일어날 줄은. 그리고 그가 이 도시에서 영원히 잠들 줄은. 그는 10년에 한 번씩 거처를 옮겼다. 태어난 곳은 남아프리카공화국이었지만 이십대는 영국 런던에서 보냈다. 런던 새들러스웰스Sadler's Wells 발레단에서 무용수이자 안무가로 활동을 한 그는 슈투트가르트발레단의 신임 예술감독이 되어 이곳에 발을 디뎠다. 10년 남짓한 시간 동안 드라마발레가 확산되게 만들고 슈투트가르트의 땅에 묻힌 사람, 존 크랭코 John Cranko(1927~1973)의 이야기를 이제 시작한다.

발레로 태어난
로미오와 줄리엣

슈투트가르트는 인구 60만 명의 작고 소박한 도시이다. 서울 인구가 900만 명이 넘는 것과 비교해보면 어느 정도 규모의 도시인지 감이 올 것이다. 그런데도 슈투트가르트발레단은 러시아의 볼쇼이발레단과 마린스키발레단, 미국의 아메리칸발레시어터, 프랑스의 파리오페라발레단, 영국의 로열발레단과 어깨를 나란히 한다. 창단 당시부터 이런 입지는 아니었다. 슈투트가르트발레단은 17세기 당시, 왕가와 귀족들 사이에서 발레가 성행하던 유럽의 분위기에 맞춰 왕실발레단으로 문을 열었지만 애석하게도 그렇게 '잘나가는' 발레단은 아니었다. 삼십대 나이에, 타지에서, 그다지 주목받지 못하는 발레단의 예술감독 직분. 이미 런던에서 안무가로 활발한 활동을 펼치고 있던 존 크랭코가 왜 이런 선택을 한 것일까. 그는 사실상 도망치듯 슈투트가르트에 온 상황이었다. 동성애 혐의로 기소된 것이다. 영국은 지난 2010년 '평등법'을 입법하면서 성소수자에 대해서도 차별을 금지하고 있지만 존 크랭코가 활동하던 당시 영국에서는 동성애로 법적 처벌을 받을 수 있었다.

위태로운 상황에 슈투트가르트로 오게 됐지만 늘 그렇듯이 위기는 새로운 기회의 문을 열기도 한다. 존 크랭코에게도 그랬

다. 그가 슈투트가르트에서 올린 첫 작품이 성공을 거뒀을 뿐
아니라 안무가로서 중요한 과업을 이루게 된다. 그 작품이 셰
익스피어의 희곡을 바탕으로 만든 〈로미오와 줄리엣Romeo and
Juliet〉(1962)이다. 로미오와 줄리엣의 이야기를 발레로 탄생시킨
건 존 크랭코가 처음은 아니었다. 발레로 첫 시도는 1811년 덴마
크왕립발레단에서 이뤄졌고, 이후 발레 뤼스에서도 〈로미오와
줄리엣〉을 공연했지만 이 작품들은 모두 사라져버렸다. 그런데
존 크랭코의 〈로미오와 줄리엣〉은 환영받으며 지금까지 공연되
는 이유는 무엇일까.

　첫번째 요소는 음악에 있다. 존 크랭코는 세르게이 프로코피
예프의 곡 〈로미오와 줄리엣〉(1936)을 선택했는데 이게 신의 한
수였다. 프로코피예프는 교향곡, 다양한 협주곡, 피아노 소나타,
실내악과 소품, 합창곡과 가곡, 오페라까지 많은 작품을 남겼다.
몇몇 발레음악들을 남겼는데 가장 유명한 건 〈로미오와 줄리엣〉
과 〈신데렐라〉(1944)를 들 수 있다. 어린이를 위해서 여러 악기들
로 동물과 사람을 표현해서 만든 〈피터와 늑대〉(1936)의 경우 후
에 발레로 만들어지기도 했다. 프로코피예프의 〈로미오와 줄리
엣〉은 이미 음악만으로 두 사람의 이루기 어려운 사랑을 향한
안타까움과 서정성이 그대로 전달되는 아름다운 곡이다. 나는
프로코피예프의 곡 〈로미오와 줄리엣〉이 흐르면 눈물도 같이 흐
를 정도로 몰입된다. 주역 무용수들 중에도 좋아하는 작품으로

〈로미오와 줄리엣〉을 꼽는 경우가 많은데 그 이유가 음악이다. 이제는 다른 음악의 〈로미오와 줄리엣〉은 상상하기가 어려울 정도다. 오늘날 수많은 안무가들이 자신만의 〈로미오와 줄리엣〉을 내놓고 있지만 음악은 모두 프로코피예프의 곡을 사용한다.

하지만 이 음악이 무사히 무대에 올라가기까지 사연도 많았다. 프로코피예프는 조지 발란신과 발레 〈방탕한 아들〉을 작업하면서 유쾌하지 못한 기억을 갖게 됐고, 디아길레프가 이 공연을 끝으로 사망했지만, 이미 발레 뤼스와 여러 편 작업을 했기 때문에 발레음악에 대한 애정이 있었다. 그리고 발레를 융성하게 만든 러시아 무대에 자신의 작품이 올라가는 걸 희망했다. 1934년, 러시아 키로프극장의 의뢰로 〈로미오와 줄리엣〉의 곡 작업에 들어갔지만 공연은 끝내 취소됐고, 1940년이 돼서야 러시아 무대에 이 음악으로 발레가 올라갈 수 있었다. 다행히 러시아 초연은 대성공이었고, 오늘날 이 버전은 '마린스키 버전의 〈로미오와 줄리엣〉'으로 불리며 여전히 활발하게 공연되고 있다. 이렇게 불리는 건 당시 초연을 한 레닌그라드 키로프극장이 현재 마린스키극장으로 이름이 바뀌었기 때문이다.

프로코피예프의 〈로미오와 줄리엣〉을 발레에 처음 사용한 사람은 존 크랭코가 아니었고 마린스키극장의 레오니드 라브롭스키Leonid Lavrovsky(1905~1967)였다. 존 크랭코가 음악의 선택에서 공적을 쌓았다고 보기는 어렵지만 마린스키 버전과는 다른

존 크랭코 버전 발레 〈로미오와 줄리엣〉 중 발코니 파드되

매력을 끌어냈다. 로미오와 줄리엣의 감정, 두 사람의 사랑의 서사에 중점을 두고 마치 연기하듯이 춤을 이끌어나갔다. 관객들은 이전의 작품들을 볼 때는 발레를 보고 있다는 사실을 인지했지만, 존 크랭코의 작품을 볼 때는 한 편의 영화나 연극을 보는 것같이 그 서사에 흡입됐다. 이 점이 작지만 큰 차이를 만들었다. 존 크랭코는 소위 '대박'을 낸다. 이 작품으로 자신감을 얻은 그는 문학을 바탕으로 한 드라마발레 작품들을 내놓으며 그 자신도, 슈투트가르트발레단도 세계적 반열에 올려놓는다. 이렇게 로미오와 줄리엣은 쫓기듯 슈투트가르트에 온 존 크랭코에게 구원의 커플이 되었다. 희곡 속 인물이긴 하지만 이탈리아 베로나의 몬테규 가문과 캐퓰릿 가문의 이 두 청년은 사랑과 죽음을 통해 가문의 오랜 싸움에 질문을 던지며 화해의 메시지를 전달했고, 발레사에도 그 이름을 남겼다. 이쯤 되면 가문의 반항아가 아니라 가문의 영광이라 할 수 있겠다.

'드람발레'에서
'드라마발레'로

드라마발레의 시작점은 구소련에서 찾을 수 있다. 19세기 후반 산업혁명 이후 미술에서는 종교나 신화가 아닌 농민과 노동자의 현실적인 삶을 화폭에 담는 사실주의가 퍼졌고, 이는 발레와 음악에도 영향을 미쳤다. 1922년 러시아 제국이 붕괴되고 소비에트연방, 즉 소련이 시작됐을 때부터 동화와 환상을 담았던 러시아 발레도 한 시대를 마감했고, 발레 안에는 왕자님과 공주님 대신 노동자들이 등장하기 시작했다. 당시 만들어진 발레 작품들은 드라마틱한 극의 성격을 지녔다고 해서 '드람발레drambalet'로 불렸다. 작곡가 드미트리 쇼스타코비치 Dmitrii Shostakovich(1906~1975)와 안무가 표도르 로푸호프Fyodor Lopukhov(1886~1973)는 이런 작업을 한 대표인물이다. 하지만 1930년대 이후 스탈린 정부가 독재체제 강화에 나서면서 예술작품들을 검열했고, 기준에 맞지 않는 작품을 만들었다고 생각하면 예술가들을 숙청했다. 쇼스타코비치와 로푸호프도 예외는 아니었다. 그 둘이 함께 만든 발레 작품 〈볼트The Bolt〉(1931)와 〈맑은 시냇물The Limpid Stream〉(1935)은 초연 직후 공연이 금지됐고, 이후 예술활동에 치명타를 입었다. 심지어 함께 작업했던 작가는 총살을 당하고 만다.

당시 구소련의 예술에서 '사회주의 리얼리즘'은 중요한 기준점이었다. 예술 안에 공산주의 사상, 사회주의적 당파성, 인민과 계급의 색채가 들어가야 했으며, 현실 비판적 내용은 거부됐고 긍정적인 인간형을 제시해야 했다. 당시 만들어졌던 많은 작품들이 사라졌지만 키로프극장에서 초연된 라브롭스키의 안무작 〈로

261

미오와 줄리엣〉은 미적인 매력 때문에 살아남았다. 드람발레가 있었기 때문에 드라마발레가 탄생할 수 있었다. 존 크랭코의 작업은 드람발레에서 정치적 색깔을 제거하고 드라마발레로 새로운 전환을 맞이하도록 만들었다. 드라마발레는 태생이 사실주의에 기반하기 때문에 이후 문학뿐 아니라 실제 인물의 이야기도 담게 된다.

슈투트가르트의 신화, 존 크랭코의 드라마발레

〈로미오와 줄리엣〉을 통해 큰 호응을 얻은 존 크랭코는 이전부터 하고 싶었던 작품에 착수한다. 그리고 그 작품은 발레사의 역작이 된다. 러시아 문호 알렉산드르 푸시킨(1799~1837)의 소설 《예브게니 오네긴》(1825~1832)을 원작으로 한 발레 〈오네긴 Onegin〉(1965)이 그것이다. 줄거리는 사교계에서 인기 많은 도시 남자 오네긴이 부유한 친척의 유산을 상속받기 위해 시골 마을로 내려왔다가 순박한 아가씨 타티아나를 만나게 되면서 펼쳐지는 이야기이다.

음악은 차이콥스키의 곡들을 편곡해서 사용했는데 어찌나 작품과 잘 어울리는지 마치 〈오네긴〉을 위해 발레음악을 새로

푸시킨의 소설을 발레로 만든 작품 〈오네긴〉 중 3막의 파드되

작곡한 것처럼 들릴 정도다. 오네긴에게 마음을 빼앗긴 타티아나는 혼자 끙끙 앓다가 밤새 연애편지를 쓰다가 거울 속에서 오네긴이 나타나는 환영을 보게 되고, 꿈을 꾸듯이 두 사람은 함께 춤을 추는 부분은 주요 장면으로 꼽힌다. 누군가를 좋아하며 설레는 마음에 휩싸여본 적이 있는 사람이라면 누구나 타티아나의 감정에 깊이 공감할 장면이다. 특히 이 장면은 두 사람이 처음 만나는 부분과 연결되는 게 포인트다. 당시 러시아에서는 거울을 통해 결혼할 남자를 보는 거울점이 유행이었다고 한다. 오네긴은 거울을 보던 타티아나 등 뒤에 나타나고, 낯선 남자의 모습이 자신의 거울 안에 비치자 깜짝 놀란 타티아나는 그대로 사랑에 빠지고 만 것이다. 모든 사랑은 타인에게는 '그럴 수 있는 일'이지만 사랑에 빠지는 당사자에게는 '운명'으로 받아들여지는 법. 타티아나도 그랬다. 사랑에 빠진 사람들이 사소한 일도 운명의 신호도 받아들이는 모습을 낭만적으로 표현한 장면이라 생각한다. 발레 〈오네긴〉은 이런 감정의 묘사가 잘 살아 있기 때문에 관객들의 사랑을 받았다. 타티아나의 오열로 맺어지는 마지막 장면도 인상 깊다. 타티아나의 사랑을 무시했던 오네긴은 오랜 세월이 지나 한 남자의 아내가 된 타티아나 앞에 다시 나타난다. 이제 와서 타티아나에게 사랑을 구걸하며 '뒷북의 끝판'을 보여주는 오네긴과 그를 거부해야만 하는 타티아나의 심정, 그 엇갈린 사랑의 감정도 발레가 동화 속에서 뛰쳐나와 우리의 현실 속에 들어와 있음을 알려준다.

〈오네긴〉은 오늘날 명작으로 주목받지만 이 작품도 무대에 오르기까지 쉽지 않았다. 존 크랭코가 〈오네긴〉을 처음 구상한 곳은 슈투트가르트발레단이 아니었다. 1952년, 그는 런던 새들 러스웰스 발레단에 이 작품을 제안했지만 받아들여지지 않았고, 그는 10년 넘게 이 작품을 가슴에 품고 있다가 슈투트가르트에서 그 꿈을 이뤘다. 존 크랭코가 죽은 지 반세기 가까운 시간이 흘렀지만 여전히 이 작품은 귀중하고 엄격하게 다뤄진다. 그의 이름을 딴 존 크랭코 재단에서는 저작권과 공연권을 철저하게 관리하고 그들이 허락한 발레단에서만 이 작품을 무대에 올리도록 하고 있다. 공연 전에 해당 발레단에 가서 의상이나 세트, 동작 하나하나 체크할 뿐 아니라 캐스팅까지 관여하는 걸로도 유명하다. 2000년대 초반까지도 우리나라는 이 작품을 공연하는 게 허락되지 않은 나라였다. 유니버설발레단이 이 작품을 무대에 올리기 위해 1992년부터 존 크랭코 재단의 문을 두드렸던 건 익히 알려진 사실이다. 그리고 그 꿈은 17년이 지나서야 이뤄졌다. 그사이 한국의 발레 무용수들은 세계 여러 나라의 주요 발레단에 주역으로 떠오를 정도로 일취월장했고, 한국의 발레 공연도 완성도와 역량을 갖추게 되면서 2009년, 마침내 우리나라 발레단에도 〈오네긴〉 공연이 허락됐다. 그래서 지금도 이 작품을 보기 위해 객석에 앉아 있으면 감격스럽기도 하다.

존 크랭코는 〈로미오와 줄리엣〉〈오네긴〉 이후 〈말괄량이 길들이기The Taming of the Shrew〉(1969)를 만들었다. 이 세 작품은 존 크랭코의 3대 드라마발레 작품으로 꼽힌다. 〈말괄량이 길들이기〉의 경우 존 크랭코가 셰익스피어의 원작을 읽고 꼭 발레로 만들고 싶어했는데 코믹발레의 힘을 보여준 작품이라 가치가 있다. 〈말괄량이 길들이기〉의 여주인공은 더 이상 조신하고 우아한 아가씨가 아니다. 그는 아버지의 골칫거리로 마을 청년의 머리를 거침없이 악기로 내려치는 괴짜 캐릭터이자 기피대상 1호 아가씨이다. 여주인공이 임자 만나서 길들여진다는 가부장적인 코드는 지금 시대와 맞지 않아 불편한 점도 있지만, '왈가닥 발레리나'를 보여줬다는 점에서는 신선하다. 허리를 접고 발목을 꺾어 펄쩍 뛰어오르는 여주인공의 모습은 이제까지 발레에서 볼 수 없는 장면이었고, 남녀 주인공들의 능청스럽고 장난기 가득한 표정과 연기는 생동감을 준다. 슈투트가르트 현지에서 이 공연을 봤을 때, 마치 개그 프로그램을 보듯 여기저기서 박수와 웃음소리가 끊이지 않아 그 분위기에 휩싸여서 마음껏 폭소를 터트린 기억이 있다. 이 작품은 발레로 개그와 유머도 표현할 수 있다는 점을 보여준 대표사례이고, 오늘날 익살스러운 발레 작품들은 계속 무대에 오르게 됐다. 여기에 더해 웃음 뒤에 촌철살인의 메시지를 담은 블랙코미디 작품도 등장하면서 발레는 표현의 한계를 넘어선다. 〈말괄량이 길들이기〉의 일부 장면은 장애

셰익스피어의 희극을 발레로 만든 작품
〈말괄량이 길들이기〉

인을 희화화했다는 논란도 일었다. 이 부분에 대해 우리나라 국립발레단이 존 크랭코 재단 측에 안무 수정을 제안했고, 2021년부터 변경된 안무로 국내외에서 공연되고 있다.

비극과 관능의 조화, 케네스 맥밀런의 드라마발레

예술이, 춤이 생명을 이어가는 방식은 다양하다는 것을 종종 느끼는데, 작품으로만 남는 게 아니라 사람으로 남겨지기도 하기 때문이다. 존 크랭코는 한창 작품활동을 왕성하게 하던 1973년, 미국 공연을 마치고 돌아오던 비행기 안에서 복용한 수면제가 문제를 일으켜 안타까운 죽음을 맞이한다. 존 크랭코의 갑작스러운 죽음은 슈투트가르트발레단은 물론 그와 함께 작업을 했던 많은 사람들에게 충격을 주었다. 하지만 그는 자신의 작품활동에만 매진한 게 아니라 그사이 다른 실력 있는 안무가들을 키워내고 예술적 영향력을 미쳤다. 그중 한 명이 영국의 안무가 케네스 맥밀런이다. 그와 존 크랭코는 새들러스웰스 발레단에서 처음 만났다. 새들러스웰스 발레단은 후에 이름이 로열발레단으로 바뀌었고, 1970년에는 케네스 맥밀런이 이 발레단의 예술감독이 됐다. 케네스 맥밀런이 안무가가 된 건 존 크랭코의 적극적인 권유 덕분이다. 케네스 맥밀런은 군무진에서 갑자기 주역으로 승급한 무용수이다. 공연을 앞두고 주역을 맡은 무용수들이 차례로 부상을 당하면서 발레단에 더 이상 메인 역할로 무대에 설 무용수가 없던 찰나, 그는 유일하게 작품의 안무와 무용수들의 모든 스텝을 외우고 있던 사람으로서 주역으로 서게 된 것. 이 점만 봐도 이미 안무가로서의 자질은 충분했다. 그런데 무용수로서는 치명적인 약점이 있었다. 심한 무대공포증이 있었던 것이다. 이런 그의 특징들이 무용수에서 안무가로 빠르게 전향하는 계기가 됐다. 1953년부터 안무를 시작한 그는 수많은 발레 작품을 만들었을 뿐 아니라 오페라, 뮤지컬에서도 안무 활동을 펼쳤으니 결국 약점이 강점을 살리는 도화선이 된 것이다.

케네스 맥밀런의 수많은 작품 중에 〈대지의 노래Song of the Earth〉(1965)는 존 크랭코 덕분에 세상에 빛을 본 작품이다. 이 작품은 구스타프 말러Gustav Mahler(1860~1911)의 음악 〈대지의 노래〉(1908)를 춤으로 표현했다. 말러 음악의 팬들인 소위 '말러리언'들은 말러의 곡들 안에는 인간의 삶과 죽음, 자연과의 조화가 고스란히 담겨 있다고 말하곤 하는데 맥밀런은 이 부분을 정확하게 이해했고, 춤으로 담아놓았다. 인간의 짧은 생애와 대지의 불멸이 춤으로 농축되어 있는 이 작품은 발레 애호가도, 음악 애호가도 깜짝 놀라게 만들었다. 처음에는 자신이 소속해 있는 로열발레단에 이 작품을 제안했지만 거절당했다. 그런데 그렇게 빛을 보지 못할 뻔한 〈대지의 노래〉를 존 크랭코가 슈투트가르트발레단에서 공연할 수 있도록 추진한 것이다. 공연은 호평을 받으면서 몇 달 뒤 로열발레단 무대에도 올랐다. 여러모로 그는 존 크랭코에 대해서는 각별한 마음을 가질 수밖에 없다. 1976년에는 존 크랭코를 추모하는 작품 〈레퀴엠Requiem〉을 만들어서 헌정하기도 했다.

1965년, 케네스 맥밀런은 처음으로 단막이 아니라 3막의 전막발레 작업을 시도했는데 그가 고른 첫 작품은 존 크랭코와 마찬가지로 〈로미오와 줄리엣〉이었다. 음악은 역시 프로코피예프의 곡을 선택했다. 결과적으로 그의 〈로미오와 줄리엣〉은 드라마와 음악, 춤의 조화가 뛰어나고, 감정의 표현이 농밀한, 완성도 높은 작품으로 탄생했다. 특히 엔딩 장면을 눈여겨볼 필요가 있다. 존 크랭코의 경우 죽어가는 로미오와 줄리엣이 서로에게 엎어져 포개지는 장면을 통해 죽음에 이르러서야 두 사람이 하나가 되는 것을 표현하며 그 안타까운 사랑을 맺어줬다면, 케네스 맥밀런은 다른 선택을 했다. 숨이 끊어지기 직전, 서로 잡으려고 손을 뻗지만 그 두 손은 끝끝내 맞닿지 못한다. 그렇게 죽음으로도 두 사람은 하나가 되지 못하며 비극의 정점을 내달린다. 누군가의 희생을 몰고 온 장벽은 이들 가문에만 있는 것일까. 이런 의미에서 케네스 맥밀런의 엔딩은 단순히 '젊은이들의 사랑'이라는 관점에만 머물지 않고 다른 점들을 상기시킨다.

존 크랭코의 작품 속에는 여전히 고전적 아름다움이 남겨져 있다면 케네스 맥밀런의 작품은 연극적 표현이나 내용이 더 격렬하고, 어둡고 비극적인 색깔을 띠는 게 큰 특징이다. 어두웠던 어린 시절의 기억들이 그의 작품에 이런 영향을 미쳤다는 분석도 나왔다. 케네스 맥밀런의 아버지는 1차대전에 참전했다가 신체적·정신적으로 큰 상해를 입은 사람이었고, 2차대전 때는 그의 가족이 살던 지역이 독일군의 타깃이 되면서 이사를 가야 했다. 전쟁으로 인한 폐해와 공포는 어린 케네스 맥밀런에게 멀리 있는 이야기가 아니었고, 열두 살 때 어머니가 돌아가신 것도 그에게는 큰 상처가 됐다.

그의 대표작 〈마농Manon〉도 무겁고 암울한 엔딩을 그려낸 작품이다. 이 작품의 원작은 아베 프레보Abbé Prévost(1697~1763)의 소설 《마농 레스코Manon Lescaut》(1731)이다. 청년 데 그리외와 마농의 사랑을 처절하게 그려낸 작품이다. 화려한 미모를 자랑하던 마농이 후반부에는 삭발한 머리에 남루한 옷차림으로 춤을 추고, 교도관에게 능욕을 당하고, 꺼져가는 생명을 부여잡고 몸부림치다 죽음을 맞이하는데 발레가 이런 어두운 면을 담아내는 경우는 이전에는 없었다. 생명이 꺼져가는 마농과 어떻게든 살려보려고 애쓰는 데 그리외의 비탄에 찬 몸짓은 말을 잊게 만든다. 이 장면은 발레 테크닉에서도 남다른 점이 있다. 발레는 근육과 호흡을 단단하게 잡고, 하늘로 향하는 상승 에너지를 쓰는 게 기본인 춤이기 때문에 기가 빠져 비틀거리는 장면을 표현하려면 에너지와 호흡을 쓰는 방법 자체를 바꿔야 한다. 기대고 쓰러지는 것처럼 연기하지만 무용수의 실제 몸 상태는 긴장감을 갖고 있어야 한다. 이런 방식이 얼마나 이질적이고 생소하면 이 작품을 통해 '그랑 파 디브레스grand pas d'ivresse'라는 새로운 용어가 등장했을 정도이다. '이브레스ivresse'는 술에 취해서 비틀거린다는 의미를 갖고 있다. 마농이 죽어가면서 데 그리외와 추는 이 마지막 파드되는 두 사람이 처음 만나 사랑을 나누던 전반부의 장면과 극명한 대조를 이루면서 관객들을 한 여자의 파란만장한 삶 속에 매몰시킨다.

처절한 엔딩은 케네스 맥밀런의 〈마이얼링Mayerling〉(1978)에서 정점을 찍는다. 합스부르크 왕가의 황태자 루돌프와 그의 연인 마리의 실화를 바탕으로 만들어진 작품으로 궁정 사냥터 마이얼링에서 함께 권총으로 생을 마감한다는 음울한 결말을 그려내고 있다. 케네스 맥밀런의 작품들은 〈마이얼링〉처럼 성적 표현이 강하거나 내용이 자극적인 경우가 많아서 작품에 따라서는 '그럼에도 불구하고' 아름답다는 감탄이 나오거나, '역시나' 불편하다는 평가가 나오기도 한다. 작품에 대한 호불호는 엇갈리지만 발레라는 장르에서 표현의 지평은 그를 통해 확연하게 넓어졌다. 케네스 맥밀런은 1992년, 무대 뒤에서 자신의 작품이 공연되는 걸 보다가 갑작스러운 심장마비로 죽음을 맞이하게 되는데 그때 공연되던 작품이 〈마이얼링〉이었다. 예술가로서는 작품과 함께 영면에 들어간, 가장 자기다운 죽음이 아닐까 싶다.

쇼팽의 음악으로 피어난
카멜리아 레이디

케네스 맥밀런 외에 드라마발레의 거장으로 꼽히는 사람 중에는 존 크랭코가 직접 지도해서 안무가로 성장시킨 사람도 있다. 현재 독일 함부르크발레단을 이끌고 있는 존 노이마이어John Neumeier(1942~)가 대표적인 인물이다. 존 크랭코 사후 5년, 함부르크발레단과 슈투트가르트발레단은 함께 손잡고 명작을 하나 완성하는데 그게 〈카멜리아 레이디La Dame aux camélias(1978)〉이다. 한국어로 번역하자면 '동백꽃 아가씨'라고 부를 수 있다. 거울을 활용한 장면 등 몇몇 부분에서는 〈오네긴〉과 오버랩이 되지만 등장인물들의 미묘한 감정 표현은 더 섬세하게 드러나 있고, 춤과 연기, 음악, 표정, 모든 것이 하나의 언어가 된 수작이다. 이 작품은 알렉상드르 뒤마 피스Alexandre Dumas fils(1824~1895)가 폐결핵으로 세상을 떠난 연인을 기억하며 1848년에 쓴 자전적 소설 《춘희La Dame aux camélias》를 바탕으로 하고 있다. 이 소설은 파리 사교계의 고급 매춘부를 뜻하는 '코르티잔'

마르그리트와 젊은 청년 아르망의 이룰 수 없는 사랑에 대한 이야기를 다루고 있다. 뒤마는 1852년에 이 작품을 연극으로 만들었고, 이듬해에는 이탈리아 작곡가 베르디가 오페라 〈라트라비아타La traviata〉로 만들었다. 그리고 1978년, 이 소설은 존 노이마이어에 의해 드라마발레 〈카멜리아 레이디〉로 재탄생했다.

이 작품의 백미는 쇼팽Chopin(1810~1849)의 음악에 있다. 아버지의 반대에 부딪힌 두 사람의 괴로운 심정과 현실은 쇼팽 음악의 선율과 함께 춤추고, 만남과 이별, 죽음과 회상이라는 둘만의 서사시로 펼쳐진다. 무대 위에는 피아노 한 대가 함께하며 연주자는 둘의 사랑을 지켜보듯이 담담히 쇼팽의 곡들을 쏟아내고, 마르그리트가 입는 의상의 색깔을 통해 시각적으로도 서사를 전달한다. 두 사람이 처음 만나 사랑에 빠지는 1막에서는 쇼팽의 〈피아노 협주곡 2번〉(1830)과 함께 보라색 드레스를 입은 마르그리트의 모습이 돋보인다. 이들의 사랑을 반대하는 아르망의 아버지가 등장하는 2막은 쇼팽의 〈피아노 소나타 3번〉과 순백의 드레스로 표현된다. 특히 두 사람이 헤어졌다 재회하는 3막의 파드되는 압권이다. 죽음에 가까워지는 육신을 안은 마르그리트가 검은색 드레스를 입고 처연하게 등장하고, 둘의 마지막 춤이 펼쳐진다. 두 사람 사이에 쌓였던 오해와 원망, 다시 한번 사랑을 확인하는 과정, 죽음을 앞두고 있는 여인의 마음, 이 모든 것은 쇼팽의 〈발라드 1번〉(1835)에 맞춰 미치도록 휘몰아친다. 이 장면

알렉상드르 뒤마 피스의 소설을 발레로 만든
〈카멜리아 레이디〉 중 1막 퍼플 파드되

이 어찌나 강렬한지 나는 쇼팽 〈발라드 1번〉을 들을 때마다 이 장면이 떠올라 걷잡을 수 없이 눈물이 흘러내린다. 남아 있는 사랑을 모두 불태워버릴 것 같은 열정과 이룰 수 없는 사랑에 대한 아픔, 에로틱한 뉘앙스까지 촘촘히 엮여 있는 장면으로 개인적으로는 수많은 발레 작품 중에서 몇 손가락 안에 꼽는 명장면이기도 하다. 각각의 파드되는 옷의 색깔대로 퍼플, 화이트, 블랙이라는 이름이 붙여졌고, 이 세 가지 파드되는 〈카멜리아 레이디〉의 흐름을 이끈다.

드라마발레에서는 등장인물의 심리적 변화를 표현하는 연기력이 중요하기 때문에 무용수들에게는 훨씬 가혹해졌다고 할 수도 있다. 파드되 기술의 난도는 높아졌고, 고전발레보다 더 현실적이고 풍성한 표정을 보여야 하는 데다 움직임까지 물 흐르듯이 자연스러워야 한다. 드라마발레에서 무용수는 더 이상 춤만 추는 사람이 아니다. 그들은 이제 배우가 되었다. 이제 발레는 왕궁과 동화 속에서 나와 다양한 삶의 군상을 표현할 수 있게 됐다. 춤은 몸으로 하는 말이다. 내가 드라마발레를 좋아하는 건 목소리가 아니라 몸이 하나의 언어가 될 수 있다는 점을 확인하고, 말이 없는 곳에서 움직임으로 자신의 뜻을 전할 수 있기 때문이다. 그리고 음악은 그 서사와 감정, 철학을 전하는 또 하나의 목소리가 되기 때문이다.

경계의 탈출,
모던과 포스트모던과 만난 춤

세상에서 가장 유명한 그림, 레오나르도 다빈치의 〈모나리자
Mona Lisa〉는 누구를 그린 것일까. 거론된 여러 후보들 중에 남
성도 있다는 사실은 꽤 흥미롭다. 지목된 사람은 모나리자의 제
자이자 동성연인이었던 살라이. 과연 모나리자는 살라이를 모
델로 그린 그림일까. 그 진실은 밝혀지지 않았지만 다빈치가 '남
자를 좋아하는 남자'라는 사실은 회자됐다. 미켈란젤로도 사후
60년이 지나 발견된 그의 소네트들을 통해 동성애자라는 사실이
드러났다. 소네트들 속에 한 남성을 향한 사랑의 감정들이 절절
하고 아름답게 담겨져 있었기 때문이다. 이렇게 동성을 사랑하
는 시선이 예술사에 혁명적인 족적을 남기는 사례는 종종 발견
되곤 한다. 춤의 역사를 돌아볼 때도 그렇다. 20세기에 등장한
몇몇 동성커플은 발레의 흐름을 완전히 바꿔놓았고 '춤이란 무엇
인가'라는 질문을 제기하기에 이르렀다.

볼레로로 일으킨
발레혁명

20세기 발레의 물꼬를 튼 동성커플은 발레 뤼스의 디아길레프와 니진스키였다. 이들은 19세기 고전발레의 틀을 깬 실험적인 작품들을 통해 발레에서 모던시대를 맞이할 수 있는 길을 닦아놓았다. 그 길 위에 발레와 현대무용의 경계를 허물고 발레로 표현할 수 있는 지경을 넓힌 동성커플이 나타난다. 그 예술가 커플은 유명한 영화를 통해서 무용 애호가뿐 아니라 대중적으로도 주목을 받았다.

지휘자 헤르베르트 폰 카라얀, 샹송 가수 에디트 피아프, 미국 스윙 재즈의 대가 글렌 밀러, 그리고 전설의 발레리노 루돌프 누레예프, 이 쟁쟁한 네 명의 예술가가 한자리에서 만난 영화. 하지만 너무 놀라지는 마시라. 이들이 출연을 했거나 그들의 실제 이야기를 다룬 것은 아니고, 그들을 모티브로 등장인물을 설정해서 만든 영화이다. 우리나라에서도 1980년대에 화제가 됐던 영화 〈사랑과 슬픔의 볼레로〉(1981)가 그것이다. 이 영화의 원제목은 '어떤 사람들, 그리고 또 다른 사람들Les Uns et les autres'이지만, 영화의 엔딩을 장식한 볼레로Boléro 음악과 춤이 남긴 강렬한 여운과 의미 때문에 우리나라에서 〈사랑과 슬픔의 볼레로〉라는 제목으로 TV에 방영됐다. 이 영화는 2차대전으로 삶이 무너진 4개국의 예술가 네 가족이 겪는 사랑, 이별, 죽음의 일대기를 그리고 있다. 파리 에펠탑 앞에서 그들의 2세대가 공연하는 〈볼레로〉는 그들 모두를 연결하는 고리이자 위로의 현장으로 더할 나위 없이 완벽하게 영화의 대미를 장식한다. 그래서인지 영화 자체보다 볼레로 춤과 음악을 기억하는 사람들이 많다.

2023년, 영화 개봉 40주년을 맞아 HD 리마스터링한 영화음악 음반이 발매되기도 했는데 역시 백미는 모리스 라벨Maurice Ravel(1875~1937)이 작곡한 〈볼레로〉이다. 이 곡은 리듬과 주제가 반복적으로 이어지는 단조로운 음악이지만, 악기 소리가 하나씩 더해지면서 그 소리들이 겹겹이 쌓이다가 마지막에는 모든 악기들이 거대한 화합을 이루며 한 번에 폭발하는 게 큰 특징이다. 이 음악에 맞춰 전개된 춤도 마찬가지다. 원형 탁자 주변을 돌며 추는 군무와 탁자 위에서 전개되는 독무는 악기 소리가 더해질수록 격렬해지다가 마지막 음에 맞춰 모든 감정을 토해내며 마무리된다. 영화 속 서사와 음악과 춤의 구조는 정확하게 맞아떨어진다.

그런데 영화 속 볼레로 춤은 영화를 위해 안무된 게 아니라 이미 1961년에 만들어진 작품이다. 이 작품을 안무한 사람은 프랑스 출신의 모리스 베자르Maurice Béjart(1927~2007), 그리고 영화 속에서 독무를 추며 주목받은 무용수는 그의 동성연인 조르주 돈Jorge Donn(1947~1992)이었다. 아르헨티나 출신의 무용수로

조르주 돈이 춘 〈볼레로〉는 영화를 통해 큰 반향을 일으켰다

호르헤 돈이라고 부르는 게 정확한 표기지만 우리나라에서는 조르주 돈이란 이름으로 알려져 있다. 원래 〈볼레로〉 음악은 모리스 베자르의 안무를 위해 작곡된 게 아니라 1928년에 여성 무용수 이다 루빈스타인Ida Rubinstein(1883~1960)을 위해 작곡됐다. 발레 뤼스에서도 활동했던 루빈스타인은 퇴단 후 자신의 무용단을 만들어서 활동했는데 그때 공연을 위해 라벨에게 작곡을 의뢰한 것이다. 그 작품은 스페인 술집의 탁자 위에서 여성 무용수가 홀로 춤을 추다가 점차 구경하던 손님들도 하나가 돼서 모두 함께 춤을 춘다는 내용을 담고 있었다. 그걸 모리스 베자르가 현대적으로 재창조해서 자신이 창단한 20세기발레단Ballet of 20th Century의 작품으로 내놓았고, 그게 영화 속에 쓰였다.

1961년 1월 초연 당시에는 여성 무용수 두스카 시프니오스 Duška Sifnios(1933~2016)가 독무를 맡았다. 하지만, 영화 속에서 조르주 돈이 춘 〈볼레로〉가 큰 반향을 일으키면서 남성 전유 작품으로 오인을 받기도 했다. 오늘날 이 독무는 남녀 무용수 모두가 추고 있다. 모리스 베자르에게 조르주 돈은 새로운 발레를 끌어내게 만든 뮤즈였고, 조르주 돈이 일찍 세상을 뜨기까지 그 둘은 평생을 함께하며 춤의 역사에 전환점을 만들었다. '모던발레'로 흐름을 이끈 것이다.

모던발레,
발레로 말할 수 있는 언어의 확장

안무가들이 일생에 꼭 한 번은 내 안무작을 만들어보고 싶다고 꼽는 두 음악이 있는데, 그중 하나가 스트라빈스키의 〈봄의 제전〉이고 다른 하나가 라벨의 〈볼레로〉이다. 모리스 베자르는 1960년 파리세계연극제에서 최우수 안무가상을 받으면서 안무가로 입지를 다졌는데 그때의 작품이 〈봄의 제전〉이었다. 베자르의 〈봄의 제전〉은 파격적인 에로티시즘으로 화제가 됐다. 결과적으로 베자르는 이 두 음악 모두에서 걸작을 탄생시킨 안무가로 기록됐다. 베자르가 안무한 〈볼레로〉와 〈봄의 제전〉은 원초적인 감흥을 자극하는 베자르 특유의 원시성과 관능미가 흐른다. 하지만 그의 작품들이 주목받은 건 이런 지점에만 있는 건 아니다. 비슷한 시기에 성장한 드라마발레가 인간의 내면과 심리를 발레로 표현한 반면 모리스 베자르는 발레 안에 함축적인 메시지를 담아낼 수 있다는 것을 보여줬다. 〈볼레로〉에서는 화합, 순환, 영속성, 불멸의 메시지를 담아냈다면, 그의 다른 안무작 〈불새 Firebird〉(1970)에서는 붉은 옷을 입은 불새가 저항 세력을 승리로 이끈다는 내용을 통해 정치적인 메시지를 슬쩍 끼워넣기도 했다. 결국 발레는 제 목소리를 낼 수 있는 하나의 언어로 정착하게 됐다. 이제 발레와 무대예술이 할 수 있는 일은 유흥, 권력의 상징과 사교, 감정 표현, 그 이상으로 확장됐다. 그의 발레에는 '모던 발레'라는 새로운 이름표가 달렸고, 베자르는 모던발레의 선구자이자 20세기 발레혁명을 이끈 사람으로 평가받는다.

발레의 의상과 무대세트는 화려하게 시선을 사로잡는 요소였지만 베자르의 작품 속에서는 그 모든 것이 제거됐다. 〈볼레로〉를 보더라도 의상은 타이츠 하나뿐이다. 여성이 출 때는 상반신에 소매 없는 레오타드 하나만 덧입는다. 무대세트라고는 붉은 원형 탁자 하나만 있다. 그런데도 그의 작품에서는 시선을 뗄 수 없는 몰입감이 있다. 그 몰입감은 음악에 대한 뛰어난 해석, 현대무용과 발레의 경계를 허무는 자유롭고 과감한 움직임과 격렬한 표현에 있다. 발레를 통해 습득된 몸의 사용법은 그대로 무용수의 몸 안에 남아 있지만, 무대 위에서는 발레라는 이름과 틀 안에서 행해졌던 모든 것에서 해방된 춤이 펼쳐졌다. 특히 그의 작품에 종종 등장하는 원형구조는 의미심장하다. 원은 세상에서 가장 신기한 도형이라고 생각한다. 한번 그리고 나면 시작과 끝의 경계가 사라지고, 원 위에 서 있는 자는 어느 지점에도 도달할 수 없이 영원히 그 위를 돌아야 한다. 〈볼레로〉에서 원형 탁자를 중심으로 추는 춤은 삶과 죽음이 맞닿는 곳, 다음 세대로 이어진 생명의 영속성을 의미하리라. 영화 〈사랑과 슬픔의 볼레로〉에서 엔딩 장면이 유독 사람들의 뇌리에 강하게 남은 것도 이런 점을 함축하고 있기 때문일 것이다.

음악의 해석, 원형구조의 군무를 이야기할 때 〈교향곡 9번 The Ninth Symphony〉(1964)도 빼놓을 수 없는 삭품이다. 〈교향곡 9번〉은 베자르가 베토벤의 9번 교향곡 〈합창〉으로 안무한 작품으로 기존에 발레 작품에 잘 사용하지 않은 베토벤의 음악을 쓴 점이 특이하다. 발레 작품을 위해 작곡가에게 곡을 의뢰하고 협업해서 공연을 완성하는 게 고전발레부터 이어져온 작업 과정이었지만 20세기에 들어서면서 그걸 깨는 작품들이 등장하기 시작했고 이후 안무가들에게 음악을 듣고 해석하는 능력은 중요한 부분이 되었다. 모리스 베자르는 이런 면에서도 빛을 발한 것이다.

〈교향곡 9번〉은 오케스트라와 합창단, 무용단이 함께하기 때문에 애초에 거대한 스포츠 경기장에서 공연하는 걸 염두에 두고 만든 대규모 작품이다. 초연 후 50년이 된 지난 2014년에는 이 작품이 도쿄에서 재공연되면서 전 세계의 뜨거운 이목을 받았다. 베자르의 20세기발레단은 1987년 브뤼셀에서 스위스 로잔으로 자리를 옮기면서 베자르 발레 로잔Béjart Ballet Lausanne이라는 이름으로 바꿔서 활동하고 있는데 이 발레단이 도쿄발레단과 손잡고 이 작품을 무대에 올린 것이다. 당시 출연진만 350명에 달하는 압도적인 스케일로 세간을 놀라게 했고, 노장 지휘자 주빈 메타Zubin Mehta(1936~)가 이끄는 이스라엘 필하모닉 오케스트라가 함께한 것도 화제가 됐다. 오케스트라와 합창단을 모두 무대 위쪽으로 올려 그 안에서 울려 퍼지는 소리는 음악의 병

풍이 되었고, 그 속에서 무용수들이 겹겹이 원을 만들면서 끝맺는 환희의 엔딩은 뜨거운 감동을 선사했다. 이런 규모의 공연을 만나는 건 만드는 사람에게도 보는 사람에게도 일평생 한 번 올까 말까 할 정도의 행운이다.

20세기 중반 베자르에 의해 발전한 모던발레는 해방된 움직임을 선보였을 뿐 아니라 발레가 하나의 언어가 되어 세상의 모든 것을 무대 위에서 말할 수 있다는 것을 보여줬다. 19세기 말과 20세기 초반 사이 현대무용이 등장하면서 발레와 현대무용은 서로 다른 특징을 갖고 나아갔지만 모던발레의 등장 이후 그 둘은 경계를 논할 필요가 없어졌다. 비슷한 시기에 미국에서는 누구도 예상치 못한 예술적 사건들이 줄줄이 발생하기 시작하면서 춤을 포함한 예술 전반에 걸쳐 경계를 허무는 흐름이 거세졌다. 경계가 없어지자 개념을 다시 세울 필요가 생겼고 예술은 생각지 못한 방향과 영역까지 제자리를 넓히기 시작한다.

예술은 실체보다 개념?

1917년, 미국에서 한 남자가 자신의 이름을 감추고 떡하니 남성용 소변기를 뒤집어서 전시회에 출품한다. 이 '돌아이' 같은 행동을 하고선 사람들이 어떤 반응을 보이는지 숨어서 지켜보던 그

모리스 베자르의 안무작 〈교향곡 9번〉

사람, 마르셀 뒤샹Marcel Duchamp(1887~1968). 그 소변기에는 〈샘 Fountain〉이라는 그럴싸한 제목도 붙여졌다. 그때는 아무도 몰랐다. 그 작품이 현대미술사의 한 획을 긋는 가장 유명한 작품이 될 것이란 사실을. 그때까지 미술 작품은 장인의 손끝에서 한 땀 한 땀 그려지고 조각되고 매만져진 것들이었다. 예술가의 혼을 담아 빚어진 작품만이 예술이자 미술로 불릴 자격이 있었고 가치가 있었다. 그런 사람을 우리는 '장인'이라고 불렀다. 〈샘〉은 여기에 정면 도전한다. 공장에서 이미 제조된 소변기를 가져다 'R. Mutt(리처드 머트)'라는 서명을 써넣고 뒤집어서 전시회에 출품한 것이 뒤샹이 한 수고의 전부였다. 뒤샹은 이 작품을 통해 뒤집어진 변기처럼 그간의 미술이 갖는 개념을 뒤집어버렸다. 예술가와 예술의 관계는 무엇인가. 작품을 공들여 만드는 자와 그 손에서 탄생한 작품을 뜻하는가. 뒤샹의 〈샘〉은 이미 만들어진 것, 레디메이드ready-made란 단어를 미술사에 등장시켰다. 이미 존재하던 사물에서 미를 발견하고 해석해서 내놓는 것도 예술이 될 수 있다는 것이다. 사물을 바라보는 새로운 사고가 곧 창의적 행위인 셈. 이렇게 '개념미술'이 시작된다. 〈모나리자〉가 15세기에 등장한 가장 유명한 미술작품이라면, 〈샘〉은 20세기의 가장 영향력 있는 작품으로 기록됐다.

예술이 무엇인지 혼란스러운 가운데 이 '소변기 작품'은 여러 예술가들에게 영향을 미쳤다. 대표적인 인물이 미국의 화가 로버트 라우션버그Robert Rauschenberg(1925~2008)와 작곡가 존 케이지John Cage(1912~1992)이다. 로버트 라우션버그는 아무 그림으로도 채우지 않은 하얀 캔버스를 〈백색 회화White Painting〉(1951)라는 이름으로 전시에 내놓았고 '그림이 없이 그림이 된 그림'은 존 케이지에게 강한 인상을 남겼다. 이런 작품들이 개념미술의 길을 개척했다면 존 케이지는 음악에서 그 길을 열었다. 이 작품들에서 깊은 영감을 받은 그는 1952년, 〈4분 33초〉를 '작곡'한다. 작곡을 했다지만 〈4분 33초〉의 악보에는 아무런 음표가 없다. 4분 33초 동안 아무 연주도 하지 않고 지휘자도, 연주자들도 그대로 있는 게 연주이다. 연주를 하지 않는데 연주라니! 그 시간 동안 관객들이 내는 소리나 주변에서 들리는 소리들이 만나 하나의 음악을 이루는 게 음악이라는 것이다. 침묵도, 소음도 모두 음악. 게다가 〈4분 33초〉는 나름 3악장으로 '정교하게' 구성돼 있다. 존 케이지는 이 곡이 처음 연주될 당시 1악장에서는 공연장 밖에서 바람소리가 들렸고, 2악장이 시작됐을 때는 지붕에 떨어지는 빗소리가 들렸고, 3악장에서는 관객들이 웅성거리는 소리가 들렸다고 회상했다. 이 작품은 요즘도 가끔씩 공연장에서 '연주'되는 걸 목격하는데 매번 그 즉흥적이고 우연적인 요소들은 루바토rubato(연주자가 자기 나름대로 템포를 바꾸고 해석해서 연주하는 방식)가 되어 새로운 음악으로 태어난다. 우연히 만들어진 소리가 음악이 되고, 음악을 이루는 데 어떤 것도 규정된 것이 없기 때문에 존 케이지의 음악을 사람들은 '우연성과 불확정성 음악'이라고 말한다.

〈4분 33초〉를 통해서 알 수 있듯이 그의 전위적인 마인드는 정평이 나 있었다. 그런데 이런 자유로운 작업에 예술적으로 맞장구를 쳐준 인물이 있었으니 그가 바로 무용가 머스 커닝햄 Merce Cunningham(1919~2009)이다. 그 둘은 예술적 동지이자 동성연인으로 평생을 함께했다. 20세기 중반 이후 머스 커닝햄은 미국의 현대무용을 이끌었다. 존 케이지의 영향을 받은 머스 커닝햄은 춤에도 같은 방식을 적용했다. 모든 소리가 음악이 될 수 있는 것처럼 머스 커닝햄은 '어떤 움직임이든 춤이 될 수 있다'고 생각했다. 존 케이지가 음악 안에 우연성을 중요하게 개입시켰다면, 머스 커닝햄은 움직임에 우연성을 적용했다. 미리 짜놓은 방식과 안무 그대로 무대 위에서 춤을 펼치는 게 아니라 무용수들이 각자 자율적으로, 창조적으로 움직일 수 있도록 해서 공연에 우연적인 요소가 들어가게 한 것이다. 마치 즉흥연주처럼 '동작에 대해 정해진 소재나 순서가 없다'는 생각을 바탕으로 한 안무기법이다. 결과적으로 상투적인 움직임에서 벗어날 수 있었다. 커닝햄의 우연성 기법에 영향을 받은 어떤 안무가들은 방정식을 사용하거나 주사위를 굴려서 나오는 우연적인 숫자로 안무 순서의 배열, 공연할 무용수의 수, 무용수들의 등퇴장을 결정하는 경우도 있었다.

커닝햄은 춤과 음악의 관계에 대해서도 질문을 던졌다. 그동안 춤이란 음악에 맞춰서 추는 움직임이었고, 음악과 공연의 길이는 거의 일치했다. 춤과 발레의 역사를 되짚어봐도 17세기에는 미뉴에트, 가보트 등 '무곡'이라는 이름으로 춤과 음악이 하나로 묶여 있었고, 19세기 러시아 발레에서는 하나의 줄거리 안에서 춤과 음악이 흐름을 같이했다. 20세기에 발레에서 줄거리가 사라진 뒤에도 춤과 음악은 같은 호흡으로 무대에서 함께 발을 맞춰왔지만 커닝햄은 여기에 이의를 제기했다. 그는 반드시 음악에 맞춰 춤을 춰야 할 필요는 없고 음악과 춤이 서로에게 자유로울 수 있다는 점을 피력했다. 음악과 춤의 연결고리를 끊고 다른 시각에서 둘의 관계를 바라본 것이다. 또한, 존 케이지처럼 침묵과 소음도 음악으로 받아들였기 때문에 결과적으로는 음악 없이 춤을 추기도 했다. 음악없이 춤을 춘다고 말했지만 커닝햄의 입장에서 말하자면 완전한 고요와 완전한 침묵은 없기 때문에 관객들의 숨소리나 움직이는 소리도 모두 음악으로 받아들인 것이다.

이렇게 커닝햄에게 있어서 춤이란 음악을 따라가는 게 아니었고, 이야기를 따라가는 것은 더군다나 아니었다. 20세기에 들어서면서 춤은 인간의 감정과 내면세계, 심리를 표현한다고 여겨져왔지만 그는 이런 표현주의를 거부했다. 춤은 감정을 따라가는 것도 아니라고 생각했기 때문이다. 그럼 그에게 대체 춤은 무엇일까. '춤은 몸 자체에 대해 탐구하고 몸의 반응을 보여주는 것'

이라고 그는 생각했다. 몸과 움직임 그 자체를 탐구하는 데 집중한 것이다. 마르셀 뒤샹과 존 케이지가 각각 미술과 음악에 있어서 개념을 혁신시키고 확장시켰다면 머스 커닝햄은 춤에 있어서 그랬다. 그의 이런 생각과 작업방식은 '대체 춤이 뭐고 예술이 뭐냐'라는 전위적이고 개방적인 질문을 우리에게 던졌다. 그리고 이런 질문은 20세기 후반에 모던 이후의 춤, 포스트모던댄스의 흐름을 이끌었다.

멈추지 않는 탐구,
춤에 입힌 테크놀로지

커닝햄은 1938년부터 2009년 사망할 때까지 200편 이상의 안무작을 남겼을 정도로 작업에 매진했다. 특히 1953년에 세운 머스 커닝햄 댄스컴퍼니Merce Cunningham Dance Company를 기반으로 노년의 시기에도 예술적 탐구를 멈추지 않고 나아갔다. 현대무용도 발레처럼 메소드가 있는데 교육자로도 활발한 활동을 펼친 그는 '커닝햄 테크닉'을 만들어서 가르쳤다. 커닝햄 테크닉은 하체는 발레의 기술을 기반으로 단단하게 다지고, 척추와 상체는 유연성을 강화하되 하체와 조화를 이루거나 때로는 정반대의 움직임을 갖도록 훈련시킨다. 그래서 이 테크닉으로 훈련받으면 하체가 안정적이고 탄탄하게 받쳐주면서 상체의 움직임은 풍부해질 수 있고, 음악을 사용하는 데에도 다양한 실험을 가하다보니 난해한 현대음악도 잘 '탈' 수 있게 된다. 변칙적인 박자나 리듬 사이에서도 몸을 조화롭게 움직일 수 있게 되는 것이다. 작업에서도 교육에서도 그는 '탐구의 아이콘'이라 할 수 있다.

몸과 움직임에 대한 그의 탐구를 기술과 접목시킨 게 획기적이었다. 그는 새로운 기술을 적극적으로 예술에 적용했다. 1970년대 미국에서는 비디오물이 상품화되고 있었다. 커닝햄은 이때부터 카메라와 비디오를 사용해서 춤 현장에서 다양한 실험들을 시도한다. 예를 들어 공연장 객석에서 관객이 무용 공연을 볼 때는 전체적인 움직임이 똑같은 크기로 보이지만 공간 한구석에 카메라를 설치하고 카메라의 눈을 통해서 보면 다르다. 카메라를 향해 움직여오는 무용수의 몸은 그 뒤에 있는 무용수보다 더 크게 보인다. 영상 안에서의 시점과 공연장 안에서의 시점은 서로 다른 리듬감을 갖기 때문에 새로운 연출이 가능하다고 생각한 커닝햄은 영화를 춤에 적용한 작업들을 시도한다. 이 점이 잘 드러난 그의 작품 중 하나가 28분 길이의 댄스필름 〈비치 버즈 포 카메라Beach Birds for Camera〉(1992)이다. 이 작품에서는 카메라의 시선을 느낄 수 있을 뿐 아니라 새의 움직임을 그대로 몸에 적용한 춤을 통해 '몸과 움직임 그 자체를 탐구한다'는 게 무엇인지 읽을 수 있다.

영상 안에서의 시점을 실험한 작품 〈비치 버즈 포 카메라〉.
카메라에 가까이 다가온 무용수는 더 크고 또렷하게 보인다.

테크놀로지를 춤에 입히는 그의 실험은 여기서 멈추지 않았다. 커닝햄은 컴퓨터 기술을 안무에 적용한 걸로도 유명하다. 1995년 "컴퓨터는 춤의 미래"라고 말하며 앞으로 컴퓨터가 춤 작업에 미칠 영향과 가능성은 사람들이 생각하는 것 이상일 거라 예견했는데 지금 모션캡처, 가상현실, AI 등 다양한 기술이 춤과 만나고 있는 것을 보면 그의 선견지명은 남달랐다는 걸 알 수 있다. 그는 라이프폼LifeForms이라고 불리는 소프트웨어를 사용해서 안무를 만들었고 그 첫 작품인 〈트래커스Trackers〉(1991)는 기술과 춤이 만난 시도로서 무용사에 중요하게 기록됐다. 이 작품은 컴퓨터 속 아바타를 통해 회전이나 점프 등 여러 춤 동작을 만들고 관절을 다양한 방향으로 뒤틀며 움직임을 실험해서 완성했다. 〈트래커스〉를 내놓았을 때 이미 그는 일흔을 넘긴 나이였다는 점에서는 예술에 대한 멈추지 않는 그의 탐구심을 읽게 된다. 여든의 나이에도 그의 새로운 시도는 멈출 줄 몰랐다. 무용수들의 몸에 센서를 달아 모션캡처를 사용해서 가상의 무용수를 애니메이션으로 만들고, 이 애니메이션이 무대 벽면에 비치도록 해서 실제와 가상의 무용수가 한 무대에서 춤을 추는 작품을 만든 것이다. 그 작품이 〈바이페드BIPED〉(1999)이다. 지금은 모션캡처가 안무에서 널리 쓰이고 있지만 1999년에 이런 시도는 상당히 획기적이었다.

그는 자신이 죽은 이후 작품과 예술적 과업을 관리하는 데 있어서도 선도적인 사례를 남겼다. 아무리 영향력이 큰 안무가라고 하더라도 사후에 관련 예술단체가 혼란을 겪고 예술적 입지를 이어나가지 못하고 작품들의 관리가 제대로 되지 않는 경우가 종종 있어서 무용계에서는 늘 이 점에 대한 논의가 오간다. 이 부분을 인식하고 있던 머스 커닝햄은 자신의 작업들을 예술적 유산으로 남기는 '레거시 플랜The Legacy Plan'을 준비했다. 덕분에 그의 사후에 머스 커닝햄 트러스트MCT가 출범했고 이 단체는 커닝햄 테크닉을 전수하고 있고, 저작권이나 자료 아카이빙 등 작품에 대한 전반적인 관리를 하고 있다. 아카이빙한 작품의 자료들을 온라인으로 누구나 쉽게 볼 수 있도록 열어놓은 점은 특히 감사하다. 작품들과 커닝햄 테크닉은 이렇게 중요한 인류의 자산이 되었다. 하지만 그가 남긴 진정한 유산은 '예술가에게 가장 중요한 자세는 탐색과 새로운 시도를 멈추지 않는 데 있다'는 안무철학이 아닐까 싶다.

플럭서스,
예술에 대한 질문

머스 커닝햄이 시도한 춤과 기술의 접목과 실험에 있어서는 우리에게 비디오아티스트로 잘 알려진 백남준(1932~2006)을 빼놓고 이야기할 수 없다. 그 둘은 평생 우정을 나눈 친구이자 예술적 동지로서 비디오아트와 춤을 연결하는 전위적인 공동작품들을 많이 내놓았다. 백남준 역시 존 케이지에게 큰 영향을 받은 사람이다. 백남준은 도쿄에서는 미술을 전공했고, 독일로 건너와서는 음악을 전공한 사람이기도 했다. 1958년 당시 음악학도였던 그는 독일 다름슈타트에서 존 케이지의 〈4분 33초〉를 처음 접한 후 신선한 충격을 받았고, 그 길로 존 케이지의 '열혈 팬'이 되었다. 백남준은 〈존 케이지에게 보내는 경의〉(1959) 공연에서 피아노를 때려부쉈고, 〈바이올린을 위한 독주〉(1962) 공연에서는 바이올린을 5분간 천천히 들어올렸다가 일순간에 내려쳐서 박살내버렸다. 정해진 기법에 의한 숙련된 연주로 악기를 다뤄야 예술이었지만 백남준은 '때려부수기'라는 '대단치 않은' 일상의 행위도 음악을 만들고 예술이 된다는 점을 보여줬다. 그는 이런 행위를 통해 존 케이지의 예술철학에 동참했다.

이들은 예술적 교류를 했는데 그중 백남준의 주도로 펼쳐진 퍼포먼스 〈굿모닝, 미스터 오웰Good Morning, Mr. Orwell〉은 큰 화제가 됐다. 이것은 미국 시간으로 1984년 1월 1일 위성을 이용해 전 세계에 생방송한 퍼포먼스로, 여기에는 춤추는 머스 커닝햄과 연주하는 존 케이지가 등장한다. 조지 오웰George Orwell(1903~1950)이 소설 《1984》(1949)에서 미래를 회색빛으로 그린 것에 대해 우리는 당신의 비관적 예언과 달리 아주 잘 지내고 있다는 인사를 건네는 게 이 퍼포먼스의 의미였다. 여러 아티스트들이 함께하면서 음악, 춤, 미술, 다양한 쇼가 예술이란 이름으로 하나가 됐고, 생중계를 통해 나라 간의 시차, 문화의 벽을 넘었을 뿐 아니라 전위예술이 매스미디어와 어떻게 만나는지를 보여준 점도 중요한 의의를 남겼다. 1960년대부터 음악, 미술, 무용, 건축, 영상 등 다양한 장르의 경계와 장벽을 허물고 혼합하는 급진적 예술운동이 전세계 예술가들 사이에 펼쳐졌는데 이것을 '플럭서스fluxus'라고 부른다. 플럭서스는 라틴어로 '흐름'을 뜻하는 말로 기존의 예술을 깨고, 특정 계층을 위한 예술이나 특화된 예술을 거부했으며, 장르 간의 경계를 허문 것처럼 삶과 예술 사이의 경계를 무너뜨리고 결합하고자 했다. 케이지와 커닝햄, 백남준은 적극적이고 저돌적으로 이 흐름에 뛰어들었다. 이들은 예술에 대한 시각이 중요하다는 것을 보여줌으로써 삶의 사소한 행위도 예술이 되고, 누구나 예술가가 되게 만들었다. 이 플럭서스의 예술철학은 포스트모더니즘으로 이어진다. 결국 '포스트post'라는 단어에는 단순히 '모던 그 이후'뿐 아니라 '모던을 넘어서'라는 의미까지 들어 있는 것이다.

돌아보니 디아길레프와 니진스키, 베자르와 조르주 돈, 케이지와 커닝햄, 세 동성커플이 20세기 예술과 무용 역사에 중요한 지점을 찍었다. 그리고 그 지점마다 춤과 발레의 테두리는 흔들렸다. 예술의 개념 자체가 무너지면서 예술은 서로 융합되고 결과적으로 예술의 경계는 무한대로 확장했다. 춤도 그 흐름에 발맞추며 추구하는 방향과 목적, 접근방식이 달라졌다. 왕궁의 놀이였던 발레는 이렇게 철학이 되어 삶 안으로 들어온다. 그리고 예술에서 포스트모더니즘은 우리가 믿고 있고 알고 있던 모든 것을 흔들고 탈출해서 새로운 세상으로 나아가는 문이 되었다.

발레에 대한 반역,
현대무용의 시작

1900년 3월 16일, 런던 리세움시어터Lyceum Theater에 샌프란시스코에서 온 한 여성 무용수가 춤을 추기 위해 무대에 올랐다. 고대 그리스 여성들의 의복인 하얀 튜닉에 맨발, 생소한 외형이었다. 왈츠가 휩쓸었고, 발레가 퍼졌던 유럽에서 그는 듣도 보도 못한 춤을 선보인다. 고대 그리스 예술과 자연을 자신의 예술적 표현의 발원지로 삼고, 여기서 받은 영감으로 표출한 자유스러운 움직임. 런던의 대영박물관에서 그리스의 미술 작품들을 보고 만든 춤이었다. 이 무용수에 대한 소문은 유럽에 금세 퍼졌나갔다. 1902년 헝가리 부다페스트에서의 공연은 30일 동안 매진 사례를 빚으며 큰 성공을 거뒀고, 파리, 베를린, 빈 그리고 유럽의 여러 대도시들의 무대에 오르며 인기몰이를 한 그는 1920년에 이르러서는 세계에서 가장 유명한 무용수가 되었다. 이렇게 이사도라 덩컨Isadora Duncan(1877~1927)은 한 세기를 마무리하고 새로운 세기로 들어서는 시점에 예술의 또 다른 문을 열었다. 현대무용이 시작된 것이다.

고대 그리스의 예술에 영감을 받아
자유로운 영혼의 표현을 강조한 이사도라 덩컨

맨발의 무용수 이사도라 덩컨,
자유로운 영혼의 외침

맨발의 무용수. 포인트슈즈의 신비에 흠뻑 빠져 있던 19세기 말의 관객들은 신선한 충격을 받았다. 아닌 게 아니라 이사도라 덩컨의 춤과 외형은 발레에 전면 거부를 선언하며 만들어진 것이었다. 발레에는 단단한 풀업으로 만들어지는 정형적인 아름다움이 있다. 포인트슈즈와 튀튀는 그런 흐트러짐 없는 움직임과 호흡을 가장 환상적으로 완성시켜준다. 발레 무용수들은 정해진 미의 틀에 맞춰 선발되고 훈련된다. 덩컨의 눈에는 이 모든 것이 부자연스럽고, 심지어 폭력적으로 보였다. 덩컨은 발레를 중력이 존재하지 않는다는 망상을 만들어내기 위해 인간의 몸을 변형시키고 자연스러움을 빼앗는 추악한 춤으로 보았다. "발레를 추는 사람들의 옷 안에 변형된 근육이 있고, 그 근육 밑에는 기형적인 뼈가 있다"라고 말하며 가장 자유로운 몸에서 가장 좋은 재능이 발휘되고 아름다운 춤이 나온다고 주장했다.

이런 춤 철학이 배어 있는 그의 춤은 화제가 됐고 환호도 받았지만 동시에 비난의 화살도 피할 수는 없었다. 비난의 첫번째 표적은 옷차림이었다. 그 당시 여성들은 신체를 드러내지 않는 드레스를 입었지만 덩컨은 맨발에 얇은 옷을 입었고 때때로 반라의 상태로 춤을 췄기 때문에 도덕적이지 못하다는 야유를 받앉다. 그가 사용한 음악도 논란의 대상이 됐다. 덩컨은 베토벤, 쇼팽, 브람스, 스크랴빈, 바그너의 음악 등 원래 춤을 위해 작곡되지 않은 음악에 맞춰 안무한 최초의 인물이기도 하다. 덩컨은 스스로를 '음악의 영혼'이라고 묘사하며 자신이 느낀 이미지대로 춤을 만들 수 있다고 주장했지만, '감히' 거장의 음악을 자신의 춤에 사용한 것에 대해 음악 관계자들은 분노했다. 하지만 그의 굽히지 않는 예술적 고집은 결과적으로 움직임, 의상, 음악에서 자유와 새로운 시각을 제시했다. 당시 그의 춤을 본 미하일 포킨과 세르게이 디아길레프도 큰 자극을 받았다. 그에게 받은 영감이 발레 뤼스 탄생의 계기가 되었다는 말도 전해진다. 20세기에 들어서면서 발레 뤼스가 고전발레에서 벗어나 새로운 발레를 꿈꿨다면, 덩컨은 아예 발레에서 벗어나 다른 춤을 꿈꾼 것이다. 발레는 이렇게 두 갈래로 갈라진다. 하나는 발레 안에서, 다른 하나는 발레 밖에서.

　무용에서 기교가 아니라 자연스럽고 자유로운 영혼의 표현을 강조한 덩컨의 춤은 현대무용의 시초가 되었다. 여기서 현대무용이란 단어를 영어로 말하자면 모던댄스modern dance이다. 덩컨이 시도한 모던댄스가 결국 우리가 지금 생각하는 현대무용의 시발점이기 때문에 덩컨을 현대무용의 창시자라고 말한다.

현대무용,
테크닉 vs. 영감의 발현

이사도라 덩컨이 현대무용에 출사표를 던졌다면, 1926년 이후 미국에서는 마사 그레이엄Martha Graham(1894~1991)이 지금의 현대무용이 뿌리내리도록 만들었다. 덩컨의 춤은 즉흥적이기도 하고, 그 자리에서 추고 사라지는 현장성이 강조되어 그의 생전에 작품과 공연이 촬영되거나 기록되지 않았다. 제자들 사이에서 직접 전해져 내려왔지만 문헌으로 정리되지 않으면서 결과적으로 춤의 메소드나 작품의 구체적인 자료들 없이 안무철학만 남은 셈이다. 그래서 마사 그레이엄을 현대무용의 실질적인 창시자라고 평가하기도 한다. 다행히 2014년 이후 덩컨이 생전에 했던 활동들을 모아 문화유산으로 남기는 작업이 진행돼서 '이사도라 덩컨 아카이브The Isadora Duncan Archive'라는 이름으로 자료들이 모아졌다.

마사 그레이엄은 무용의 테크닉이나 방향, 방법을 구체화시켜 현대무용이 지금처럼 자리 잡게 하는 데 결정적인 영향력을 미쳤다. 마사 그레이엄의 움직임은 근육을 한껏 오그라들고 줄어들게 만드는 '수축contraction'과 모든 것을 풀어서 발산하는 '이완release'을 기본원리로 삼고 있다. 수축은 가슴과 등을 안으로 둥글게 말아서 그 안에 슬픔이나 두려움, 걱정 등 내면의 감정과 심리를 담고, 이완은 숨을 들이쉬면서 가슴을 확장시켜서 기쁨과 희망을 표현한다. 수축과 이완은 오늘날까지도 현대무용수들에게 중요한 테크닉으로 받아들여지고 있다. 마사 그레이엄 이후에도 현대무용 테크닉들은 만들어졌다. 앞서 이야기한 커닝햄 테크닉도 그중 하나이다. 머스 커닝햄은 마사 그레이엄의 제자라서 그 영향을 많이 받았다. 그래서 커닝햄 테크닉을 배운 무용수들은 이 테크닉이 '하체는 발레, 상체는 그레이엄 테크닉'의 특성을 갖고 있다고 말한다.

마사 그레이엄 이후 현대무용을 이끈 중심인물로는 머스 커닝햄 외에 호세 리몬José Limón(1908~1972)이 꼽힌다. 호세 리몬도 자신만의 메소드인 '호세 리몬 테크닉'을 만들었는데 이 테크닉은 중력의 에너지를 중점에 두고 움직임을 바라본다. 중력을 받아 바닥으로 떨어뜨렸다가 에너지와 호흡으로 다시 일으키는 '낙하fall'와 '회복recovery'이 동작의 기본원리이다. 낙하와 회복은 그의 스승이자, 마사 그레이엄과 한 시대를 풍미했던 도리스 험프리Doris Humphrey(1895~1958)와 찰스 와이드먼Charles Weidman(1901~1975)의 움직임 철학에서 나왔다. 결국 리몬 테크닉은 중력을 피해 위로 상승해서 정점에 이르는 순간과 중력에 의해 끌어내려져서 바닥에 떨어지는 순간, 이 두 가지 극적인 상태 사이의 움직임을 연구한다고 볼 수 있다. 현재 마사 그레이엄, 머스 커닝햄, 호세 리몬 테크닉은 발레의 부르농빌, 체케티, 바

현대무용이 실질적으로 뿌리내리도록 만든 마사 그레이엄

가노바 메소드처럼 현대무용에서 주요 테크닉으로 자리 잡았고, 훈련에 사용되고 있다. 다만 발레의 기교와 엄격한 형식에 반대해서 나온 현대무용이 테크닉을 중심으로 행해지는 건 어불성설이기도 하다. 그래서 아예 기교에서 벗어난 춤을 선보이는 예술가들도 있다. 현대무용의 '진정한 테크닉'을 영혼의 표현, 영감의 발현으로 보기 때문이다.

현대무용의 역사에서 마사 그레이엄은 춤 자체 외에 춤 철학을 드러내는 명언들로도 많은 영향력을 미쳤다. 언젠가 한 발레단의 수석 무용수와 인터뷰를 진행하는데 무용수에게 은퇴란 어떤 의미를 갖는지, 마사 그레이엄이 한 말을 통해 그가 심경을 표현했다. "무용수는 두 번 죽는대요. 첫번째 죽음은 무용수가 춤을 그만둘 때인데 이 죽음이 두번째 죽음보다 고통스럽대요." 그 무용수가 담담하게 이 말을 꺼내놓았을 때 생각해보게 됐다. 육신의 죽음 이전에 무엇이 인생에서 사라질 때 죽었다고 인지하게 될까. 무용수에게 춤이 그러하듯 내게는 무엇이 목숨만큼 소중한 것인지 돌아보게 되는 인터뷰였다. 그리고 내게 가장 인상깊게 남은 마사 그레이엄의 명언은 이것이다. "위대한 춤꾼은 기교 때문이 아니라 열정 때문에 위대한 것이다." 열정은 모든 것 위에 있다. 무용수나 우리에게 다가오는 첫번째 죽음을 기꺼이 넘어서게 만드는 힘도 삶에 대한 열정에서 나오지 않을까 싶다.

움직임에 대한 반란,
손잡는 발레와 현대무용

현대무용이 태동하자 발레 내에서는 변화의 광풍이 일어났다. 포인트슈즈와 튀튀는 사라졌다. 화려한 세트도 더 이상 필요조건이 아니고, 음악에서도 자유로워졌다. 춤 본연으로 돌아가서 이야기하자면 몸의 사용법과 움직임에서도 확연히 달라졌다. 발레의 기본은 지키되 거기에서 변형이 일어난 것이다. 그리고 이 부분들은 20세기 모던발레에서 자연스럽게 받아들여지게 됐다. 가장 큰 첫번째 변화는 오프밸런스이다. 발레는 몸 한가운데에 쇠꼬챙이를 꽂았다고 생각할 정도로 밸런스가 무너지지 않게 추는 춤이었다. 이게 정통 발레의 기본이다. 19세기까지의 고전발레에서는 이 부분이 정확하게 지켜졌다. 그런데 20세기 이후 오프밸런스, 즉 밸런스를 이탈해서 자유롭게 움직이는 형태가 발레에 등장했다. 엉덩이가 뒤로 빠지고 허리가 옆으로 빠질 수 있다는 말이다. 정통 발레에서는 엉덩이가 뒤로 쑥 빠지거나 허리나 배를 내미는 경우는 절대 없다.

두번째로는 무릎을 구부리는 동작도 중요하게 쓰일 수 있게 됐다는 점이다. 발레에서 무릎을 구부리는 동작, 플리에는 몸을 훈련할 때는 자주 쓰이지만 공연 때는 메인 동작이 아니었다. 마치 유도의 낙법과 비슷하다. 낙법이 안전하게 떨어지는 방법을 배우는 중요한 방어기술이지만 실제 경기에서 승리를 이끌기 위해서는 공격기술이 필요한 것처럼, 발레에서 플리에는 안전한 착지와 다음 동작을 이어주는 가교는 되지만 메인 동작이라고 보기는 어려웠다. 하지만 이제 무릎을 구부리는 플리에 동작도 안무에 적극적으로 사용되기 시작한다. 심지어 플리에 상태로 턴을 하는 동작들도 등장한다.

움직임에서 세번째로 중요한 변화는 발목을 꺾는 플렉스flex 동작이 적극 사용된 점이다. 발레에서 가장 기본적이고 중요하게 생각하는 건 발끝을 아치 형태로 만들며 쭉 뻗는 푸앵트이다. 발레에서 선의 미학은 푸앵트에서 시작해서 푸앵트로 끝난다. 그런데 플렉스는 그 선을 발목에서 뚝 끊는다. 본격적인 훈련이나 공연에 앞서서 몸을 유연하게 풀 때 발목을 꺾었다가 쭉 뻗는 동작들을 종종 하지만, 이 플렉스 동작을 작품 안에서 적극적으로 사용할 일은 없었다. 그런데 20세기로 넘어오면서 발레를 통해 표현하는 내용들이 깊고 넓어지면서 플렉스 동작도 중요하게 쓰이게 됐다. 더 이상 발레가 공주님과 왕자님의 연애 이야기만 담지는 않기 때문에 기존에 발레에서 예쁘다고 생각했던 움직임에 연연하지 않고 발레의 움직임은 확장된 것이다. 여기서 더 나아가 턴아웃이 아니라 발끝이 앞을 향하거나 서로 안쪽에서 마주보기도 하는 턴인 동작도 작품 안에 등장하기 시작했다. 턴아웃은 발레에서는 목숨처럼 지키는 동작이었지만 이것마저도 깨진 것이다.

오프밸런스, 플리에, 플렉스, 턴인 동작은 모던발레에서 적극 사용되었고, 19세기 고전발레와 구분 짓는 움직임이 되었다. 현대무용이 발레의 규격화된 움직임과 형식에 반대하면서 등장한 만큼 이런 동작들을 수용했고, 결국 발레와 현대무용의 움직임은 구분 짓기 모호한 상황에 이른다. 그 둘은 서로를 견제하며 다른 길을 걷는 것처럼 보였지만 1920년대 이후 조금씩 서로에게 영향을 주었다. 특히 발레와 현대무용 모두 트레이닝 받은 무용수들과 안무가들이 나타나면서 두 장르는 섞이기 시작했고, 1940년대 후반에 와서는 현대무용 안무가가 발레단의 작품 안무를 맡는 상황까지 오게 됐다. 1970년대 이후 현대무용과 발레는 완전히 손을 잡았다. 시작은 반역이었지만 현대무용은 발레와 춤이라는 이름 안에서 화해했고, 이제 두 진영은 적이 아니라 같은 길을 가는 동지가 됐다.

연극과 만난 표현주의,
탄츠테아터

현대무용은 태생부터 자유와 자연스러움을 주장하고 나섰지만 그 자유는 종종 우리의 상상을 뛰어넘기도 한다. 하루는 어떤 안무가의 신작에 대해 인터뷰를 하기 위해 공연장을 찾았다. 그런데 리허설을 보던 촬영 스태프가 신기해한다. 무용 공연인데 무용수들이 침묵을 깨고 소리를 지르고, 무대 위에서 말을 하고 심지어 노래까지 부르는 것이다. 춤은 원래 말이 없고 몸으로 모든 것을 표현하는 영역 아닌가. 그랬다. 사람들에게 오랜 세월 춤은 곧 움직임이고 무언의 연극이기도 했다. 줄거리와 움직임이 있는 게 무용 공연이었다. 그나마 줄거리가 없는 무용 공연에 대해서는 어느 정도 익숙해졌지만 무용 공연인데 무대 위에서 소리를 내며 돌아다니는 건 어쩐지 낯설고 신기한 구경거리다. 이런 모습을 처음 본 그 스태프는 대체 이걸 춤 공연이라고 불러야 할지 말아야 할지 갸우뚱해하면서 호기심을 보였다.

이 부분은 무용사에서 아주 중요한 변화이다. 이런 방식을 '탄츠테아터Tanztheater'라고 부른다. 춤과 연극, 무대미술, 의상, 소품 등 모든 것이 융합되고, 작품 안에 인간의 감정과 심리, 사회적 이슈를 포함해 다양한 주제가 표현되는 방식을 뜻한다. 독일어로 '탄츠tanz'는 춤, '테아터theater'는 연극, 극장을 의미하는 말로 탄츠테아터는 춤과 연극이 합쳐진 방식이라고 생각하면 된다. 연극의 연출과 표현 방식으로 할 수 있는 모든 것을 춤에 적용한 것이다. 다만 연극은 줄거리가 있지만 탄츠테아터 작품은 연극적 요소는 있되 줄거리가 없고 추상적인 경우가 많다. 그런데 탄츠테아터는 왜 독일어로 이름이 붙여졌을까? 그건 이 방식을 확립시키고 세계적으로 퍼트린 사람이 독일의 무용수이자 안무가, 피나 바우슈이기 때문이다. 미국에 유학을 갔다가 1973년 독일로 돌아온 그는 자신이 맡은 무용단의 이름을 탄츠테아터 부퍼탈Tanztheater Wuppertal로 바꾸고, 탄츠테아터 방식을 통해 작품을 만들어나갔다.

21세기 안무가와 무용수 중에 피나 바우슈의 영향을 받지 않은 사람은 단 한 명도 없다고 말할 정도로 그가 미친 영향은 지대하다. 그건 그가 탄츠테아터 방식을 완성했기 때문만은 아니다. 피나 바우슈는 '무용수들을 어떻게 움직일 것인가'보다는 '무엇이 그들을 움직이게 하는가'가 중요하다고 말한 사람이다. 이 말은 무용사에서 중요한 명언으로 남았는데 이런 춤 철학이 그의 작품 안에 고스란히 들어앉아 그동안 춤에서 다루지 않았던 주제들을 다루기 시작했다. 인간이라면 누구나 가질 수 있는 고통, 공포, 불안함, 괴로움, 이런 내면의 감정에 관심을 가졌다. 그 내면세계는 무대 위에서 기괴한 소리, 고함, 달리기, 반복적인 움직임, 웅크림 등으로 표출됐다. 무용수들은 뒹굴고, 누군가의 머리채를 휘어잡고 빙빙 돌고, 노래를 하기도 한다. 때로는 의자가 넘어지고, 물이 튀면서 무대 위는 말 그대로 아수라장이 된다. 당시 사람들은 처음에는 이런 피나의 방식을 쉽게 받아들이지 못했고 비판적인 의견들도 많았지만, 지금은 탄츠테아터 방식을 적용한 무용 작품을 자주 접하게 될 정도로 흔한 방식이 되었다.

피나 바우슈 대표작 〈봄의 제전〉

혁신이 보편이 된 것이다.

1960년대에 시작된 탄츠테아터 방식은 피나 바우슈에 의해 적극적으로 수용되면서 1980년대에 이르러서야 인정받게 됐다. 머스 커닝햄이 몸과 움직임 자체에 중점을 두었다면 피나 바우슈는 몸을 통해 무엇을 표현할 것인가에 중점을 두었다. 그래서 피나 바우슈의 탄츠테아터 방식을 독일의 표현주의라고 부른다. 표현주의를 거부한 머스 커닝햄과 표현주의를 더 확장시킨 피나 바우슈는 같은 시대에 각각 미국과 독일에서 자신들의 예술세계를 펼쳐나갔다.

피나 바우슈의 대표작으로는 〈봄의 제전〉(1975), 〈카페 뮐러 Café Müller〉(1978)가 있다. 〈봄의 제전〉은 죽음의 제물로 선택된 자의 공포와 살아 있는 자를 제물로 바치려는 사람들의 집단의식이 대치되는데 무대 위에 깔아놓은 흙더미 위로 무용수들이 달리고 뒹굴면서 온통 흙과 땀으로 얼룩진 모습으로 엔딩을 맞는다. 제물이 된 사람뿐 아니라 결국 누구도 흙으로 돌아갈 수밖에 없는 인간의 운명을 거역할 수 없음을 실감하게 된다. 〈카페 뮐러〉는 어린 시절의 기억을 담은 자전적인 작품으로 부모님이 운영하시던 여관의 카페에서 본 어른들의 모습이 어린 시절의 피나에게 어떻게 비춰졌는지 춤으로 보여준다. 관객마다 작품 안에 등장하는 여러 사람 중에 누군가에게 자신의 모습이 투영되는 걸 느낄 수 있는데 이런 작품에서는 일방적으로 안무가의

피나 바우슈 대표작 〈카페 뮐러〉

이야기가 내게 전달된다기보다 작품을 통해 나 자신을 만나기도 한다. 피나의 작품들을 보면 흙먼지 하나도, 카페 안의 의자 하나도 다 무용수가 되어 함께 춤을 추고 있다는 느낌을 받는다.

피나 바우슈의 작품들 앞에서는 예쁘고 반짝이는 것이 절대 줄 수 없는 근원적인 질문에 다다르게 된다. 인간은 무엇이고 삶이란 무엇인가. 예쁜 것만 아름다운 게 아니고 예쁘지 않은 것도 아름답고, 반짝이는 삶만 아름다운 것이 아니고 거친 호흡을 힘겹게 몰아쉬며 꺼져가는 죽음의 모습도 아름답다는 게 충격적이다. 예술과 아름다움에 대한 질문은 이렇게 계속 이어진다.

경계가 지워진 곳에 피어난
컨템퍼러리

예술강의를 진행하다보면 종종 이런 질문을 받는다. 포인트슈즈를 신지 않고 움직임도 이미 정형적인 발레에서 벗어나 있는데 어떤 건 현대무용이라고 부르고 어떤 건 발레라고 부르냐는 것이다. 그 구분은 모호해지기도 했지만 의미가 없어지기도 했다. 발레와 현대무용만 손을 잡은 게 아니라 한국무용도 전통무가 아닌 경우 현대무용과 비슷한 무대연출과 움직임을 받아들였다. 한국무용을 하는 안무가가 발레 무용수나 현대무용수와 작업을 하는 경우도 있다. 우리나라에서는 발레, 현대무용, 한국무용이라는 세 가지 장르로 구분해 입시를 치르고 교육을 실시하고 있지만 이제 무용계 내부에서도 이 학제는 의미가 없으니 바뀌어야 한다는 목소리도 높아지고 있다.

프랑스의 유명한 안무가 앙줄랭 프렐조카주가 내한공연을 앞두고 가진 아티스트 토크에서 오간 이야기가 적절한 답이 되겠다. 그의 작품은 발레인지 현대무용인지 경계가 모호하고, 정통 발레와는 동떨어진 움직임도 많다. 그런데 그가 이끌고 있는 무용단 이름은 프렐조카주 발레단이다. 그런데 왜 팀 이름에 발레단이라고 썼을까. '발레ballet'라는 단어는 이탈리아어 '발라레 ballare'에서 나왔다. 발라레는 '춤추다'라는 뜻이다. 프렐조카주는 바로 이 점을 지적하면서 결국 발레는 춤을 춘다는 포괄적인 의미를 갖고 있다는 것이다. 발레단이라고 이름을 짓든 댄스팀, 무용단이라고 이름을 짓든 결국 춤을 추는 사람들의 집단이란 점은 변함이 없다는 것이다. 이제 발레는 그 어원이 된 발라레에 충실하게 다가서게 됐다. '발레'라는 단어로 떠올려지는 이미지에서 벗어나서 '발레'와 '춤'은 동일어가 된 것이다.

포스트모던댄스와 독일의 표현주의 이후 춤 공연에서 표현할 수 있는 세계는 더 무궁무진해졌다. 21세기에는 이전에 미처 생각하지 못한 일들이 춤 안에서 일어나고 있다. 이제 춤이 춤하고만 만나는 게 아니라 그 외의 것들과 손을 잡기 시작했다. 미술이나 미디어아트, 무술, 서커스, 연극 등 다양한 장르와 혼합 되고, 춤 공연 도중에 글을 낭독하기도 한다. 21세기에 들어서서 변화된 춤의 이런 모습들은 '동시대의 춤'이란 의미의 '컨템퍼러리 댄스'로 묶이게 됐다. 컨템퍼러리댄스 안에서는 더 이상 장르 간에 벽을 세울 필요도 없어졌다. 이제 춤에서, 예술에서 장벽이란 단 하나, 이것과 저것을 구분하려는 우리의 습성뿐이다.

21세기 바로 지금,
컨템퍼러리댄스! 댄스! 댄스!

지난 2019년 이후 방송가에서는 트로트가 핫한 아이템으로 떠올랐다. 시청자들이 푹 빠질 만한 요소들은 다분했다. 성악, 국악, 재즈, 라틴, 댄스음악, 다양한 장르를 트로트에 접목시키기도 하고, 태권도로 퍼포먼스를 벌이면서 트로트를 부르기도 하고, 화려한 연출에 연극적인 구성까지, 트로트에 이런 매력이 있었나 싶을 정도로 맛깔스럽다. 심지어 발레와도 만났다. 다양한 장르와 접목이 된 만큼 댄스트로트, 재즈트로트, 태권트로트, 발레트로트, 듣도 보도 못한 분류표가 등장한다. 신기했던 건 아무도 '저게 무슨 트로트야?' 이런 반응을 보이지 않는다는 점이다. 보다가 고개를 끄덕였다. 이거야말로 컨템퍼러리트로트! 그랬다. 최근의 현대무용 흐름과 별반 다르지 않았다. 트로트가 다양한 장르와 결합해서 재미있는 음악을 만들어내고 그 가수만의 색을 드러낼 뿐 아니라 트로트의 영역을 확장시킨 것처럼, 춤도 그렇다. 춤 안에서 무엇이든 다 만날 수 있고, 그걸 자기 색깔로 소화해내고 자기 철학을 드러내면 그게 컨템퍼러리댄스지. 변신은 무죄.

예술이 된 서커스

태권도가 트로트와 만나는 것처럼, 태권도, 가라테, 유도, 쿵푸와 같은 무술이 춤과 공연의 영역에 흡수되는 사례는 종종 있다. '움직임'에 대한 관심과 실험 때문이다. 춤추는 사람들에게는 몸은 도구이자, 플랫폼이자, 언어 그 자체이기 때문에 몸과 움직임에 대해 탐구하고 그것을 무용 작품으로 내놓는 경우는 많다. 사람은 어디까지 움직임을 소화해낼 수 있을까. 그 정점에 있는 게 서커스일 것이다. 1950~60년대만 해도 우리나라에서는 서커스단이 오면 온 마을이 떠들썩했다고 한다. 하지만 지금은 사정이 달라졌다. 볼거리, 놀거리가 많아진 시대, 몸의 기술만으로는 더 이상 관객들을 유혹할 수 없게 되면서 서커스에는 색다른 기획력이 필요하게 됐다. 스토리가 도입되고, 공연을 위한 음악이 새로 만들어지고, 미술, 건축, 패션, 뮤지컬, 모든 것이 서커스 안에서 만나기 시작한 것이다. 이렇게 기교를 펼치는 서커스의 시대는 저물고, 대신 예술과 만나 컨템퍼러리서커스가 태동했다.

이런 변화의 중심에 있었던 나라는 프랑스이다. 루이 14세의 유전자가 어디 가겠는가. 발레가 아니더라도 프랑스는 무대공연에 있어서는 남다른 행보를 걸어왔다. 대표적인 사례가 1889년부터 이어져온 '물랭루주Moulin Rouge', 1946년에 시작된 '리도Lido', 1951년에 문을 연 '크레이지 호스 파리Crazy Horse Paris' 등 카바레 쇼. 이 쇼들은 에펠탑이나 개선문 못지않게 관광객들을 유혹한다. 파리의 몽마르트르 언덕 아래, 건물 외벽에 빨간 풍차가 서있는 물랭루주에 들어서면 19세기에 이곳에서 매일 살다시피하며 그림을 그렸던 툴루즈 로트레크Toulouse-Lautrec(1864~1901)의 그림들이 눈에 들어온다. 1891년 그가 석판화로 만든 첫번째 물랭루주 포스터 〈물랭루주: 라 굴뤼Moulin Rouge : La Goulue〉는 지금까지도 물랭루주를 상징하는 대표작이자 미술사적으로는 응용미술의 발달에 큰 영향을 미친 작품으로 평가받고 있다. 물랭루주는 그 자체로 시대의 유산이다.

그런데 여기서 질문이 하나 생긴다. 과연 이 쇼들을 예술작품이라는 이름 안에 함께 묶을 수 있을까. 의견은 분분하다. 상업적인 성격이 강한 데다 여성들이 누드나 상반신 탈의 상태로 출연하는 장면들이 많기 때문이다. 크레이지 호스 파리의 경우는 가장 수위가 높다. 출연진이 되려면 고전발레를 배워야 하는건 필수조건, 여기에 신체 사이즈뿐 아니라 유두의 높이까지 체크하는 까다로운 심사를 통과해야 한다. 여성의 몸을 도화지 삼아 다양한 비주얼 아트를 펼치는 쇼이기 때문이다. 철저히 '여성의 몸'이 주축이 된다는 점에서 크레이지 호스 파리는 예술이냐, 외설이냐 하는 논란에도 종종 떠오른다. 하지만 비주얼 아트 측면에서 이 쇼의 창의성은 돋보이고, 이 모든 카바레 쇼들이 공연으로서의 완성도와 연출 면에서 뛰어난 퍼포먼스라는 건 부정할 수 없다. 그래서 무대공연을 만드는 사람들은 이 쇼들을 참고하고, 시각예술 관련 분야에서 일하는 사람도 공부 차원에서 보러 가기도 한다. 이 쇼들을 통해 아이디어를 얻었구나 싶은 장면들을 국내외 공연에서 종종 마주치는 걸 보면 이 쇼들이 창작자들에게 강한 인상을 주는 것은 확실하다.

　이 카바레 쇼들에 대한 이야기를 꺼낸 이유가 있다. 크레이지 호스 파리를 연출한 사람 중에 현대무용 공연에서도 안무가로, 연출가로 그 실력을 인정받은 예술가가 등장했기 때문이다. 필리프 드쿠플레Philippe Decouflé(1961~). 그는 현대무용 작품을 만들면서 그 안에 서커스를 녹였고, 마임, 영상, 미술, 패션, 연극, 건축, 아크로바틱을 더해 환상적인 무대를 완성해내면서 상업적인 쇼를 예술의 세계에 어떻게 흡수시킬 수 있는지 보여줬다. 특히 그가 연출한 1992년 알베르빌 동계올림픽 개막식은 신선한 돌풍을 일으켰다. 평창 동계올림픽 개막식을 맡았던 양정웅 감독이 한 인터뷰에서 매스게임 형태가 아니라 서커스, 마임, 무용, 연극이 한데 어우러진 알베르빌 동계올림픽 개막식을 보고 큰 충격을 받았고, 이때부터 올림픽 개막식 연출에 대한 꿈을 가지게 됐다고 밝혔을 정도다. 이제 그의 기발한 상상력과 연출감각은 '드쿠플레스럽다'는 의미의 '드쿠플러리Decoufleries'라는 말로 대변된다. 그런데 이런 감각이 가능했던 것은 드쿠플레가 서커스 보이 출신이기 때문이다. 집안의 반대를 무릅쓰고 예술가가 되고 싶었던 십대 소년 드쿠플레는 가출을 감행했다고 한다. 그때 서커스 기술과 마임을 배웠고 후에 컨템퍼러리댄스를 접하고 무용수로도 활동한 덕택에 쇼와 현대무용의 매력을 정확히 꿰뚫고 있고, 이 둘을 접목해 새로운 공연예술 세계를 연 것이다. 십대 가출소년에서 올림픽 개막식 연출자까지, 인생 자체가 변화무쌍한 한 편의 드라마이자 서커스. 참 '드쿠플러리'하다.

프랑스에 불어온 새로운 춤바람, 누벨 당스

그런데 필리프 드쿠플레는 어떻게 서커스 보이에서 현대무용 안무가로 변신할 수 있었을까. 그리고 프랑스의 서커스는 어떻게 춤과 만나 예술의 자리로 옮겨올 수 있었을까. 그 뒤에는 프랑스 문화정책의 입김이 있었다. 20세기 중반 이후 세계 춤판에서 프랑스는 살짝 밀려나고 있는 상황이었다. 미국은 포스트모던댄스로 흐름을 잡았고, 독일은 탄츠테아터로 독일 표현주의라는 새로운 역사를 쓰고 있었다. 그사이 프랑스와 인접해 있던 벨기에에서도 현대무용이 급속도로 발전하고 있었다. 벨기에의 지방인 플랑드르 이름을 따서 '플랑드르 웨이브Flemish Wave'라고 말할 정도로 현대무용에서 벨기에의 힘은 막강하다. 우리나라에서는 '벨기에 웨이브' 혹은 '벨기에 인베이젼invasion'이라고 부른다. 가만히 보니 발레를 발전시킨 무용강국이라고 자부하던 프랑스는 뭔가 주도권을 잃은 분위기였다. 그러자 1981년 미테랑 정부가 출범하면서 발 빠르게 문화정책들을 내놓기 시작한 것. 바뇰레 콩쿠르Concours de Bagnolet를 추진하면서 적극적으로 안무가를 물색하고 나선 것은 물론, 문화부 예산을 대폭 늘려서 무용 외에 다른 분야의 인재들을 춤판으로 끌어들이기 시작했다.

이 노력은 굉장한 영향력을 발휘했다. 덕분에 1980년대 프랑스에서는 '누벨 당스Nouvelle danse'라는 새로운 춤바람이 일어난다. 누벨 당스는 말 자체가 '새로운 춤'이란 의미를 갖고 있는데 이때 프랑스와 유럽 내에 기존의 질서를 뒤엎는 혁신적인 작품들이 탄생하기 시작한다. 얼마나 신선한 광풍을 일으켰던지 '젊은 춤'이라는 뜻의 '죈 당스Jeune danse'라고도 불렸다. 누벨 당스가 가져온 변화의 첫번째는 철학, 미술, 영상, 기술, 서커스 등 다양한 분야의 인재가 무용계로 흡수되면서 춤 안에서 새로운 시도가 일어났다는 점이다. 시작점이 서커스였던 필리프 드쿠플레도 그중 한 명이다. 그는 자신이 창단한 데세아DCA무용단과 함께 바뇰레 콩쿠르에 출전해서 1위를 차지하며 누벨 당스의 대표주자로 떠올랐는데 그 무용단의 단원들만 봐도 누벨 당스의 흐름을 읽을 수 있다. 전문무용수가 아니라 체조선수, 연극배우, 건축가 등 다양한 분야의 사람들로 이뤄져 있기 때문이다.

그나마 드쿠플레는 서커스라는 '움직임'의 영역 안에 있던 사람이다. 그 당시 얼마나 다양한 분야의 인재들이 무용계로 들어왔냐 하면, 지금까지 안무가로 활동하는 사람들 중에 장-클로드 갈로타Jean-Claude Gallotta(1950~)는 미술 전공자였고, 카린 사포르타Karine Saporta(1950~)는 철학과 사회학을 전공했다. 게다가 1984년에는 당시 문화부 장관 자크 랑그Jack Lang(1939~)의 주도하에 지역마다 국립안무센터Centre Chorégraphique National, CCN가 세워졌다. 이 센터들은 지방문화를 활성화시켰을 뿐 아니라 창작의 산실로서 프랑스 무용계의 중추가 됐다. 장-클로드 갈로타와 카린 사포르타도 각각 그르노블과 캉 바스노르망디 지역의 국립안무센터 예술감독을 맡기도 했다. 누벨 당스와 CCN으로 여러 분야의 인재가 들어오면서 다양한 장르와 방식이 무용 작품 안에 융합되는 것은 자연스러운 일이 되었고, 그 물결은 21세기 컨템퍼러리댄스라는 바다로 흘러들어간다.

현대무용과 컨템퍼러리댄스는
다른 말?

그런데 아까부터 낯설게 느껴지는 단어가 하나 있을 것이다. '컨템퍼러리댄스contemporary dance'는 대체 무슨 말일까. 현대무용과 같은 말인가, 다른 말인가. 이 단어를 해체해보면 이렇다. '컨 Con'은 함께, '템퍼러리Temporary'는 지금 이 순간. 이 두 단어의 조합으로 만들어진 '컨템퍼러리'는 '현대의, 지금의, 동시대의' 이런 뜻을 갖고 있다. 그래서 이 단어가 예술 장르 앞에 붙으면 21세기 현재에 만들어지고, 공연되거나 전시되는 예술을 의미하게 된다. 컨템퍼러리미술, 컨템퍼러리음악, 컨템퍼러리아트, 이렇게 말이다. 글을 시작하면서 여러 장르가 융합해서 새로운 모습을 보여준 21세기의 트로트를 '컨템퍼러리트로트'라고 부른 것도 이런 맥락이다. 이걸 춤에 적용해보면, 동시대의 춤, 지금 이 순간 우리가 추고 있는 춤, 그게 컨템퍼러리댄스이다. 앞서 19세기 말과 20세기 초 사이에 이사도라 덩컨이 발레를 거부하고 자유로운 움직임을 추구하면서 모던댄스가 시작됐다는 이야기를 했다. 그래서 그 시기에 등장한 춤은 모던댄스, 20세기 중반은 포스트모던댄스, 20세기 말부터 21세기 현재의 춤은 컨템퍼러리댄스로 구분해서 말하는 게 가장 정확하다. 다만 이 이름들이 한국어로 번역되는 과정에서 모두 '현대무용'이라고 표기되면서 종종 어느 시대의 춤을 뜻하는지 헷갈릴 때가 있는데 앞뒤 맥락을 보고 판단해야 한다.

앞서 〈볼레로〉를 안무한 모리스 베자르의 경우도 '현대발레의 혁명가'라고 적어놓은 자료나 기사들이 보이는데 이 역시 '모던'을 '현대'로 해석해서 나온 말이다. '모던발레의 혁명가'라고 부르는 게 혼돈을 막을 수 있다. 모던발레는 20세기 초중반에 발레를 기반으로 발달한 장르이기 때문에 이사도라 덩컨이 발레에 반대해서 시작한 모던댄스와는 서로 다른 방향에 있다. 하지만, 21세기에 와서 발레와 현대무용의 구별이 의미가 없어지면서 컨템퍼러리댄스라는 말 안에 발레와 현대무용 모두 포함될 수 있다. 발레를 전공한 안무가가 자신의 작품이 발레에 기반했다는 점을 강조하고 싶을 경우에는 컨템퍼러리발레라고 부르기도 한다.

한발 더 나아가서 영어에서는 '댄스dance'라는 단어 하나밖에 없지만 한국어로 '무용'과 '춤'은 조금 다른 개념이다. 최근 우리나라에서는 무용과 춤을 구분해서 쓰자는 목소리도 높아졌다. 춤은 인간이 갖고 있는 근원적인 움직임에 가깝다. 춤은 내면을 표현하고자 하는 욕구이자 삶이 예술의 한 형태로 이어진 것이고, 무용은 그런 춤을 가지고 공연예술로 만든 것이다. 춤이 더 포괄적이고 근원적이다. 아직 말을 떼지 못한 아이들이 가족들 앞에서 재롱을 피우며 추는 춤, 주름 가득한 얼굴과 조금 뻣뻣해진 몸으로 노인들이 덩실덩실 추는 춤, 그런 춤은 공연의 형태는 아니지만 그 자체로 가치 있는 춤이다. 그래서 춤은 삶의 한 호흡이다.

기술과 만난 예술

컨템퍼러리댄스로 건너오면서 춤은 예술 너머 이종과의 결합을 꿈꾼다. 기술과 만난 것이다. 특히 1980년대부터 영상촬영이나 홈비디오가 보편화·대중화되기 시작하면서 춤도 영상과 만나게 되는데 그 시도를 적극적으로 한 사람은 머스 커닝햄이었다. 이 결합은 공연 연출에서 큰 변곡점이 되었다. 무대세트에 영상기술이 활용되기 시작했기 때문이다. 1990년대 이후에는 영상이나 미디어아트가 무대배경 이상의 역할을 하기에 이른다. 조제 몽탈보José Montalvo(1954~)와 도미니크 에르비외Dominique Hervieu(1962~)가 공동안무를 맡았던 무용 작품 〈파라디Paradis〉(1997)와 오페라 〈레팔라댕Les Paladins〉(2004)은 이런 점을 명확하게 보여주는 작품이다. '파라디'는 '천국'이란 뜻이다. '팔라댕'은 8세기 샤를마뉴의 궁정의 가장 중요한 열두 명의 기사들을 가리키는 말로 시간이 지나면서 판타지가 더해져서 16, 17세기에 와서는 오페라의 주요 주제가 되었다. 조제 몽탈보와 도미니크 에르비외의 〈레팔라댕〉은 장-필리프 라모Jean-Philippe Rameau(1683~1764)가 작곡한 오페라를 21세기 버전으로 다시 만든 작품이었다.

〈파라디〉와 〈레팔라댕〉에서는 무대 벽면을 모두 영상으로 채웠는데 영상 속에 등장하는 사람, 동물, 사물의 등퇴장과 움직임은 단순히 배경으로 그치는 게 아니라 무대 위의 실제 공연자들의 움직임과 한데 합쳐져 영상과 실사가 혼재되는 착시현상을 일으킨다. 그걸로 영상기술을 사용하기 이전에는 볼 수 없었던 환상적인 미장센mise-en-scène이 완성됐다. 안무뿐 아니라 이 작품들의 영상 디자인과 연출까지 맡은 조제 몽탈보는 원래 미술사와 시각예술을 전공했던 사람이라 이런 혁신적인 연출이 가능했다. 타 분야의 인재를 흡수한 누벨 당스의 영향 덕분이다. 이 작품들이 초연된 게 몇 십 년 전이라 영상의 화질이나 정교함이 다소 떨어지는 데도 불구하고 당시 관객들은 이런 무대를 이전에 한 번도 경험해보지 못한 터라 감탄을 금치 못했다. 최근에는 프로젝터를 이용해서 영상을 무대 벽면과 바닥에 쏘는 프로젝션 매핑projection mapping이 공연에 종종 사용되면서 조제 몽탈보가 시도했던 이런 연출은 훨씬 고도화됐다.

한편, 기술은 춤과 만나 다른 장르를 탄생시키기도 했다. 댄스필름이 제작되기 시작한 것이다. 댄스필름은 1940년대에 아방가르드 예술운동과 실험영화 제작에 열정을 보인 마야 데렌Maya Deren(1917~1961)에 의해 예술적 가치를 처음 갖게 되었다. 이후 댄스필름이 본격적으로 제작된 건 1980년대부터였다. 그 중심에 있던 인물은 벨기에 출신의 안무가 아너 테레사 더케이르스마커르Anne Teresa de Keersmaeker(1960~)이다. 그는 뉴욕에서 유학을 하고 고국으로 돌아와 1983년 무용단 로사스Rosas를 창단하면서 그의 가장 유명한 작품 〈로사스 단스트 로사스Rosas danst Rosas〉 (1983)를 탄생시켰다. 디지털로 입력한 것처럼 정교하고, 같은 듯 조금씩 다른 움직임들의 반복. 그는 "로사스가 여성의 이름이기 때문에 여성을 가리키고, 작품 제목 안에 반복적인 움직임이 이미 들어가 있다"라고 밝힌 바 있다. 아닌 게 아니라 이 작품의 출연진은 모두 여성이다. 한국어로 굳이 번역하면 '로사스가 로사스를 춤춘다'는 알쏭달쏭한 제목이 되는데 '로사스무용단이 로사스무용단만의 색깔을 가진 춤을 춘다'는 의미로 받아들일 수 있다. 나는 이 작품을 통해서 춤의 기교란 과연 무엇인가 생각하게 됐다. 전문무용수가 아니더라도 누구나 할 수 있을 것 같은 단순한 동작으로 구성돼 있지만 실제로 해보면 호흡, 느낌의 표현, 근력, 체력, 어느 면에서도 쉽지 않은 춤이란 걸 알 수 있다. 이 작품으로 아너 테레사 더케이르스마커르는 무용공연에서 미니멀리즘을 확산시켰을 뿐 아니라 작품을 댄스필름으로 제작해서 시대를 선도하는 과업을 보여줬다. 비욘세가 뮤직비디오를 제작하면서 이 작품을 표절했다는 논란에 휘말리기도 했는데 그럴 만도 하다. 지금 봐도, 누가 봐도 탐날 정도로 세련된 작품이니 말이다. 1983년에 나온 작품인데도 지금까지 안무가들과 무용수들의 마음을 빼앗고 있다.

특히 〈로사스 단스트 로사스〉는 무대가 아니라 건물의 빈 공간에 의자들을 놓고 촬영한 점이 눈에 띄는데 아너 테레사 더케

아너 테레사 더케이르스마커르,
〈로사스 단스트 로사스〉

이르스마커르는 다른 작품에서도 숲속, 대학교 같은 색다른 장소에서 댄스필름을 만들었다. 최근 컨템퍼러리댄스에서는 공연장이 아니라 공원, 기차역, 유적지, 미술관 등 그 공간의 매력을 작품 안에 녹여내는 '장소 특정적 공연'이 많이 이뤄지고 있다. 이런 공연은 미술과 연극에서 먼저 시작됐고, 무용에서는 포스트모던댄스에서 처음 시도됐다. 아너 테레사 더케이르스마커르의 댄스필름은 이런 흐름을 반영했다는 점에서도 선도적이었다.

지금은 안무가들이 자신의 작품을 댄스필름으로 만들고 싶어하고, 최근 공연의 영상화 흐름도 거세지면서 댄스필름 제작은 당연한 일로 받아들여지고 있지만 1980년 당시만 해도 무용 공연은 현장에서 숨을 쉬고 시간 속에 휘발되어야 하는 무엇이었다. 그게 무대예술의 미덕이었다. 하지만 이제 춤은 댄스필름으로 재탄생해 그 속에서 불멸을 꿈꾼다.

벨기에 출신의 안무가이자 영화감독인 빔 반데케이뷔스Wim Vandekeybus(1963~)는 댄스필름으로도 주목받는 대표적인 예술가이다. 그의 댄스필름 작품들은 초현실적이고 난해하지만 동시에 본능과 무의식을 깨우는 통렬함이 배어 있다. 위협적이고, 선정적이고, 자극적이다. 수의사였던 아버지 밑에서 동물들의 탄생과 죽음, 생활을 가까이에서 접한 경험은 그의 작품활동에 큰 영향을 미쳤다. 스스로도 어릴 때 아버지를 따라 돼지가 출산하는 현장에 가서 돼지 배 속에 손을 집어넣고 새끼를 꺼냈던 게

중요한 기억으로 남았다고 말했다. 댄스필름 〈블러시Blush〉(2004)
에는 이런 흔적을 찾을 수 있다. 무용수들이 물속과 바위와 나
무들 사이에서 뛰어다니는 모습은 야생의 동물들이 갖는 특유
의 움직임을 그대로 표현하고 있어서 원초적 감각을 보여준다.
이 작품은 아내를 살리기 위해 저승까지 찾아간 그리스 신화의
오르페우스 이야기에서 영감을 받은 만큼 신부와 신랑이 주축
이 돼서 전개되는데 장면을 잇는 중요한 매개로 등장하는 개구
리가 충격을 안겨준다. 예를 들어 개구리를 믹서기에 넣어 갈아
마시거나 입속에서 개구리가 나오기도 하고, 수백 마리의 개구리
가 우글우글 모인 모습에서 사람들이 같은 모양새로 우글거리며
모인 장면으로 전환된다. 문명화된 모습과 동물성과 본능이 드
러나는 모습이 교차되면서 인간의 이중적이고 모순적인 면모를
꼬집어낸 것이다. 이 작품은 무대공연으로도 만들어졌는데 지난
2003년 내한공연 당시 큰 반향을 일으켰다. 그의 작품에는 음울
하고 불편한 지점이 분명히 있다. 하지만 이 기괴한 모습들이 우
리 내면에 가지고 있는 본능과 맞닿아 있기 때문에 날카롭게 느
껴지는 것이다. 그렇기에 우리는 그 안에서 예술적 아름다움을
읽게 된다.

빔 반데케이뷔스는 전문적으로 무용을 배우지는 않았지만
무용수로 활동하면서 전위적인 작품에 참여했고, 전공은 심리학
이지만 크게 흥미를 갖지 못해서 이후에 사진, 연극, 영상을 공

부한, 범상치 않은 이력의 소유자이다. 이런 부분들이 어린 시절의 경험들과 맞물려 누구도 흉내낼 수 없는 독창적인 댄스필름을 만들어내고 우리는 거기에 홀릴 수밖에 없는 것이다.

시간이 지날수록 기술은 지극히 아날로그 영역이었던 춤에 예상하지 못한 변화를 일으키고 있다. 댄스필름에서 멈추지 않았다. 이제 무용수의 몸에 센서들을 달아서 움직임을 그대로 컴퓨터와 디지털로 옮기는 모션캡처는 보편화되었다. 2010년, 안무가 윌리엄 포사이스William Forsythe(1949~)는 '모션뱅크Motion Bank'라는 이름으로 안무를 디지털로 기록하고 연구 과정과 결과를 공유할 수 있는 온라인 플랫폼을 열었다. 안무가 웨인 맥그리거Wayne McGregor(1970~)는 AI 기술을 활용한 작품 〈아토모스Atomos〉(2013)를 내놓았다. 앞으로는 기술이 제2의 누벨 당스를 만들어낼지도 모르겠다. 그 미지의 세계가 본질을 흐리거나 우리 안에서 춤다운 춤을 지우기보다 확장의 세계로 나아가는 통로가 됐으면 좋겠다.

춤에 등장한 작가주의

다양한 장르의 융합, 기술과의 만남 외에 누벨 당스가 가져온 중요한 점은 따로 있다. 안무가를 단순히 동작을 구성하는 사람이 아니라 세계관과 철학, 인간에 대한 탐구를 춤으로 나타낼 수 있는 '작가'로 바라보았다는 점이다. 이제 춤에서 중요한 건 움직임보다 자신만의 철학과 작품세계. 영화에 이어 춤에서도 '작가주의'가 등장한 것이다. 그리고 이 점은 현재 컨템퍼러리댄스에서도 아주 중요한 부분이다. 이미 모던발레 때부터 춤의 작가주의는 나타나기 시작했지만 누벨 당스를 통해서 확실하게 뿌리내린다. 누벨 당스의 대표주자로 손꼽히는 마기 마랭Maguy Marin(1951~), 앙줄랭 프렐조카주, 제롬 벨Jérôme Bel(1964~)의 작품을 보면 이런 '춤의 작가주의'를 읽어낼 수 있다. 모두 작품 안에 자신의 철학을 확고히 투영시키고 있기 때문이다.

사랑과 연애는 인류사에서 어디에든 등장하는 주요 테마. 무용 공연도 예외는 아니어서 고전발레 시절부터 주야장천 '사랑타령'은 이어졌다. 누벨 당스의 작가주의는 과연 이 사랑타령을 어떻게 그려냈을까. 앙줄랭 프렐조카주의 〈르파르크Le Parc〉(1994)를 보면 딱 감이 온다. 예술강의를 할 때 이 작품을 종종 소개하는데 강의를 들은 사람들 대부분이 가장 마음에 들고 인상적이었던 작품으로 이걸 꼽을 정도로 수작이다. 르파르크는 '공원'이란 뜻이다. 17, 18세기 프랑스 궁정의 정원에서 만난 남녀가 점점 마음을 열고 사랑에 이르게 되는 과정을 그리고 있어서 이런 제목이 붙었다. 마지막 3막에서 그들은 꽁꽁 감싸고 있던 화려한 겉옷을 벗고 아무런 치장 없이 순수하게 마주 서서 서로의 속내

앙줄랭 프렐조카주 〈르파르크〉 3막 공중키스 장면.
이 장면은 에어프랑스 광고에도 사용되었다.

를 토해내고, 여자 무용수가 남자 무용수에게 매달려 키스를 한 상태로 함께 공중에서 빙글빙글 도는데 그 장면이 압권이다. 이 장면은 서로에 대한 믿음이 두터울 때 위험하고 아찔한 순간조차 오히려 가장 아름다운 순간이 된다는 것을 보여준다. 이때 흐르던 모차르트 〈피아노 협주곡 23번 2악장 아다지오〉(1786)는 이후로 내게 사랑을 표현하는 말없는 노래가 되었다. 이 작품에서 프렐조카주는 '사랑은 진정한 자기 자신으로 서로를 바라보고, 서로를 믿는 것이다'라는 자신만의 철학을 춤으로 드러냈다. 사랑과 결혼, 배신과 죽음으로 이어지는 고전발레의 간단한 플롯, 혹은 사랑의 심리묘사를 담은 드라마발레의 서사와는 확실히 다른 접근이다. 프렐조카주의 작품들은 지성적이고 결코 가볍지 않은데도 대중을 사로잡는 힘이 있다. 관능적인 요소들을 미적으로 풀어내는 역량도 강하다. 이 어려운 걸 다 해내다니, 좋아하지 않을 수 없는 안무가다.

이렇게 누벨 당스 이후 무용 공연은 유희와 오락, 엔터테인먼트의 현장이 아니라 한 권의 철학서가 되었다. 마기 마랭과 제롬 벨의 작품에서는 이런 성격이 더 두드러진다. 마기 마랭은 발레나 기존의 무용에서 요구하는 신체조건과 기술들에서 벗어나 자신만의 춤 세계를 펼쳐나간 사람이다. 춤은 어떤 사람이 추어야하는가, 춤은 말이 될 수 없는가. 마기 마랭의 작품들은 이런 질문을 던진다. 마기 마랭의 춤에 대해 프랑스에서는 '독일 탄츠테

마기 마랭 〈메이 비〉 공연 장면

아터에 대한 프랑스의 대답'이라고 말한다. 이런 그의 예술관은 〈메이 비May B〉(1981)에 고스란히 담겨 있다. 잠옷 같은 헐렁한 옷을 입고 온몸에 진흙을 하얗게 바른 채 구부정한 몸으로 걸어가고, 쳐다보고, 반복적으로 움직이는 열 명의 출연자들. 이제까지 '춤에 맞는 몸'이라고 공식화되어 있는 몸과는 어딘가 달라 보이고, 춤의 기교는 보이지 않는 그 자리에 대신 삶의 의미나 방향을 찾고자 하나 찾을 수 없는 공허함과 절망이 채워져 있다. 춤의 기예가 없이 감동을 주고, 대사가 없이 그들의 말이 들린다. 뭉클해진다. 어떤 춤이 잘 추는 춤일까. 어떤 춤이 좋은 춤인가.

여기서 제롬 벨은 한발 더 나아간다. 춤을 잘 춰야만 무용 공연이 되는 것일까. 그는 그 질문에 대한 해답을 내놓는다, 춤을 추지 않는 춤 공연으로. 그의 대표작 〈쇼는 계속되어야 한다 The Show Must Go On〉(2001)에서는 전문적으로 훈련된 무용수가 아니라 일반인들이 등장한다. 무대 위에서 이어폰을 끼고 음악을 듣거나 가사를 따라 소리를 내고, 무대 위를 돌아다니면서 이런저런 움직임들을 선보이는 공연. 그것들은 하나씩 이어져서 결국 어떤 경우에도 쇼는 계속되어야 한다는 메시지를 관객들에게 전달하면서 감격스러운 피날레를 맞는다. 우리가 그동안 춤이라고 불렀던 움직임은 없었다. 그렇다면 이 작품은 무용 공연인가 아닌가. 이 작품은 이런 논란을 던졌다. 이후에 제롬 벨은 장애를 갖고 있는 출연자들과 함께 〈디스에이블드 시어터Disabled Theater〉(2012)를 무대에 올리면서 춤에 대한 또 다른 질문을 던졌다. 열두 명의 출연자들은 한 명씩 앞으로 나와 자신의 이야기를 하고 자신이 생각하는 춤을 춘다. 물론 고도로 훈련된 그런 춤사위는 아니다. 제롬 벨은 이 작품을 통해서 춤은 모두의 것이고, 멋진 기교의 춤을 추지 않아도 춤 공연이 된다는 점을 알렸다. 이 작품은 공연의 특성 때문에 우리나라에서는 〈모두를 위한 춤〉이란 제목으로 더 많이 불리고 있다. 제롬 벨의 작업은 많은 창작자들에게 충격과 영감을 주었다. 이후 춤이라고 할 만한 움직임 없이 개념만으로 춤 공연이 되는 '컨셉추얼댄스conceptual dance'와 춤을 추지 않는 댄스 '농당스non-danse'가 유행처럼 번지기도 했다. 누벨 당스 이후로 무용 공연은 지적 탐구의 영역이 된 것이다.

농당스의 흐름은 한번 강하게 휩쓸고 지나갔다는 평가도 나오고 있지만, '무엇이 춤인가, 무엇이 우리를 움직이게 하는가, 춤 공연에서 중요한 것은 무엇인가'라는 담론들을 남겼다. 고대에는 춤이 제례의식의 하나였다. 춤을 추는 사람들은 영매로서 신과 인간을 이었고, 춤은 신에게서 들려오는 목소리가 몸으로 표현된 것이었다. 루이 14세가 발레를 정립하던 17세기에 와서는 춤은 권력의 중심에 있었고, 정치적 도구였다. 루이 14세가 무대에서 내려온 그날 이후 춤은 아마추어에서 프로의 영역으로 건너가면서 오랜 세월 동안 관객들은 객석에서 구경하는 자로 살아왔다. 하지만 춤과 몸에 대한 질문이 거듭되면서 이제 무대와 객석의 경계가 허물어지고 있다. 애호가들도 춤을 추고 무대에 오르기도 하고, 노인들도 춤을 추고, 장애 무용수들도 등장했다. 농당스의 등장은 그래서 의미가 컸다. 구경하던 사람들이 다시 일어나서 춤을 출 수 있는 도화선이 됐기 때문이다. 앞으로 춤을 보는 데서 그치지 않고 누구나 자신이 직접 추고 경험함으로써 춤을 통해 자신을 들여다보고, 자신을 표현하는 커뮤니티댄스community dance는 더 활성화될 것이다. 1970년대에는 무용에서 '즉흥improvisation'이 화두로 떠올랐다. 무용수들이 춤을 추면서 서로 부딪치거나 잡거나 밀어내는 등 접촉하는 가운데 잠재적인 것들을 끌어내는 '접촉즉흥contact improvisation'이 실험적으로 이뤄졌고 연구되어오고 있다. 접촉즉흥은 자신도 몰랐던 내면을 춤을 통해 시각화하고 드러낼 수 있다는 점에서 전문무용수의 공연에서뿐 아니라 앞으로 커뮤니티댄스에서도 활용될 것으로 보인다.

춤은 다시 모두에게 돌아오고 있다. 언젠가 한 월간지에 기고했던 글이 떠오른다. 우리가 맨 처음 듣는 음악, 맨 처음 추는 춤은 무엇인가. 엄마 배 속에서 엄마의 심장소리에 맞춰 발차기를 했던 그 움직임 아닐까. 그 태동에 반응하는 엄마는 생애 첫 관객일 것이다. 춤은 원래부터 그렇게 우리 몸에 기록되어 있었다.

지금 가장 뜨거운
컨템퍼러리 아티스트

현대무용은 왜 그렇게 가까이 가기가 머뭇거려질까. 작가주의가 태동한 이후 오락적 퍼포먼스보다 철학서 같은 진지함, 주제를 파고드는 깊은 탐구심이 강해지면서 '이해하기 어렵다'는 인상을 주기 때문일 것이다. 하지만, 아무도 나를 알아주지 않을 때 마치 내 이야기 같고, 창작자가 내 속을 꿰뚫어보고 만든 것 같은 작품을 만날 때, 옆 사람에게는 암호문 같은 그 작품이 내게는 가뭄의 단비가 된다. 공감은 무용 공연에서도 가장 중요한 힘이다. 여기에 춤의 역사나 관련 지식에 대한 이해가 더해진다면 물리적인 눈(眼)이 안목(眼目)으로 확장되는 즐거움을 얻게 되기도 한다. 이 글을 쓴 것도 그런 체험들이 가져다준 기쁨을 다른 사람들도 함께 누렸으면 좋겠다는 마음에서였다. 하지만 무용 공연을 한번 보러 가볼까 싶어도 어떤 공연을 골라야 할지 갸우뚱해지는 것도 사실이다. 지금 컨템퍼러리댄스에서는 어떤 예술가들이 주목을 받고 있을까. 많은 관객들과 평단의 호평을 받았고, 앞으로의 활동이 기대되는 몇몇 아티스트들을 소개하고자 한다.

뿌리에서 자란 감각,
정체성에 대한 질문

첫번째로 소개하고 싶은 사람은 그리스 출신의 디미트리스 파파이오아누Dimitris Papaioannou(1964~)이다. 2004년 아테네올림픽 개막식을 에게해와 그리스 신화 속 신들의 모습을 재현해서 한 편의 역사 서사시로 연출해낸 파파이오아누는 〈위대한 조련사The Great Tamer〉(2017)라는 작품으로 전 세계를 또 한 번 놀라게 했다. 역사, 철학, 미술, 무용, 연극, 인류사의 모든 지성과 예술을 농축시킨다면, 바로 이 작품 하나로 답이 될 것이다. 인류사의 긴 시간 속에서 사람이 어떤 모습으로 살아왔고 또 살아가야 하는지 깊은 사유를 담아낸 이 작품은 조형예술과 회화의 혼합이 돋보이는 무대, 연극과 무용, 서커스의 융합으로 압도적인 연출을 끌어냈다. 이 작품을 보는 순간 나는 토르의 망치로 머리를 맞고, 큐피드의 화살이 심장을 관통하는 충격을 느꼈다. 내한공연 당시 매진사례를 빚었고, 많은 예술가들이 파파이오아누의 팬이 되기도 했다. 그는 몸짓 자체에 집중하기보다는 작품 전체를 완성도 있게 끌어내는 구성과 연출이 뛰어난 창작자이다. 이후의 작품들을 통해 그가 만들어내는 신비로운 미장센과 사유의 흔적들을 계속 접할 필요가 있다.

파파이오아누의 작품에서는 그리스에 뿌리를 둔 그의 정체성

디미트리스 파파이오아누, 〈위대한 조련사〉

과 철학이 읽히기도 한다. 아크람 칸Akram Khan(1974~)의 작품에도 자신의 뿌리에 대한 끊임없는 질문이 배어 있다. 아크람 칸은 영국에서 태어나서 영국 국적을 가지고 있지만 부모님이 모두 방글라데시 출신인 이민 2세이다. 이로 인한 정체성의 혼돈이 그의 작품 안에서 창작적 혼재를 가져왔다. 춤의 주제에서도, 그걸 표현하는 방식에서도 그렇다. 특히 그는 현대무용에 인도의 카탁댄스와 전통음악들을 접목해서 독보적인 작품들을 내놓는 걸로 유명하다. 전통무용수였던 어머니의 영향으로 아크람 칸은 어릴 때부터 카탁댄스를 배웠다. 방글라데시와 인도는 같은 인도문화권 안에 있기 때문에 그의 어머니도 카탁댄스를 접했던 것으로 보인다. 아크람 칸은 이후에 현대무용을 배우면서 이 두 춤이 그의 안에서 하나로 만난 것이다.

카탁댄스는 인도의 설화나 신화를 손과 발의 빠른 움직임과 몸짓으로 표현하는 춤이다. 눈동자 움직임 하나도 다 뜻을 갖고 있기 때문에 손짓, 발짓, 눈동자 움직임과 시선, 이 모든 것이 하나의 언어가 된다. 신화를 몸짓으로 말하는 춤이라 무용수의 표정이 풍부하고, 발의 움직임도 빠르고 손가락과 손 놀림이 세밀한데 손 움직임만 해도 4천 가지나 된다고 한다. 카탁댄스에서는 발에 여러 개의 방울을 달아 움직일 때마다 나오는 그 소리도 춤의 중요한 부분이 되고, 다양한 전통악기가 함께 공연을 완성한다. 그의 대표작 〈데시Desh〉(2011)에는 이 모든 것이 녹아 있다.

현대무용에 카탁이라는 민속적 언어를 흡입시켜 하이브리드 언어를 만들어낸 것은 물론, 방글라데시 출신의 영국인으로서 자신의 뿌리에 대한 목소리를 솔직하게 드러낸 작품으로 자신의 근원을 찾고자 하는 사람들에게 공감을 일으킨 작품이다. 이전에도 그의 작품을 많이 봐왔지만 〈데시〉 이후로 아크람 칸에 대한 시각이 달라질 정도로 그 공명은 대단했고, 이후로 그의 작품은 꼭 챙겨보게 되었다.

현재 아크람 칸 이외에도 영국에서는 웨인 맥그리거, 호페시 섹터Hofesh Shechter(1975~)가 컨템퍼러리댄스를 주도하며 세계적으로 주목받고 있다. 그리고 2016년 이후 신작 발표를 중단하고 숨 고르는 시간을 갖고 있지만 이들에 앞서 로이드 뉴슨Lloyd Newson(1957~)이 영국을 이끄는 주요 안무가로 활동해왔다. 이들은 발레단과의 협업도 활발하다. 웨인 맥그리거의 경우 로열발레단에서 안무한 〈크로마Chroma〉(2006)가 뜨거운 반응을 일으켰다. '크로마'는 색과 채도를 뜻하는 단어이지만 이 작품은 아이러니하게 의상과 세트가 모두 미니멀한 무채색으로 이뤄져 있다. 발레의 움직임을 기반으로 해서 얼마나 미래지향적인 작품을 만들어낼 수 있는지 보여주고 있기 때문에 나는 이 작품이 '색이 절제된 언어 안에서 색을 이야기하는 작품'이라고 생각한다. 이 작품을 통해 그는 현대무용 안무가로는 처음으로 영국의 로열발레단 상주 안무가가 되었다.

플롯과 대본의 힘

최근 가장 눈여겨보게 되는 창작자는 캐나다 출신의 크리스털 파이트Crystal Pite(1970~)와 조너선 영Jonathon Young(1973~)이다. 이들의 작품은 마치 연극처럼 뚜렷하고 체계적인 플롯이 돋보인다. 조너선 영은 원래 배우이지만 대본작가로, 연출가로 무용 공연 작품들을 만들어내고 있다. 두 사람이 함께 작업한 작품 중 〈베트로펜하이트Betroffenheit〉(2015)는 《가디언》이 "21세기 최고의 무용극"이라고 극찬한 작품이자 개인적으로도 '인생 명작'으로 꼽는 작품이다. 대본과 출연을 맡은 조너선 영은 이 작품을 통해 화재사고로 딸과 두 조카를 잃었던 슬픔과 지키지 못한 죄책감, 트라우마에서 걸어나와 다시 삶과 마주 선다. "괜찮아, 괜찮아. 난 살아갈 거예요. 제게 깨달음을 주세요." 작품 속 대사는 끔찍하고 힘든 기억을 갖고 있는 사람 누구에게라도 큰 위로가 되고, 함께 상처 속에서 걸어나오게 만든다. 상처가 예술로 승화된 순간, 어떤 일이 일어나는지 느끼게 만드는 작품이다. 조너선 영이 참여한 무용 작품들은 극의 요소가 강하고 치밀한 구성이 돋보여서 무용 공연에서 대본의 힘, 플롯의 힘이 무엇인지도 알게 해주었다.

〈베트로펜하이트〉에서 안무를 맡은 크리스털 파이트는 요즘 가장 '핫'한 창작자로 꼽히고 있다. 그가 파리오페라발레단과 손잡고 만든 〈계절의 카논Season's Canon〉(2016)을 보고 그에게 빠졌다는 사람들도 종종 마주친다. 이 작품에 쓰인 작곡가 막스 리히터Max Richter(1966~)의 곡도 상당히 유명하다. 비발디의 〈사계〉를 미니멀리즘 음악으로 재구성한 이 곡은 반복적인 선율과 리듬 안에 각 계절의 특징과 비발디의 향취가 쏙쏙 배어 있어 귀를 즐겁게 만드는 곡이다. 크리스털 파이트는 계절이라는 추상적 이미지와 이 음악의 특징들을 조화시켜 완벽하게 춤 언어로 탈바꿈시켰다.

한편, 〈베트로펜하이트〉 외에 크리스털 파이트와 조너선 영이 함께 작업한 〈스테이트먼트The Statement〉(2016)와 〈검찰관 Revisor〉(2019)도 수작이다. 이 둘은 연극적 요소가 강화된 작품으로 탄탄한 대본이 돋보인다. 대사와 몸짓, 립싱크를 조합시켜 만들었는데 완벽하게 계산된 퍼포먼스, 촘촘한 플롯과 심도 깊은 접근은 관객을 압도한다.

〈스테이트먼트〉에서 조너선 영은 드라마투르그dramaturg로 함께했다. 드라마투르그는 연극에서 등장한 개념으로 작품이 만들어지는 전 과정을 연출가와 같이하며 작품의 방향에 대한 조언을 하는 일을 한다. 캐스팅에 관여하기도 하고, 주제에 맞게 작업이 잘 이뤄지고 있는지 살피고, 수정이나 각색을 함께 하기도 한다. 작품의 플롯과 체계가 잘 정비될 수 있기 때문에 이제 연극뿐 아니라 오페라, 예술축제, 무용 작품에서 드라마투르그가 함께하는 경우가 늘고 있다. 조녀선 영과 크리스털 파이트는 각자의 사업으로도, 협업으로도, 앞으로 어떤 작품들을 내놓을지 계속 기다려지고 기대되는 아티스트다.

네덜란드댄스시어터의
협업 안무가에 주목하라

크리스털 파이트를 비롯해서 최근 '잘나가는' 안무가들은 네덜란드 헤이그에 있는 네덜란드댄스시어터Nederland Dans Theater, NDT와 작업하지 않는 경우는 거의 없다. 그럴 정도로 세계 무용계를 주도하고 있는 NDT는 무용수들에게 선망의 예술단체이기도 하다. 이 단체가 이렇게 성장한 건 1978년, 이 단체의 예술감독으로 온 체코 출신의 안무가 이르지 킬리안Jiří Kylián(1947~) 덕분이다. 특히 킬리안이 NDT에서 안무한 〈프티트 모르Petite Mort〉(1991)는 발레와 현대무용의 접합이 어떻게 아름답게 이뤄질 수 있는지 명확히 보여준 작품으로 지금까지도 안무가들 사이에서 '킬리안 스타일의 작품을 만들고 싶다'는 욕망과 선망을 불러일으키고 있다. 프랑스어 '프티트 모르'는 직역을 하면 '작은 죽음'이지만 '오르가즘'이라는 다른 뜻을 가지고 있다. 이 작품은 은밀하고 우아한 에로티시즘을 선보인다. 어떤 장면도 야하지 않지만 동시에 어떤 장면도 야하지 않은 것이 없다. 날카로운 펜싱 칼을 휘두르는 장면이나 커다란 보자기를 들고 달려오며 무대 위를 덮어버리는 장면은 모두 색적이며 은유적이다. 2인무는 인간의 신체로 만들어낼 수 있는 구조적인 아름다움을 끌어내 마치 하나의 조형물을 빚어낸 것 같은 분위기를 자아낸다. 음악도 한몫한다. 〈프티트 모르〉의 세련되게 농밀한 움직임은 모차르트 〈피아노 협주곡〉 21번, 23번과 어찌나 잘 어울리는지 모차르트의 음악이 그에게는 오르가즘의 발원지였나라는 생각이 들 정도다. 킬리안의 작품은 음악을 입힌 미술품이다.

NDT는 발레를 베이스로 하고 있지만, 1959년 창단할 때부터 고전발레에서의 탈피를 내세우고 있었던 데다, 킬리안이 현대무용을 적극 수용하면서 독보적인 작품세계를 일궈나가고 있고, 이게 성공 포인트가 됐다. 그래서 다양한 국적, 다양한 이력을 지닌 안무가들과 협업을 하고 있는데 그중 프랑스 출신의 요안 부르주아Yoann Bourgeois(1981~)는 최근 가장 주목받는 아티스트 중 한 명이다. 그가 주목받는 것은 서커스를 현대무용과 결합해서 예술로 변모시킨 흐름을 잇고 있고, 인간이 어떻게 중력과 춤으로 대화해나갈 수 있는지를 보여주고 있기 때문이다. 착시현상이 아닌가 싶을 정도로 공기 속에 부유하는 그 모습은 몸과 움직임에 방점을 두고 있는 전 세계 춤꾼들의 심장을 뛰게 했다. 그래서 그는 '중력을 가지고 노는 안무가'라 불린다. 대중에게는 애플의 에어팟 광고를 안무하면서 알려졌는데 중력이 사라진 듯 움직이는 광고 장면들이 컴퓨터그래픽이 아니라 현실이어서 화제가 됐다. 서커스가 몸에 기록된 사람만이 만들어낼 수 있는 움직임들이다.

NDT와는 지난 2020년 〈내가 기억하지 못하는 꿈들이 어디로 가는지 궁금하다I Wonder Where the Dreams I don't Remember Go〉라는 작품을 만들었다. 이 작품은 잃어버린 꿈, 기억에 대해 이야기하고 있지만 잃어버린 건 이것만이 아니다. 움직임에서는 잃어버린 중력에 대한 탐구가 흥미진진하다. 예술가로서 그의 입지를 탄탄하게 만든 대표작은 〈역사의 역학La Mécanique de l'Histoire〉(2017)이다. 이 작품은 프랑스의 국립묘지이자 문화재인 파리 팡테온에서 진행된 점이 의미심장하다. 죽은 자가 영원히 잠들어 있는 곳에서 계단, 트램펄린, 원형추, 끊임없이 돌아가는 나무판을 통해 보여주는 순환의 움직임들은 그 자체로 서사이다. 이 작품은 〈위대한 유령Les Grands Fantômes〉이라는 제목의 댄스필름으로도 만들어져서 전 세계를 매혹시켰다. 인류가 춤이라는 예술을 만나, 최고 정점의 기교를 보여주는 서커스라는 움직임을 흡수하고, 그것을 어떻게 말 없는 대화로 써내려갈 수 있는지 보여주는 작품이었다. 그의 창의력은 과연 어디에서 와서 어디로 향하는 것일까.

〈선인장Cacti〉(2010)이란 작품으로 NDT와 함께했던 알렉산데

〈역사의 역학〉을 댄스필름으로 만든 〈위대한 유령〉.
파리 팡테옹에서 촬영되었다.

르 에크만도 요즘 최고의 주가를 달리고 있는 안무가이다. 발레와 현대무용에 연극적 요소를 가미하고, 화려한 연출이 돋보이는 작품들을 주로 선보이고 있다. 무대 위에 쏟아진 초록색 공들과 자유롭게 오가는 출연자들의 모습에서 호모 루덴스의 감흥을 깨웠던 〈놀이PLAY〉(2017)는 최근 주목받은 작품 중 하나이다. 풍성하고 유쾌한 그의 작품들은 지성을 강요하지 않는다는 점에서 무용을 처음 접한 사람들도 흥미롭게 볼 수 있다.

NDT에서 무용수로 활동하다가 킬리안에게 발탁돼서 안무가가 된 사람도 있다. 스웨덴 출신의 요한 잉에르Johan Inger(1967~)이다. 대표작인 〈카르멘Carmen〉(2015)은 세계적인 반향을 일으켰다. 무용 작품으로서 〈카르멘〉은 1949년 롤랑 프티Roland Petit(1924~2011)가 안무한 발레 작품을 시작으로 이후 다양한 버전이 탄생돼왔다. 그만큼 색다른 〈카르멘〉을 만나는 게 쉽지는 않은 일이다. 요한 잉에르의 〈카르멘〉은 어린아이 역할의 무용수를 등장시켜 욕망과 폭력의 현장을 바라보게 한 점이 특별했다. 그 어린아이는 전지적 관찰자 시점의 인물이기도 하지만 남자 주인공 돈 호세의 내면 아이로 해석되기도 했다. 그의 다른 안무작들도 심리적 묘사가 뛰어난데 이 점이 그의 작품을 돌아보게 만든다.

이렇게 NDT는 컨템퍼러리댄스의 흐름을 읽고 뜨겁게 떠오르는 창작자와 함께 작품을 만드는 데 적극적이다. 그래서 NDT

가 러브콜 하는 아티스트들에 주목한다면 기억에서 잊히지 않을 작품, 춤의 역사에서 중요하게 남겨질 작품을 만날 가능성이 높아질 것이다.

컨템퍼러리댄스 메카로 떠오른
벨기에, 이스라엘, 카탈루냐

컨템퍼러리댄스에 조금 더 깊이, 가까이 다가가고자 하는 사람들은 벨기에, 이스라엘, 스페인 카탈루냐 출신의 아티스트와 예술단체들의 작품을 눈여겨보는 게 좋다. 이 세 지역은 지금 컨템퍼러리댄스의 강자이다. 벨기에는 앞서 언급한 아너 테레사 더 케이르스마커르, 빔 반데케이뷔스를 포함해 알랭 플라텔Alain Platel(1956~), 얀 파브르Jan Fabre(1958~), 시디 라르비 셰르카위 Sidi Larbi Cherkaoui(1976~)와 무용단 피핑톰Peeping Tom을 기억하면 좋겠다. 피핑톰의 작품 중에는 우리나라 김설진, 정훈목 무용수가 출연한 〈반덴브란덴가 32번지〉(2009)가 전세계 무대에서 200회 이상 공연했을 정도로 큰 호평을 받았다. 눈보라 치는 겨울, 주거용 트레일러에서 가난하고 고단한 삶을 사는 사람들이 자신의 굴레를 벗어나려 뒤척이는 모습은 연극과 춤 언어가 어떻게 창의적으로 만날 수 있는지 보여준다. 피핑톰의 작품들은 무용단의 이름처럼 엿보기 심리를 자극하고, 눈이 타들어가는 듯한 놀라움과 불변함을 주지만 '인간' 자체에 수안을 둔 작품의 내용은 깊은 사유의 세계로 안내한다. 전반적으로 벨기에의 작품들은 연출이 창의적이고 통렬한 시각을 품고 있다. 이런 점이 벨기에를 현대무용의 메카로 불리게 하는 힘일 것이다.

1964년에 창단된 바체바무용단Batsheva Dance Company, 1970년에 창단된 키부츠현대무용단Kibbutz Contemporary Dance Company을 중심으로 이스라엘도 활발한 활동을 보이고 있다. 앞서 말한 안무가 호페시 셱터도 런던을 기반으로 활동하고 있지만 이스라엘 출신이다. 이스라엘에서 대표적으로 꼽히는 아티스트로는 NDT에서 안무가로, 바체바무용단에서 예술감독으로 활동했던 오하드 나하린Ohad Naharin(1952~)이 있다. 특히 그가 개발한 움직임 언어 '가가Gaga'는 바체바무용단과 이스라엘의 컨템퍼러리댄스에 큰 영향을 미쳤다. 가가는 몸의 소리에 귀를 기울이고 감각을 깨우는 데 중점을 둔다. 그래서 워크숍을 진행할 때 거울을 가린다. 많은 무용수들이 가가를 경험하기 위해 이스라엘로 향하고, 바체바무용단 무용수들은 가가로 훈련하고 있는데 이보다 더 특별한 점은 춤의 이력이 없는 비무용수들을 대상으로 워크숍을 진행한다는 것이다. 실제로 이 워크숍에 참여했던 사람들은 잊지 못할 경험이었다고 말하곤 한다. 몸은 세상을 향한 통로이자 자기 자신을 향한 통로. 그건 무용수든 아니든, 모두에게 해당되는 진리이다. 우리나라에서는 그의 안무작 〈마이너스 세븐Minus 7〉이 가끔씩 공연되는데 히브리어로 부르는 노래와 무용수들이 소리치는 말이 이색적인 리듬을 만들고, 무대 위에 관객을 데려와서 함께 춤추는 라스트 장면은 유쾌한 에너지를 느끼게 한다. 마치 가가의 언어처럼 자유롭고 열려 있다.

카탈루냐는 최근 컨템퍼러리댄스에서 무섭게 부상하고 있는 곳이다. 바르셀로나에 위치한 '메르카트 데 레스 플로르스 Mercat de les Flors'는 실험적인 작품들을 선보이며 카탈루냐의 컨템퍼러리댄스를 성장시키는 중심이 되고 있다. 한국어로는 '꽃시장극장'으로 번역될 수 있는 이곳은 무용전문극장이라고 할 만큼 춤에 관심을 쏟고 있다. 바르셀로나에 방문했을 때 이곳에 들렀는데 어떤 화려한 공연장보다 이 극장 안에서 살아 있는 춤의 힘을 느끼기도 했다. 주목받고 있는 카탈루냐 출신의 안무가로는 케스크 젤라베르트Cesc Gelabert(1953~), 솔 피코Sol Picó(1967~), 로베르토 올리반Roberto Olivan(1972~), 랄리 아이과데Lali Ayguadé(1980~), 페레 파우라Pere Faura(1980~), 마르코스 모라우Marcos Morau(1982~)를 꼽을 수 있다. 종종 내한공연을 오는 안무가들도 있는데 한 번쯤 챙겨보는 것도 좋은 선택이 된다. 카탈루냐는 독립의 문제를 놓고 스페인과 갈등이 있고, 이들만의 문화가 있기 때문에 작품들 안에서도 이들의 정서가 느껴지기도 하고 다른 매력 지점들이 있다.

아시아의 색깔, 아시아의 신화

발레가 유럽을 중심으로 키워졌고, 모던댄스와 포스트모던댄스
도 유럽과 미국에서 성장한 만큼 아시아는 살짝 뒤로 물러나 있
었다. 하지만 1980년대 유럽에서 폭발적인 관심을 일으킨 장르가
아시아에서 시작됐다. 일본의 부토舞踏이다. 부토는 일명 암흑의
춤이라고 불린다. 원래 이름도 '안코쿠부토暗黑舞踏', 즉 '암흑부토'
이다. 이 춤은 2차대전 후 1950년대 일본을 뒤덮은 허무주의의
영향으로 등장하게 됐다. 하얗게 칠한 얼굴과 몸, 머리털 한 올
남기지 않고 빡빡 밀어버린 민머리, 속옷만 입거나 나체로 등장
하는 무용수들. 이렇게 무용수들의 개별적인 특성을 지우고 몸
을 빈 껍질로 만든 후 그 안에 인간의 고독하고 고통스러운 내면
을 춤으로 채워넣는다. 살기 위해 몸부림치지만 죽음을 이야기
하고, 죽음을 닮았지만 살아 있는 자의 호흡이 담긴 춤이다. 이
춤은 1978년 파리 공연으로 처음 유럽에 소개되면서 열광을 일
으켰고, 피나 바우슈의 탄츠테아터와 나란히 표현주의의 정점을
찍으면서 서구 예술가들에게 큰 영향을 미쳤다. 대표적인 부토
무용단으로는 다이라쿠다칸大駱駝艦과 산카이주쿠山海塾가 있고,
우리나라의 양종예 무용수가 다이라쿠다칸에서 활동하고 있다.
현재 부토 내에서는 많은 변화가 일어나고 있어서 초창기의 부토
와는 달라졌다. 반드시 머리를 모두 밀어야 하지도 않고, 연출이

나 공연의 주제가 다채로워졌는데 여전히 이 신비스러운 춤은 관객을 압도하고 있다.

아시아에서 컨템퍼러리댄스를 이야기할 때 가장 먼저 언급되는 예술단체는 1973년에 문을 연 대만의 클라우드게이트무용단Cloud Gate Dance Theatre(雲門舞集)이다. '중화권 최초의 현대무용단'이기도 하다. 이 무용단을 창단한 안무가 린화이민林懷民(1947~)의 영향력은 상당하다. 동양의 문화와 전통을 현대적으로, 세계적으로 표출해내는 그의 역량은 현대무용의 발생지이자 강자인 서구에서도 존경할 정도이다. 런던의 매거진 《댄스유럽》은 피나 바우슈, 이르지 킬리안, 머스 커닝햄, 윌리엄 포사이드와 함께 린화이민을 20세기의 위대한 안무가로 꼽기도 했다. 그 힘은 21세기 컨템퍼러리댄스까지 이어져왔다. 발레와 현대무용뿐 아니라 명상, 무술, 중국의 기공으로 무용수를 훈련하는 린화이민의 방식이 클라우드게이트무용단만의 색을 만들었다.

린화이민이 안무한 〈쌀Rice〉(2013)은 내게도 잊지 못할 작품 중 하나이다. 이 작품은 아시아의 예술단체이기 때문에 만들어낼 수 있는 철학과 미의 극치였다. 논에 뿌려진 볍씨가 자연과 대지와 호흡하며 벼로 자라고 마침내 쌀이 되어 인간의 몸 안에서 생명의 영속을 누리듯이, 인간은 누군가를 만나 사랑을 나누고 출산을 함으로써 불멸의 시간을 살아간다. 쌀과 인간의 이 모든 과정을 긴밀하게 풀어낸 이 작품은 쌀을 주식으로 하는 사람으로서 쌀에 대한 숭고함을 느끼게 만든다. 소멸과 불멸, 순환과 생명에 대해 생각하게 만드는 시간이었다. 쌀 한 톨 안에 린화이민의 철학과 아시아의 혼이 담겨 있고 전 우주가 담겨 있는 작품이다. 린화이민은 지난 2020년 은퇴를 했다. 새로운 예술감독이 클라우드게이트무용단을 이끌고 있는 만큼 21세기 컨템퍼러리댄스의 흐름 안에서 어떤 아시아의 신화를 보여줄지 관심을 갖게 된다.

우리나라도 멈추지 않고 춤을 추고 있다. 처용, 왕자 호동, 심청 등 한국적 소재와 색깔로 발레 작품을 만들어왔다. 국립단체인 국립무용단, 국립발레단, 국립현대무용단이 주축이 돼서 굵직한 작업들을 진행하고 있고, 광주시립발레단과 대구시립무용단, 부산시립무용단 등 몇몇 시립단체들이 지역의 춤 문화를 이끌고 있다. 민간단체로는 유니버설발레단, 서울발레시어터, 와이즈발레단이 규모 있게 성장해나가면서 다양한 레퍼토리를 소화하고 있고, 개인 안무가들이 이끄는 여러 발레단들과 컨템퍼러리 예술단체들이 창작의 열기를 불태우고 있다. 이제 모든 단체들이 장르의 경계를 논하지 않고 컨템퍼러리 예술 안에 하나가 되고 있기 때문에 국립무용단이나 발레단들이 현대무용 안무가들과 손잡고 작업을 하는 건 더 이상 낯선 풍경이 아니다. 무용수들은 이미 세계적인 수준이고 창작 작업에서도 다양한 노력과 담론들이 이뤄지고 있기 때문에 춤 안에서 우리는 숨을 쉬고, 춤

쌀을 통해 우주의 순환을 이야기한 작품,
클라우드게이트무용단의 〈쌀〉

의 맥은 우리 안에서 계속 이어질 것이다.

인생을 살면서 좋은 예술작품을 만나고 그것을 향유할 수 있는 안목을 기르는 것은 평생 함께 걸어갈 좋은 친구, 동반자를 만나는 일이다. 물론 굳이 춤이 아니어도 그림이나 음악이나 다른 것이어도 괜찮다. 좋은 친구를 여럿 두는 격이다. 공연 한 편이 삶을 바라보는 시각을 바꾸고 인생의 방향을 전환시키기도 한다. 예술은 영혼의 허기를 채우고, 예술이 없었다면 결코 일어날 수 없는 기적을 우리 안에서 일으킨다.

예술에게 보내는 편지

예술이 갖는 힘은 무엇일까. 항상성과 초월성, 포용성, 그리고 불멸의 힘이라고 생각한다. 그것은 신의 성격을 닮았다. 그래서 춤을 추거나 노래를 하거나 그림을 그리거나 악기를 연주하거나 혹은 글을 쓰는 건, 기도의 다른 모습이 아닐까 생각한다. 신과 나, 둘이서만 터놓고 이야기할 수 있는 은밀한 기도 안에 눈물, 반성, 분노, 감사, 기쁨, 욕망, 집착, 다양한 모습이 들어 있는 것처럼 예술 안에서도 그 모습을 발견한다. 오늘도 공연장을 서성이다가 조용히 신에게 편지를 쓴다.

사람들은 당신이 모든 곳에 있을 수 없어 어머니를 만들었다고 말합니다. 저는 어머니가 없는 곳에는 당신이 예술을 두지 않았을까 생각합니다. 예술은 소멸하지 않고 이 땅에 머무르면서 저를 보듬고, 품고, 때로는 같이 화내고, 울면서 그렇게 같이 숨을 쉽니다. 가끔씩, 아니 종종 조각상이나 그림 안에서 당신의 모습을 발견하고, 음악 안에서 당신의 소리를 듣고, 춤 안에서 당신의 형상이 어른거리는 걸 보게 됩니다. 예술은 신의 다른 이름인가봅니다. 언젠가 좋은 작품을 보다가 그 품 안에서 마지막을 맞이해도 그 마지막이 다시 당신에게 다가가는 길일 테니, 예술을 사랑하는 건 불멸의 친구를 곁에 두는 것이겠죠. 오늘도 때 되면 태양을 내보냈다가 달과 별로 자리를 바꾸고, 적절한 시기를 봐서 비와 바람을 보내며 자연의 무대를 움직이느라 바쁜 당신, 혹시 외롭지 않을까 염려되어 당신의 대변인, 예술을 제 곁에 조용히 가져다놓아주셔서 고맙습니다.

참고문헌

구민아·김은수, 〈무용 모음곡 연주를 위한 오르간 기법 연구: Bach, J.S.의
   '프랑스 모음곡 No.5'을 중심으로〉, 《한국무용교육학회지》 제32집
   제4호(통권 73호), 2021. 12. 11.

김경희·이순홍, 〈무용 예술 의상에 관한 연구A Study on Dance Costumes〉,
   《복식》 제 47권, 한국복식학회, 1999. 9.

문무병, 《제주도의 굿춤》, 도서출판 각, 2005.

미학대계간행회, 《미학대계 1—미학의 역사》, 서울대학교출판부, 2007.

미학대계간행회, 《미학대계 3—현대의 예술과 미학》, 서울대학교출판부, 2007.

수잔 오, 《발레와 현대무용—서양 춤예술의 역사Ballet and Modern Dance》,
   김채현 옮김, 시공아트, 2004.

유형종, 〈(음악과 연극) 코메디아 델라르테와 카를로 고치〉, 《SPO》
   (서울시립교향악단 월간지), 2019. 7.

이종호, 〈열정과 혁명의 스페인 예술사—플라멩코의 생명력을 넘어〉, 《월간 객석》, 2020. 7.

장광열, 《변동과 전환: 춤비평으로 보는 한국의 춤》, W미디어, 2014.

장소정, 〈캐릭터 댄스의 개념정립과 발전방향 모색Theory & developmental direction of Character Dance〉, 《*The Journal of the Convergence on Culture Technology*(문화기술의 융합)》 Vol. 6, No. 2, 국제문화기술진흥원, 2020.

장지영, 〈백조의 호수 일본 초연은 한국인이 한국 초연은 일본인이 핵심 역할〉, 《올댓아트》, 2019. 8. 29.

정경영, 〈근대를 위한 몸짓 바로크 시대의 춤과 음악〉, 《音樂論壇》 제24집, 한양대학교음악연구소, 2010. 10.

정옥희, 《진화하는 발레클래스—매너가 발레를 만든다》, 플로어웍스, 2022.

이찬주, 〈최초의 발레 '왕비의 코믹발레'〉, 《춤 이론 연구소》, 2005. 07. 27. http://dancetheory.pe.kr/new/index.htm

이희나, 〈20세기 소비에트 발레 동향과 사회주의 리얼리즘 작품 연구〉, 《무용역사기록학》 제46권, 무용역사기록학회, 2017.

제니퍼 호먼스, 《아폴로의 천사들: 발레의 역사*Apollo's Angels: A History of Ballet*》, 정은지 옮김, 까치글방, 2014.

최기섭, 〈안무 개념의 역사성—무용기보법에 대한 비판적 고찰을 중심으로〉, 서울대학교 대학원 협동과정 공연예술학 전공 석사학위 논문, 2017. 2.

허유미, 《춤추는 세계》, 브릭스, 2019.

《時用舞譜(시용무보)》, 국립국악원 소장고서.

Ann Hutchinson, *Labanotation: The System of Analyzing and Recording Movement*, Routledge, 2005.

Carlo Blasis, *The Code of Terpsichore. The Art of Dancing*, R. Barton, tr.,
Oxford University, 1830. (디지털화 2006. 3. 30.)

Elina Wisung, "Methods of Ballet", *The Lewis Foundation of Classical Ballet*,
2022. 7. 15. https://www.thelewisfoundation.org/

H. M. Castor, "When words are not enough", The History Girls, 2013. 4.
12. http://the-history-girls.blogspot.com/

Judith Mackrell, "Dance of death", *The Guardian*, 2006. 7. 19.

Judith Mackrell, "How Shostakovich's The Bolt changed ballet history", *The
Guardian*, 2014. 12. 31.

Julia Guiheen, "The History of Pointe Shoes: The Landmark Moments
That Made Ballet's Signature Shoe What It Is Today", *Dance Magazine
POINT*, 2020. 8. 4.

Kristin Lewis, "Inside The Vaganova Academy", *DANCESPRIT*, 2010. 3.
31.

Lorena Lopez, "EcoleS de Danse–Les cinq positions", *Danses avec la plume*,
2016. 10. 19. https://www.dansesaveclaplume.com/

Marie-Claude Pietragalla and Frédéric Ramade, *La Légende de la danse*,
Flammarion, 1999.

Mary Ann O'Brian Malkin, *Dancing by the Book: A Catalogue of Books, 1531-
1804, in the Collection of Mary Ann O'Brian Malkin*, Pennsylvania State
University, 2003. (1721 original engraving)

Nira Al-dor, "Enhancing Motor Coordination: An Eshkol-Wachman
Movement Notation(EWMN) Perspective", *Journal of Movement Arts*

Literacy Achive, Vol 5, No.1, Loyola Marymount University and Loyola Law School, 2019. https://digitalcommons.lmu.edu/jmal/

POINT Magazine editors, "The Chance of a Lifetime: 4 Americans Share Their Experiences as Vaganova Ballet Academy Students", *Dance Magazine POINT*, 2016. 10. 12.

Raoul-Auger Feuillet, *Chorégraphie, ou l'art de décrire la danse*, 1700.

Robert Gottlieb, "Gelsey's Beauty: Kirkland Wrestles With Ballet's Greatest Challenge", *Observer*, 2014. 5. 21. https://observer.com/